〔著者〕
ユージン・バーダック Eugene Bardach
エリック・M・パタシュニック Eric M. Patashnik

〔訳者〕
白石賢司 Kenji Shiraishi
鍋島 学 Manabu Nabeshima
南津和広 Kazuhiro Minamitsu

A PRACTICAL GUIDE FOR
POLICY

政策立案の技法
【第2版】

ANALYSIS
THE EIGHTFOLD PATH TO MORE EFFECTIVE PROBLEM SOLVING

問題解決を「成果」に結び付ける8つのステップ

東洋経済新報社

Japanese translation published by arrangement with SAGE Publications Inc. through
The English Agency (Japan) Ltd.

本書はSAGE Publications Inc.が、アメリカ合衆国、イギリス、ニューデリーにおける原書の出版社であり、
日本語版はSAGE Publications Inc.の合意を得て出版された。

日本語版への序文

政策立案では、質問を発することを善しとする。これらの事実は正しいのか、これらの見積もりは恐ろしいほどに間違っていないか、これらの予測は現実的か否か、この問題の別の側面を見逃してはいないか、想定されるトレードオフに誰かが反対するであろうか、これらの素晴らしい考えが官僚や政権に潰されたら何が起こるだろうか。日本の文化は、こうした質問を投げかけることよりも、調和や同意、合意形成を善しとする。真剣な政策立案と貴重な文化的規範は幸せな組み合わせとなり得るだろうか。

1966年の夏、私は1カ月間、日本を訪れた。私はカリフォルニア大学バークレー校で政治学の博士課程を修了しようとしており、西海岸から気軽にアジアを訪問できるような機会はしばらくないだろうと考えたからだ。準備のために、オリバー・スタットラーの名著『ニッポン 歴史の宿』を読み、「忠臣蔵」を2回見て、1年前に日本を訪れた友人たちに相談した。その数年前に大学でアジア文明の講義を受けたことがあり、日本の歴史や文化についても少しは知っていた。東京では、友人で同僚のジャック・シトリンの家族にお世話になることになった。シトリン一家は、長年東京に住み、成功を収めていた。ジャックは10代の頃日本で育ち、私が東京を訪れる時に、偶然彼も居合わせたのだった。

再会を喜ぶ私に、彼はある警告を与えた。「街で日本人に道を尋ねる時は、言われたことをそのまま信じてはいけない。日本人はとても礼儀正しいから、何を聞いてきているのだろうかと彼らなりに推測し、それについて話してくる。そういうわけなので、何度も道に迷うことになる」。その言葉は私には奇妙に聞こえたが、私はそれを心の旅行ガイドに仕舞い込んだ。その結果、誤解を招くような道案内の部分は正しいとは思えなかったが、日本人の礼儀正しさと親切さについては100％正しいことがわかった。私はとても気に入った。

2022年の秋、私は2度目の日本旅行をした。今回は2週間で、日本の庭園を訪ね歩くのが主な目的だった。1966年、私は京都の庭園や寺院、御所にすっかり魅了された。今ならガイドに解説をお願いできるような蓄えもあり、もう一度訪れたいと思った。日本の織物や美意識に深い関心を持ちながらも未だ日本に行ったことがない妻のナンシーを連れていくのも目的だった。私たちの旅行は素晴らしいものになった。そしてまた、日本人の礼儀正しさと、旅行で訪れた私たちに対してだけでなく、互いに熱心に助け合おうとする姿に、すっかり魅了された。

互いを尊重し、常に礼儀を重んじるという日本人の文化的な傾向が、時に思わぬ影響を与えることがある。他人の意見に従うことは、政策立案を行い、それを活用する際に求められることとは正反対なのだ。政策立案は、懐疑主義（skepticism）に立ち、絶えず質問を発し続け、「真実」は絶えず変化するものだと認識することによって生まれ、育まれ、花開くものなのだ。

ところで、懐疑主義とは、結局のところ何を指すものなのだろうか。それは、事実や推論を、信仰や権威だけを理由に受け入れない姿勢のことだ。証拠（エビデンス）や論理を求め、あらゆる角度から問題を見つめ、他の人が質問を提起することに常に心を開くことである。「懐疑主義」が日本語でどのように訳されるかはわからないが、ここで誤解が生まれないように言っておきたい。懐疑主義という言葉は、ある方面（主に宗教）では、若干否定的な意味合いで使われる。「私たちは皆、聖なる者であり、敬虔な信者である。ただし、あそこにいる、『懐疑論者』と名乗る愚か者は別だ」、というように。しかし、私はこの言葉を、厳密に肯定的な意味でのみ用いたい。15世紀の科学者が「私以外のすべての人々が、地球が平らだと信じている。私は懐疑論者であり、愚か者なのかもしれないが、地球は丸いと信じている」と言ったように。

この場合、愚か者が結果的に正しく、他の人たちは（必ずしも愚か者たちの集団だったわけではないが）結果的に間違っていた。このような懐疑論者は非常に貴重である。皆が地球が平らだと信じる社会で、おそらく何世代にもわたって疑い、質問を発し、観察し、実験し続けた末に、何が実際に正しいのかを社会に教えてくれるのは懐疑論者なのだ。

しかし仮に、懐疑論者が、礼儀正しい市民、信頼されるコミュニティの一員、親切な隣人、従順な部下、謙虚な友人であろうとして、コミュニティの他の人々に話を合わせたとしよう。その場合、何が正しくて何が間違っているのか、そのコミュニティは決して学ぶことはないだろう。彼らは、自分たちの間違った考えが実に意味のあるものだといつまでも信じ続けてしまうかもしれない。そして、間違った考えに最も強くコミットする人々がコミュニティのリーダーや政策決定者であった場合、最終的にはコミュニティ全体がその誤った考えによって苦しむこともありうる。

規制政策であれば、目標を達成できない、あるいは極めて高い社会的コストでしか達成できない規制を採用するようコミュニティを導くかもしれない。公共投資であれば、尊敬される指導者たちから支持を集めた投資プロジェクトが選択され、その結果、それが全く見当外れな投資で、懐疑論者の警告が愚かにも無視されていたことが後になって分かるかもしれない。望ましいと思われる目標に対して公的な補助金を出す場合であれば、例えば企業が解雇を避けて不要な仕事をする社員の給与を補助する場合、結果としてその社員たちも新しい技能を習得できないまま、数年後にその企業はいずれにせよ倒産してしまうかもしれない。

公的なリーダーシップが行使される場においては、トップにいる人たちの判断は正しいに違いないと一般に考えられている。もしそうでないなら、その人たちがトップに立つことはないからだ。また、上司は部下よりも多くのことを知っていて、より賢明であると一般に思われている。仮に会社の同僚が全員同じ意見を持っているならば、彼らはきっと知識があり、賢い人たちなのだろう。だから、懐疑的な人は黙って、我慢して、和を乱さないのが最も適切なのだ。周囲に敬意を払い尊重するということは、いずれにしてもそういうことなのではないか？

しかし、公共政策の世界では、誰もが簡単に間違いうる。この派閥のリーダー、あの派閥のリーダー、この上司、あの上司、社員、専門家のアドバイザー、外部の批評家、内部の支持者、根っからの信者、そして——そう、間違いなく——懐疑論者もだ。だからこそ、建設的な質問、正直な批判、そして懐疑主義を守る環境全体が非常に重要なのだ。このような環境では、質問、質問、そしてさらなる質問が歓迎される必要がある。「正しい答え」ではなく「正しい質問」こそが政策立案の本質なのだ。そして、たくさんの質問を発することが重要だ。

もちろん、質問は建設的に、率直に、そして何が間違っていて、間違っていないのかについてのおおよその合意を得ることを目指して投げかけなければならない。これは日本だけでなく米国でも同じことだ。米国では、文化的にも職業的にも認められた役割に、建設的で率直な質問をするという行為がある。私は40年以上にわたり、何十人もの日本人の大学院生に政策立案を教えてきたが、彼らの多くが日本でもこのような質問を重視した政策立案が役立つことを確信していると話した。本書の日本語訳は、彼らが正しかったこと、そしてこの懐疑的で建設的なアプローチは日本でも需要があることを示唆している。

本書は、政策立案を行う日本の実務家や学生を対象としている。本書が意図するところは、答えを提供することではなく、有用な質問を提供することである。十分な訓練を積めば、こうした質問を発することは、あなたのプロフェッショナルな道具の一部となり、シンプルで自然で、当たり前の動作になる。読者の皆さんがその境地に至るまで、本書が有益な気づきの源となることを願っている。

ユージン・バーダック

訳者はしがき

本書は、カリフォルニア大学バークレー校ゴールドマン公共政策大学院の長年のプログラムの中で開発され改良されてきた政策立案の実践的な手引き書です。同大学院の公共政策修士課程（Master of Public Policy）は、歴代政権の政策立案にも参画してきた教授陣の全員が本書のフレームワークを用いて教育を行い、米国の公共政策大学院の1つのモデルとなり、全米で最も優れた政策立案プログラムとしての地位を長年保ち続けています。本書は全米の大学・大学院で広く活用されているほか、海外でも翻訳されています。

本書は、問題の発見から政治的な駆け引きを勝ち抜いて政策を実行するまでの「政策立案」のプロセスを8つのステップに分解し、体系的に解説しています（PART I）。また、本書の後半では、情報収集や「スマートプラクティス」（洗練された先例）の活用など、実際の政策立案の中で重要となる実務的な側面についても、実用的なアドバイスを掲載しています。さらに、本書（原著第6版）には「エビデンス（証拠）に基づいた政策立案（EBPM：Evidence Based Policy Making）」に対応する付録も添付されています。

米国では、シンクタンクやNPOや、各種機関が積極的に政策提言を行い、政府もまたそれを積極的に活用しています。こうして、米国の政策立案過程には、実にさまざまな主体が参加しています。原著が目指すのは、政府の内外を問わず政策にかかわるすべての人たちに合理的な政策立案のフレームワークを伝授し、政策立案者を養成することにあります。

訳者らは行政官として中央官庁の勤務を経て米国の同大学院で学びましたが、政策立案という、利害が錯綜する中で行われる複雑な営みが、決して過度に単純化することなく体系化され、「使える技術」として教えられていたことに大きな衝撃を受けました。成熟したアメリカの教育システムに驚くとともに、この技術を日本でも広めたいと思ったことが翻訳のきっかけでした。

本書は日本語版の第2版となり、原著第6版の翻訳となります。原著の内容を可能な限り忠実に再現することを第1としつつも、政策をめぐる環境の異なる日本においても理解しやすいものとなるよう努めるとともに、理解の一助となるよう訳者によるコラムを追加しました。日本語版にありうべき誤りはすべて訳者に帰すべきものであることは言うまでもありません。

政策というと新聞やニュースで取り上げられるものだけという印象を持たれるかもしれませんが、政策は身の回りのことから国・世界レベルのものまで、いたるところで世の中をより良いものにする可能性があるのです。本書のフレームワークは、そうした幅広い意味での政策の立案に役立つものです。本書が多くの人の政策立案の一助となり、日本において世の中をより良いものにしようとする営みがさらに広がっていくこととなれば、訳者にとってこれ以上の喜びはありません。

訳者一同

序文

このハンドブックは、政策立案に用いられる概念や手法の指針となるものである。ユージン・バーダックは、政策立案の一般的なアプローチや多くの具体的アドバイスを、過去35年以上にわたるカリフォルニア大学バークレー校ゴールドマン公共政策大学院の修士課程1、2年生に向けた政策立案のワークショップにおける指導を通じて開発してきた。本書が出版される過程においては、さまざまなアイデアが徐々に形作られ、授業を通じて学生に伝えられていった。

しかし、バーダックや同僚の教授たちが、学生たちに体系的な方法で多くのことを詰め込もうとしたところ、学生たちが授業を欠席したときには、バーダックが極めて重要であると考える事項を聞き逃してしまうことがあった。そこでバーダックは、配付資料を作成し学生たちに配布することにした。聞き逃してしまった事項を学生は修得できるようになり、彼としても責任を果たすことができると考えたからである。

長い年月を経て配付資料は充実し、他の大学の同僚教授にいつのまにか伝わるとともに、ワシントン大学が作ったElectronic Hallwayというウェブサイトに掲載された。本書は、こうした配付資料群が発展してできたものであり、長年にわたる経験をまとめたものである。

エリック・M・パタシュニックは、ゴールドマン公共政策大学院の学生であった1988年の春に、政策立案入門の授業で「8つのステップ」に初めて触れることになった。彼は教授として、UCLA、バージニア大学、ブラウン大学の何百人もの公共政策学の学生に対し、本書の以前の版を授業で用いてきた。

本書が想定している利用者は、カリフォルニア大学バークレー校やブラウン大学の学生のような、政策立案に携わろうとしている実務家の卵である。

しかし、本書は、学部レベルの公共政策学入門コースから、実務経験者向けのエグゼクティブ・プログラムまで、幅広い層に対して役立つものであることがわかってきている。

本書は、市場の失敗（及び不完全市場）に関する事柄などを含む、基礎的な経済学の概念を理解していることを想定して書かれている。本書は単独で使われることを想定しておらず、他の政策立案の教科書など、さまざまな教材と組み合わせて使われるべきだと考えている。こうした点を強調するために、本書では、Behn and Vaupel（1982)、Friedman（2002)、MacRae and Whittington（1997)、Morgan and Henrion（1990)、Stokey and Zeckhauser (1978)、Weimer and Vining（2011）などを随所で引用している。本書の精神に近いもので、ニュージーランドやオーストラリアの事例を豊富に収めている本として、Scott and Baehler（2010）がある。

本書のこの版では、8つのステップの各ステップを説明するため、政策立案の概念を示す最新の事例を取り入れ、現実のさまざまな政策立案レポートの抜粋を収録した。また、新たな付録を追加し、「ビッグデータ」や強固な科学的エビデンスを利用したいと考える政策立案者へのアドバイスを提供している。さらに、政策オプションの意図しない帰結を予測するためのアドバイスを提供するとともに、政策の採択や実施についてダイナミックに考えることの重要性を強調している。

最後に、新たな素材を追加したとはいえ、あるいは、とりわけこうした素材を追加したことにより、本書には、以前の版の精神と連続性を持たせることができたと考えている。その精神とは、正しい答えを探し求めるために動き出す前に、正しい質問を発するという精神である。また、知的にも政治的にも、また、さまざまな時間的制約においても難しいプレッシャーに置かれている読者・利用者に対して、混乱や不安を和らげる助けになろうという精神である。これらはすべて、本書が読者にとって親切な本であることを願ってのことである。

イントロダクション

　政策立案は、社会と政治に関わる営みだ。政策立案に携わる人物は、十分な検討の上で政策立案を行ったかどうか、個人としての道義的責任や知的な意味での責任を負う。一方で、政策立案には、個人としての意思決定を超える側面がある。第1に、取り扱っている課題は、多くの市民の生活や厚生に影響を与えるものである。第2に、さまざまな専門家や利益集団が、政策分析の過程や結論に関わってくることになる。政策立案は、チームで行われることもあれば、組織の中で部局横断的に行われることもある。立案された政策を活用する「依頼者」が存在し、それは所属組織の上司にあたる人物かもしれない。また、立案された政策には、政治的に賛同する人から反対する人まで、多様な人物が関心を持つことになる。こうした諸々の事柄が政策立案という営みの性格を規定し、何をもって優れた政策立案とするかの基準にも影響を及ぼすことになる。

　政策立案者は、さまざまな組織で活躍することができる。かつて政策立案者は、政府の巨大な官僚機構で働く、現実世界から遊離した専門スタッフを指すような響きがあった。局長級の政府高官の下で、個々の政策オプションの効果について非常に細かな予測を立てる専門スタッフのイメージである。しかし、今や、そうしたイメージは過去のものである。今日の政策立案者は、政策の企画、事業評価、事業設計、事業の執行管理、広報、予算編成、その他さまざまな業務に従事している。政策立案者は単独で働くこともあれば、チームで働くことも、組織を超えた緩やかなネットワークで働くこともある。活動の場も、公的セクターから非営利セクター、営利セクターへと広がっており、かつ、米国外へも広がっている。

　政策立案者の業務は、理念的には、分析手法や分析結果の解釈方法に透明性を確保するということによって特徴づけられるべきである。一方で、政策立案者は、「中立的な」社会の奉仕者としての技術的な専門性に加えて、アドボカシー・グループとしての価値観や情熱を仕事に持ち込むこともある。政策立案者と共に働く専門家のネットワークには、法律、工学や会計といった分野の専門家が含まれることがほとんどであり、そうしたネットワークの中で、政策立案の観点から、他の専門家からの指摘に対して必要に応じて反論し、さらには統合できるよう努力していく必要がある。政策分析の成果物は、典型的には文章でのレポートであるが、口頭での説明、スライドを使ったプレゼンテーション、雑誌記事、テレビでのインタビュー、ソーシャルメディアの利用といった形を取ることもある。こうした成果物の受益者は、政策立案者に報酬を払った依頼者や雇用主のみならず、幅広い市民が含まれることになるであろう。

本書における助言は、現職の政策立案者だけでなく、学生やその他の人も含め、理由の如何を問わずこの世の中を実務家の視点から捉えようとする人全員に対し向けられたものである。

8つのステップ

政策立案は科学（サイエンス）というより技術（アート）に近い。方法論のみならず、政策立案者の直感にも依拠する。

一方で、この問題を解決するための手法について、ほとんどの初心者は、体系的にまとまっていない助言よりも、体系的にまとめられた助言を好むのではないか。このため、筆者は以下に述べる「8つのステップ」と呼ばれる手法を開発した。

- 問題を定義する
- エビデンス（証拠）を集める
- 政策オプションをつくる

- 評価基準を選ぶ
- 成果を予測する
- トレードオフに立ち向かう
- 分析を止め、焦点を絞り、狭め、深め、決定！
- ストーリーを語る

これらのステップは正確にこの順番である必要はないし、8つのステップがすべてのケースで重要とは限らない。とはいえ、問題を定義することに力を注ぐことは、大抵の場合、最初に行うべきことになる。また、ストーリーを語ることは、ほとんどすべてのケースにおいて最後に行うことになる。政策オプションを組み立て、それらを評価するための基準を選ぶことは、比較的早い段階で行う作業になることは明らかだ。エビデンス（証拠）を集めることは、プロセス全体で何度も行われるステップである。これは、とりわけ問題を定義する際と、検討した対策の成果を予測する際にあてはまる。

こうした体系的なアプローチを取ることの主な利点は、ともすれば忘れがちな重要な作業や決定事項を思い出させてくれることにある。逆に、このアプローチの主な欠点は、その性質上、いくぶん機械的であることだ。

問題解決のプロセス

問題解決のプロセスは試行錯誤のプロセスであり、手戻りがつきものである。このため、通常、各ステップを反復して行う必要が生じるし、それも1回ならず2回、3回と繰り返さなければならないこともある。

また、いずれのステップに取り組んでいるときでも、とりわけプロジェクトの初期の段階においては、暫定的に次のステップに移るという心構えを持っておくことが重要となる。問題解決の段階が進んでいくにつれて、おそらく問題の定義さえ変わってくるであろうし、政策オプションのメニュー、評価基準、どのエビデンスが問題と関係するかという認識も変わってくることになるだろう。各ステップを何度も繰り返しているうちに、自分が正しい過程をたどっているか、正しい問題に焦点を当てているかなどについて、少しずつ自信を持てるようになってくる。これはフラストレーションがたまるプロセスかもしれないが、調べたり、発見したり、新しいものを作り出したりするといった作業が楽しめるようになれば、得られるものは大きくなる。

これから述べる指針には実践的なものも含まれるが、ほとんどのものは概念的なものだ。使われている概念のほとんどは、読者にとって容易に理解可能なものであろうが、注意を要すべき例外もある。まず、専門用語が使われることがある。また、日常的な用語であっても、特別な含意を持った使い方がされていることがある。政策立案の経験と実践を積むことにより、こうした概念への理解は深まるだろう。

概念は具体的な事柄の中に組み込まれている。現実世界の政策課題は、関係者の個性、利益集団の存在、もっともらしく聞こえる主張、予算の制約、法令や法解釈、官僚組織の前例踏襲、世論の反応など、さまざまな細かな要素が複雑に絡み合っているものがほとんどである。その一方で、本書で議論されている概念は、抽象的な形で書かれている。したがって、日常生活に現れる具体的な事象の中に、分析的な概念を「見出す」力を身につけることが必要となる。

注意：すでに一部のステップは決定されている場合もある。政策立案を依頼してきた人物や団体が「この施策を実施するためには追加的な財源が1億円必要なので、それを見つけてほしい」と言っているとしよう。本書の8つのステップはこの「政策立案」に使えるだろうか。限定的な形であれば、使うことができる。この依頼者は、すでに問題を定義済みであり、関連する判断基準についてもかなり特定している。これらに関連するステップについて、政策立案者側に創造的な仕事を行う余地は多くない。しかしその他のステップについては、本書の内容を活用できる可能性が高い。

まず、「見つけてほしい」という依頼は、もっと複雑な依頼を単純な言い回しに置き換えたものだ。「A市の地下鉄をテロリストから守るための方法を考案（設計）してほしい」というときの「設計」という言葉を言い換えているようなものだ。とはいえ、問題を定義するステップはすでに依頼者によって決められてしまっている。一方で、他のステップは創造性を働かせる余地がありそうだ。制度設計一般をどのように扱うかについてのアイデアは「PART Ⅲ　制度設計問題への対応法」で紹介されている。

最終成果物

政策立案の最終成果物はどのようなものになるのだろうか。以下に示すものは、典型的な政策分析レポートの大まかな姿である。

- 改善や解決が必要な問題を理路整然と記述する。
- 政策オプションの候補をいくつか挙げる。
- それぞれの政策オプションについて、依頼者や読み手が関心を持つような、予想される成果を添付し、それらの予測の根拠・理由を示す。
- すべての評価基準において卓越しているような政策オプションがなければ、複数の政策オプションの中に隠されたトレードオフの性質と大きさを示す。
- 依頼者の期待する内容に応じて、どのオプションを採るべきかについての提言を行う。

従来からの文章によるレポートを補足、あるいは代替するものとして、概要ペーパーやパワーポイントのプレゼンテーションが最終成果物となることもある。忙しい政策決定者に対して、明確で歯切れの良いメッセージを届けることが重要視される結果、こうした成果物の形式は、極めて一般的なものになりつつある。

- 視覚的に惹きつける方法を用い、政策立案者が着目する中心課題や主たる提言に、聞き手の関心を集中させる。
- 主たる分析結果を表す図表をいくつか説明する（付録E「ビッグデータや強固な科学的エビデンスを政策立案に取り込むための提案」参照）。
- 概要ペーパーやパワーポイントスライドは、単体で読まれても成り立つものにし、文章によるレポートを読まなくても意味のわかるものにする。

8つのステップの精神

8つのステップは、効率的で読者のモチベーションを高めるものであってほしいと願っている。政策立案は複雑な作業だ。目標を見失ったり、時間を浪費したり、だらけたりしてしまいがちだ。政策分析の他のマニュアルや教科書は、ある意味で、成果が「正しい」ものになることに主たる注意が向けられている。もちろん本書は、その観点においても役立つものである。だが、私たちは本書がむしろ、効率的に政策分析を行い、政策分析に伴う不安や混乱を最小限にする上での手助けになってほしいと願っている。

最後に、政策立案は政治の中から生まれるものであるがゆえに、政治の中でその役割を終えていく。政治には2つの側面がある。争いを解決に導くことと、コミュニティを形成していくことだ。政策立案はその両面に寄与するものである。政策立案は、ある主張がそれ以外と比べて一定の意味において優れており、採択されるにふさわしいことを示すことを通じて、紛争を解決に導く。一方で、そうした当事者間において、それまで明確に意識されてこなかった共通の立場の存在を指摘することにより、コミュニティの形成にも寄与する。

この共通の立場は、異なった政策を支持する当事者たちが見解の不一致を解消するために分析的な方法を採用することや、価値観の違いから生じた決定的な対立が、実は「政策Aが政策Bよりも、どの程度高い確率で問題Pを改善できるか」という将来予測に関する技術的な見解の不一致にすぎないことを互いに確認することといった、理性的な議論のルールと慣習の中で形成されていく。端的に言えば、政策立案は、集団的意思決定が現実世界にどのような帰結をもたらすかという点に議論を集中させることを通じて、より良い統治を民主主義社会にもたらすことに貢献するものである。

本書の概要

本書はさまざまな素材を組み合わせる形で構成されている。最も重要なのはPART Ⅰであり、8つのステップを解説し、それらをうまく活用するために経験的に推奨されるコツを紹介している。

PART Ⅱは、8つのステップのうち、エビデンス（証拠）の収集という特定のステップに焦点を当てている。これは35年前に学術誌の記事として最初に掲載されたものだが、それに手を加え、文体と内容の両面で本書全体に馴染むようにしたものである。これを本書に加えた理由は、政策立案におけるエビデンスの収集は、社会科学やジャーナリズムにおけるデータの収集やその解釈に係る規範に照らして、独特のものがあると考えたためだ。何よりも、このトピックは、政策立案者が効率的に時間とエネルギーを使うためのものである。

本書の以前の版では、PART Ⅰは（機能している既存制度をさらに改善する政策介入策として）複数の政策オプションの中から最適なものを選ぶという従来型の問題だけでなく、（既存制度が崩壊しているか存在していない場合に適用される）より野心的な「設計」問題に取り組むための提案を含んでいた。2種類の問題を1つのPARTで取り扱うことで、読者は2つの問題を議論する際のわずかな違いを見逃すことも多かった。したがって、今回はPART Ⅲにおいて、設計課題についての内容をまとめて書くことにした。こうすることで、複数の独立した要素が相互に関連しながら望ましい結果を生み出すような「動くシステム」を設計するにあたり、8つのステップがどのように関係するかを示すことができたと考えている。

PART Ⅳは類書では扱われることのない特別なトピック、他所で見つけられるであろう既存のアイデアを活用すること、中でも「スマートプラクティス」の実例を取り上げている。模倣と実践は、人生の他の局面においても、上達（時に後退することもある）するための一般的な方法であり、政策立案においても使わない手はない。

本書の以前の版では、ランド研究所による薬物の売人に対する法定最低刑期制度の効果検証に関するレポートを収録していた。これは、読者に実際の政策立案の例を提示するためのものであった。この版では、政策立案の概念を説明するために、シンクタンク、研究機関、政府機関のさまざまなレポートからの抜粋を（ウェブサイトのリンクとともに）提示することにした。

この新しいアプローチを採用したことには、いくつか理由がある。まず、政策立案レポートには、すべてに当てはまるような模範例はない。政策立案レポートは、さまざまな形式を取る。それぞれの政策課題や想定される聞き手に応じて、レポートを作り込んでいく必要がある。次に、政策立案の対象となり得る課題の幅広さを示すことが重要と考えた。最後に、今日の政策立案者が、問題の定義、政策効果の測定、不確実性への対処のために使っているモデル化のツールやデータソースの多様性について、読者に関心を持ってもらいたいと考えた。

なお、本書に採録された政策立案レポートは経験を積んだ専門家によるものであるが、それぞれのレポートの方法論、分析、提言について、本書がお墨付きを与えているものではないと付言しておきたい。本書を活用して授業を行う場合には、宿題や授業における議論の対象として、レポート全体を読んだ上で強みや弱みを考えることを学生に促すべきであろう。

付録A「政府が行うこと」は、政府が社会への介入を行うための11種類の手段について概観したものである。この版では、付録B「公的組織・非営利組織を理解する――正しく理解するための質問」と、新たに加筆された付録C「政治的支援を勝ち取るための戦略的アドバイス」、付録D「依頼者と働くためのコツ」、付録E「ビッグデータや強固な科学的エビデンスを政策立案に取り込むための提案」を収録している。付録Eは、行政が保有する大規模データのさらなる活用や、政策研究所やさまざまな政府機関において活用され始めているフィールド実験などの洗練された因果関係推定手法について議論している。これらの分野の重要な発展に乗り遅れたくない政策立案者へのアドバイスを提供するものである。

筆者は、本書を簡潔で、ページ数の少ないものにするように努めてきた。しかし、対象とする話題は多く、複雑である。その結果、ある意味で、本書は非常に密度が濃いものとなっている。筆者の生徒は、この本は手軽に読んで楽しめるものではあるが、細かな部分に深い味わいがあり、何度も繰り返し読み返すような参考書として扱われるべきだと言っている。彼らの指摘は極めて正しい。

目次──政策立案の技法【第２版】

付録 E　ビッグデータや強固な科学的エビデンスを政策立案に取り込むための提案　285

PART I

政策立案の8つのステップ

STEP 1 問題を定義する

STEP 2 エビデンス（証拠）を集める

STEP 3 政策オプションをつくる

STEP 4 評価基準を選ぶ

STEP 5 成果を予測する

STEP 6 トレードオフに立ち向かう

STEP 7 分析を止め、焦点を絞り、狭め、深め、決定！

STEP 8 ストーリーを語る

問題解決における分析は、通常、問題の定義に始まり、決定すべき事項を示し、その理由を説明するという一定の方向に沿って行われる。ただし、この過程では、再考し、見直し、判断を変えることもよくあることを忘れないでおいてほしい。別の言い方をすれば、次のステップに進む前に、すでに行った分析を見直すことも必要となる。また、分析の依頼者や政治的状況によって分析の検討範囲が予め限定されており、下記の分析のステップの一部については検討する必要がなくなっている場合もあるだろう。その時々の個別の状況に応じて、これから述べる政策立案の一般的な手順を使ってほしい。

STEP 1

問題を定義する

最初に問題を定義することは、必要不可欠なステップである。なぜなら、何が問題かを定義することによって、プロジェクトを完遂するために必要な仕事の範囲が決まり、エビデンス（証拠）を集める上での一定の方向感が与えられるからである。さらに、政策分析の最終段階で、**ストーリーを語る**際の組み立て方を考える上でも役に立つだろう。

この問題定義のステップは、間違った方法で行われがちだ。曖昧さが入り込み、その後の分析に悪影響を与えることもある。例えば、ソーシャルメディア規制に関する議会でのヒアリングで、議員たちがフェイスブックに関して以下の懸念を示したとしよう。

- フェイスブックは大きすぎるために分割しなければならない。
- フェイスブックは外部の組織とデータの共有を行う際に、取るべき対策を怠っている。
- そもそもフェイスブックはデータを集めすぎている。
- フェイスブックは社会の対立（分極化）を引き起こしている。
- フェイスブックは政治による悪用に対して脆弱であり、ヘイトスピーチやフェイクニュースの抑制に十分な対策を取っていない。

- フェイスブックは中毒性のあるメッセージを子どもに対して奨励している[1]。

こうした懸念事項が、十分な問題定義を行っていく上での、叩き台となり得るものだろうか？　実際、なり得なくもない。しかし、問題の定義としては、はるかに高い精度が求められる。上記の多くの懸念は、問題を指し示しているというよりも、政策オプションを指し示している。その他はただフェイスブックや社会のトレンドを主張しているにすぎない（その主張が正しいかどうかは別にして）。以下に、問題の定義を改善するのに役立つであろう提案を示す。

不足や過剰を考える

本質的な理解のためのヒント

不足や過剰について考えることは、常にというわけではないが、しばしば問題定義を考える上で役立つ。例えば、以下のようにである。

- 「アメリカにはホームレスが多すぎる」
- 「農業用水の需要は、資金面・環境面から対応可能な供給能力を上回る速度で増加している」
- 「カリフォルニアの学齢期の子ども人口は年間14万人増加しており、彼らを教育する物理的な施設の伸びが追いついていない」

さらに、問題の定義の中に「……すぎる」という言葉を入れるのも、しばしば有効である。例えば、「多すぎる」「少なすぎる」「伸びが遅すぎる」「伸びが早すぎる」といったものである。最後の2つ（「伸び」に関するもの）は、現時点では必ずしも存在していない問題も、遠い将来か近い将来かは別として、（少なくとも潜在的には）将来の問題になり得ることを気づかせてくれる。

ただし、取り組もうとしている問題が十分に絞り込まれていて、後は候補

1　Roose (2018) 参照。

のうちのどれを選択するかだけの問題になっている状況では、問題定義の際にこうした過不足を考えても意味がない。例えば、「浚渫《しゅんせつ》した土砂をサンフランシスコ湾に投棄するか、太平洋のどこかに投棄するか」という問題である。あるいは、よく定義された目標を達成するための**何らかの手段**を考え出すという場合にも意味がない。例えば、「想定されている収入と支出のギャップを埋めるための財源を探し出す」というものだ。こうした候補選択の意思決定に関する課題や、達成手段を考え出すことが求められるような課題は、政策立案者**にとっては**厄介な課題ではあるが、この節で論じようとしている問題とは異なった性格の問題である。

問題を評価可能な形で定義する

「問題」という言葉は、世の中の何かが間違っていると考えられる場合に普通使われるものだが、**間違っている**という表現は、議論を呼ぶ表現である。仮に同じ事実を全員が認めていたとしても、何が問題となり得るのかという点について、一人ひとりは異なった評価の枠組みを持っているかもしれない。例えば、一部の人々は、海外で生まれたアメリカ人の割合が増えているということを問題だと考えているが、多くの人はそう思っていない。残念ながら、この種の哲学的な意見の相違に関して、明確に広く受け入れられた解決方法は存在しない。

理論上も、かつ、実際にもしばしば問題となるのは、「私的なトラブルのうち、どういったものが公的な問題とみなされ、公的な資源を投入してまで、取り上げて改善することが正当化されるか」という問いである。この問いを考える際には、市場の失敗のレンズを通して現状を分析することがしばしば有効である（Friedman 2002、Weimer and Vining 2011、chap.5[2]）。ごく単純

2　ほとんどの伝統的な市場の失敗の取引コスト面での分析については、Zerbe and McCurdy (1999) を参照されたい。伝統的に考えられてきた“市場の失敗”を是正するために政府によって行われる介入以外の豊富なバリエーションをも強調している。

化して言えば、財やサービスの特性が以下の性質のいずれかを持つときに市場の失敗が生じる。

- 潜在的な受益者全員に支払いを求めることが難しい場合。例えば、基礎科学の恩恵は多くの人が間接的に受けている。
- 財やサービスの利用にかかる本当の経済的費用を、消費する受益者から徴収することが難しい場合。例えば、新鮮な空気。一方で、自動車の所有者は、排ガスを大気中に流し込んでいる。
- 消費者が（ときに供給者が）、獲得する財やサービスの本当の品質を知ることが難しい場合。例えば、内科診療や自動車の修理など、治療や修理に関する多くのサービスがこれに該当する。
- 一定の需要に対応するための、限界生産費用が平均生産費用よりも小さい場合。例えば、雑誌記事をインターネットで配信することがこれに該当する。

次の点については、いくら強調しても強調しすぎることはない。すべてのケースにおいてではないものの、多くのケースにおいて、市場の失敗の存在が認められない場合には、どんなに注意深く行われる政府の介入をもってしても、人々の私的なトラブルを改善することは**できない**と考えるべきである。仮に何かしらの改善が可能であったとしても、通常それには多くの副作用を伴う。副作用が生じたとしても実行する価値がある場合もあるかもしれないが、その価値の評価は注意深く、念入りに行わなければならない。

市場の失敗のほかに、私的なトラブルを公的な問題として捉えることができる主な状況は以下のとおりである。

- 主に市場の外にあるシステム（家族関係など）の失敗
- 市場は効率的に機能するが、市場において評価される才能やスキルを持たない人が十分な報酬を得られないために生じる貧困
- 女性や人種等のマイノリティに対する差別の存在

市場の失敗が存在したとしても、政府の介入が状況を改善するとは限らない。政府が市民の利益に沿って動くことができないかもしれないし、または

動きたくないかもしれない。政策立案者が必要な情報や能力に欠けることもあるし、政治家や官僚自身が利害関係や政治的な意図を持っているかもしれない。政府自身が効率を最大化し、公正な分配を促進するという政治的なインセンティブを持っていないかもしれない。現実の市場が理想的な競争を実現できないことがあるように、政府が社会を良くすることに失敗することもある。政府の失敗は市場の失敗ほど理論的に精緻に構築されてはいないが、研究者は政府の失敗の3つの主な要因を以下のようにまとめている（Weimer and Vining 2011、chap.8）。

- 直接民主主義の問題。例えば、多数派が少数派に非常に高いコストを強いること。
- 代議制民主主義の問題。例えば、組織化した集団の影響力、薄く広がった利益の軽視（例：消費者問題）、政策効果の過剰な見積もり（例：公務員年金の費用）が選挙終了後に起きがちなこと。
- 政府による生産や供給の問題。例えば、公務員や調達ルールによって執行が硬直化すること。

政府が扱う範囲が広がるにつれて、現在実施している政策介入が受け入れ可能な費用で目標を達成できるか、あるいは、十分に目標を達成できるか、という点を見極めることが政策立案者の重要な仕事になっている。政策立案者は、市場の失敗と政府の失敗の両方について、その有無を診断し、処方箋を書く上で重要な役割を担うことになる。

「イシュー・レトリック」について

通常、問題定義を検討する最初の段階で依頼者から与えられる材料は、依頼者が置かれた政治環境で議論されているような、ありふれた言い回しからできている。そのような言い回しを、ここでは「イシュー・レトリック」と呼ぶ。このようなレトリックは、技術的に見える問題に狭く限定されていることもあれば、広く社会的な論争を呼ぶような大きな問題に関わることもある。いずれの場合においても、こうしたレトリックを越えて、分析的に扱うことが可能で、採り得る政治的・制度的手段という観点からも意味のある問題の定義を行わなければならない。

イシュー・レトリックをそのまま使う際には注意が必要だ。イシュー・レトリックには、人々が気に入らないか、良くないと考える状態を指し示すものが多い。「劣化するインフラ」、「企業利益」、「賃金の停滞」といったようなものである。こうした価値判断をそのまま受け入れる必要はない。自分や仕事の依頼者、仕事の最終的な受け手が「問題」と考えている状態が本当に「悪い」ものなのかどうかについて、理論的・実証的に検討しなければならないときもある。さらには、イシュー・レトリックは「医師の不足」、「グローバリゼーション」、「所得格差」などのように、問題を引き起こすとされている（ただし実際にそうとは限らない）状態を指し示すこともある。

イシュー・レトリックはしばしば党派的、イデオロギー的な傾向を持つ。多くの市民は首尾一貫したイデオロギーを持つわけではないが、イシュー・レトリックは極端な意見を持つ、熱狂的で声の大きな個人によって形成されがちである。民主主義を採用する多くの先進国においては、政府が問題解決にどのような役割を果たすべきかという点について、また、本人や親族、近隣住民にどのような役割を期待すべきかという点について、イデオロギー的な大きな断絶がある。自助は一般に理想的であると考えられることが多いが、そうした考え方に反論が行われることもある。

リベラルなイシュー・レトリックは、市場への不信を伴いがちであり、多くの反論を招く。しかし、そうした多くの反論の中で、現実の市場がどのように機能し、機能しないのかについての現実的な理解に基づいたものは必ずしも多くない。保守的なイシュー・レトリックは、時には市場を思慮深く擁護するが、支持する業界団体が保護主義的な法制度を求めるときには沈黙することもある。制度としての政府は、私的な問題解決や共同体による問題解決の主要な手段を提供する存在であるため、リベラルも保守主義者も、政府がどの程度有能で信頼に足るものなのかという問いを、イデオロギー的なものにしてしまう。とりわけ、今日のような両極化した政治環境においては、この議論のどちらの側に立つ人も、偏った認識を持ってしまいがちである。

イシュー・レトリックに端を発する一般化は、政策選択や政策デザインについての具体的な課題を、単に固定化してしまうことがある。一方で、市場の失敗や市場の不完全性についての経済学理論が教えることは、市場に委ねることが不適切な状況がしばしば存在するということであるし、政府の失敗についての公共選択理論が教えることは、政府に委ねることが不適切な状況がしばしば存在するということである（Glazer and Rothenberg 2001, Weimer and Vining 2011）。

政策立案は、「厚生の最大化」という規範的な基準を用いることで、あるいは、さまざまな制度のさまざまな目的における比較優位についての社会科学的な理論やエビデンスを用いることで、すべての政治的なイデオロギーを橋渡しするものである。そのため、政策立案において、イシュー・レトリックに単純に共鳴して問題定義を行うことは避けるべきである。むしろ、分析上意味があるような初期の問題定義を行うにあたっての材料であると捉えるべきである。

いくつかのイシュー・レトリックは、複数の問題を取り上げていることにも気をつけておいた方がよい。例えば、「10代の妊娠」という問題は、受け取る側によっては、性道徳の欠如、若者やその子どもの人生にとっての不利益、納税者への負担、社会的な一体感の欠如といった課題認識と結びつくことがある。通常、こうした場合には、焦点をあてようとする主たる問題を決め、分析が拡散しないようにするのがよい。しかし、問題が複雑すぎない場合には、1つ以上の問題を定義することもあり得るだろう。

「不確実性」は評価ができる問題だ

ある政策やプログラムがどの程度機能しているかを評価する場合、どのような問題について論じようとしていると言えるだろうか？　こうした場合、本書の8つのステップはどのように活用することができるだろうか？

すべての政策立案と同様、ここでの目標は、未来についての質問に答えることだ。過去について調べているときでも、その意図は、その結論を将来の行動を形作るために活用することにあるはずだ。過去にどのような実績を挙げてきたかを調べることによって、そのプログラムを拡大すべきか、縮小すべきか、廃止すべきか、別の地域で行うべきか、何らかの変更を加えるか、といったことを決めることも可能になるだろう。一方で、過去の実績や、評価基準に対する実績管理や、プログラムのデザイン、実施方法のうち、一体何がそうした結果を生み出してきたと言えるのだろうか？　この不確実性こそが、評価作業において取り扱おうとしているものだ。「不確実性が多すぎる」ことが、問題なのだ。

できれば定量化しよう

問題の定義は可能な限り定量的な特徴を持つべきだ。過不足を主張する場合は、その**程度**もあわせて述べるべきだ。どれだけ多いと多すぎるのか。どれだけ小さいと小さすぎるのか。遅すぎる、早すぎる、も同様だ。例えばホームレス問題について議論する場合、アメリカにはどれだけのホームレスの人々がいるだろうか。農業用水については、何立方メートルの水が現在使われ、（水の価格を一定だと仮定したとして）その現在の消費量は将来のある時点の需要と比較するとどうだろうか。クライアントの貯水施設の整備能力とは正確にはどれだけの量を指し、それが時とともにどのように拡大・縮小すると予想されるだろうか。

必要があれば、目安をつけるために情報を集めるのがよい（「STEP 2：エビデンス（証拠）を集める」を参照のこと）。

多くの場合、焦点となっている問題の大きさについて推計し、大まかな目星をつける必要がある。時には**値**の推計に加えて、**幅**を持った推計も必要になる。例えば、「家族でホームレスとなっている人々の数に関するわれわれの最善の推計は25万人だが、真の値は10万人から45万人の間のどこかにあると考えられる」といったように。

よい数字が思いつかなくても、**数量**を定性的にせよ定義し、問題を定量化することは、問題定義をより扱いやすくし、具体的なものにする。「年収が6万ドル以上にもかかわらず公的住宅に住んでいる者が多すぎる」という問題定義は、単に「比較的裕福な者が家賃の安い公的住宅の恩恵に浴している」という問題定義よりも優れている。6万ドルという値が、これから行う分析で用いられる上限値または下限値について、素晴らしいイメージや情報を提供しているからだ。

問題を発生させる条件を突き止める

それ自体は市民から問題とされていない状態が、市民やその代理人である政策立案者から、問題を発生させる原因であるとみなされることもある。こうした場合、このタイプの状態を少なくとも1つ突き止め、軽減または解決されるべき問題として定義することが有益なときもある。「大気汚染の発生地域における問題の1つは、州政府が自動車の所有者に、エンジンの性能向上や排ガスシステムの改善を強制しようとしないことだ」といった分析がその例である。

! 本質的な理解のためのヒント

このような問題定義は、単に状況を描写しているだけでなく、状況について何らかの判断を行っていることに注意してほしい。この問題定義においては、特定の状態が、それ自体が問題であるか否かは別として、現実に問題を生じさせている他の状態を引き起こす重要な原因であると暗に主張している。このような判断を含んでしまっている問題定義は有効なときもあれば、信頼できないときもある。例えば、州政府が自動車のエンジンのメンテナンスを強制していないことは、実際には大気汚染の主要な原因**ではない**といったように、とりあえず行った原因の診断が誤っていたり、誤解を呼ぶものであったりしたらどうだろうか。

「**定義**」という言葉は、文脈によっては自由に決めることが許されることもあるため（例えば、「ここでは『**正義**』については以下のように定義する」といった具合に）、判断を含んだ問題定義の中に目立たない形で埋め込まれている原因についての主張は、本来必要とされる検証を受けずに済まされてしまうことになりがちである（より詳細については、「STEP 5：成果を予測する」を参照のこと）。

リスクのある状態と「確率」

「この原子炉が25年以内に大量の放射性物質を放出するような事故を起こす確率が高すぎる」。

この文は問題について述べたものだが、「この近辺での喘息の報告数が多すぎる」というような目に見える問題を扱ったものではない。この問題はリスクについてのものであり、「確率」に関する表現が用いられている。

! 本質的な理解のためのヒント

確率に言及することは（問題定義に限らず）、分析の中で、その発生確率について大まかに記述できるか、少なくとも議論できるような不確実性のあることについて議論する際に有用だ。また、確率を用いて、政策オプションが想定どおりに機能しないリスクや、主要な政治的関係者が現職にとどまり政策執行を監督することになる可能性といったものについても表現することができる。そして、正確な定量化に馴染まないリスクについて議論する際、特に有効な表現方法になる。例えば「アメリカの核の近代化政策によって他の国が自ら核兵器を入手したがる確率」といったときの「確率」がそうだ。

確率の表現方法は政策オプションを絞り込む「評価基準」を決める際にも役に立つ。例えば、「次の選挙でフリーダム・コーカス〔訳注：米国で保守的な共和党下院議員により構成された議員連盟〕が歳入委員会の多数を占める確率を最大化する」、「保健部局の給付金受給資格審査システムが導入される際のシステム障害の確率を最小化する」といった基準が考えられる。

仮説的な問題に取り組む

多くの場合、「問題」は、依頼者（あるいは、関係団体）が語る内容の中で暗に示されている。例えば、「ある代替的な行動（ある意味で「解決策」）がとられれば、世界はずっと良くなるだろう」というものである。ある政策立案者が、こうした主張のメリットを評価することを依頼されたとしよう。例えば、「最新の購買部門があれば、今回の値上げを予測して、事前にXをもっと仕入れることができたはずだ」という主張だったとしよう。購買部門が価格動向の予測を適切に行わなかったから、公費が無駄になったという主張だ。しかし、この問題定義には、以降のプロセスで混乱のもととなる要素が潜んでいる。これは、この主張が真実である場合にのみ、有効な問題定義である。もし、この主張が事実でない場合は、この問題は存在しないことになってしまう。この場合、政策立案者は実在しない問題の解決策を探し求めなければならないのだろうか。

単純な解決策は、依頼者が暗示した「問題」を、実際に存在するものというよりも、「仮説」（あるいは「可能性」）と考えることである。そうした仮説が真実であると信じるかどうか自身の立場を留保しながら、仮説について調査することは極めて合理的である。自身の立場を明らかにするのは、調査が終わったか、ほぼ終わるという段階まで待ってから行うことになる。

「仮説的な」問題という考え方は、次のような厄介な疑問を内在させている。世の中に何十億とある「仮説的な問題」の中で、この「仮説的な問題」を、どうして取り上げ、どのように特徴づけるのか？　まず、この問題定義は、想定される問題解決策について言及してしまっている。「最新の購買部門が存在しない」という仮説を置くことで、問題定義の幅をある範囲の中に絞り込んでいる。また、依頼者によって示された、「Xに対して必要以上に高い価格が支払われていたはずだ」という具体例によって、さらに焦点が絞られてしまっている。

現実の世界においても、ある種の政策分野では、こうした仮説的な問題定義を行うことが多いように思われる。最も典型的なものとしては、無駄や非効率に関するものがある。「このようにすれば、より効率的な結果になる」あるいは、「現在、われわれの手順では、何度も行ったり来たり、確認したり再確認したりしており、多くの時間を浪費している。Yを行えば、そうした時間をすべて最小化できるだろう」というものだ。したがって、何かをしていないことが問題だと誰かが主張している場合、問題定義を「(おそらく) 無駄が多すぎる」と言い換えられるかどうか、確認すべきである。このとき、無駄とは金銭だけでなく、時間や、効率化によって成果を高める機会などを指すこともあることに注意が必要である。

潜在的な機会を突き止める

特殊な問題の1つに、潜在的な機会が見落とされているのではないか、という問題がある。政策立案を所与の問題の改善のためだけに行おうとするのは、視野が狭いのではないだろうか？　政策立案は、退屈で刺激の小さい業務改善でしかないだろうか？　創造的なことを行う機会を見つけることを目指してはいけないのだろうか？「壊れていないなら直す必要はない」という考え方は、視野が狭すぎる。政策立案者、政策決定者、公的機関のマネージャーは、潜在的な機会を見つけようとする努力を妨げるような方向で、問題定義の焦点を当てるべきではない。残念ながら、政策立案の実務者の仕事の多くは苦情、脅し、心配、いさかいといったものから生じる。これまでに誰も必要と思わなかった改善について考えることには、わずかな時間や気力しか割けないことも多い。それでもなお、潜在的な機会が本当に存在するのであれば、それを無視するのは残念なことだ。

苦情や脅しなどからは見つけることができない創造的な政策の機会は、どこで見つけることができるのだろうか。この疑問に対しては、学術的、あるいは専門的な理論はほとんど役立たない[3]。しかし、BoxI-1で試みまでにリストを示した。

BoxI-1　しばしば見過ごされがちだが社会の改善につながる一般的な機会

選択肢を設計する

選択肢を提示する方法を変えることで、意思決定がうまくいかない原因となる認知バイアスを克服できる可能性がある。例えば、あらかじめ選択されているデフォルトの選択肢（積極的に意思を示さない限り、自動的に示される選択肢）を「オプトイン〔訳注：原則不参加で、参加の意思表示があった場合は参加〕」から「オプトアウト〔訳注：原則参加で、不参加の意思表示があった場合は不参加〕」に変えることで、臓器提供プログラムや従業員貯蓄制度への参加率を高めることができる可能性がある。

社会的規範を売り込む

人はしばしば自発的に社会規範に従おうとするが、社会規範自体を知らなければ従うことができない。例えば、多くの大学生は、自分が平均よりも飲酒量が少ないと思い込んでいて、同世代の若者と同じようになろうと飲酒量を増やそうとしている。本当の飲酒量が公表されれば、大量飲酒への同調圧力は大幅に軽減される。

3　選択の構造と社会規範について、Goldstein, Martin, and Cialdini (2008)、Thaler and Sunstein (2008) を参照されたい。

個人の決定が社会に与える影響を内部化する

個人の決定の外部コストを無視しようとするインセンティブを取り除くことで、社会厚生を改善させられる機会は多く存在する。例えば、渋滞通行料を導入すれば、ドライバーがピーク時に道路を利用しないようなインセンティブを持たせることで、交通渋滞を減らすことができる。

オペレーション・リサーチ戦略〔訳注：モデルやシミュレーション等を活用し、最適な意思決定方法を研究する数理科学の一分野〕

順序付け、タイミング、優先順位付け、マッチング、グループ化、クラスタリングなどの手法を用いて合理的な割り当てを行うことで、所与の資源量の中で、他の方法よりも高い生産性を達成することができるかもしれない。例えば、交通量に一定の制約があるのであれば、3人以上が乗員している車両だけが利用可能なレーンを導入することより、一定の道路区間における乗員の通過量を最大にすることができる。

コストに基づく価格設定

価格と実際のコストとの間に不一致がある場合、現実をより良く反映するように価格を調整することによって、社会厚生を向上させられる可能性がある。例えば、家賃規制を撤廃すれば、価格を実際の住宅コストにもっと一致させることができるだろう。

個人の志を活用する

間接的に社会の利益につながるような個人的利益や満足追求を促すための、新しいインセンティブや新たな機会を創出することも可能である。例えば、公共部門の雇用主は、革新的なコスト削減策を考案し実行した従業員に対し、コスト削減による利益の一部を給与に上乗せすることができる。

政策の相互補完性

2つ以上の活動を組み合わせることで、それぞれの活動をより生産的にすることができる。例えば、公共事業の建設を増加させることで、失業の増加に対抗することができる。

インプットの代替

現在の生産プロセスよりも低いコストや投入量で、ほぼ同等の成果を得られるような機会は、世の中に数多く存在する。例えば、地方自治体は、給料の高い制服警察官を活用するのではなく、より低賃金の事務職員を雇って警察の事務作業をさせることができる。

発展

業務がその後の段階へと発展していく場合には、業務の順番を工夫することができる。例えば、福祉施設では、利用者を職探しに送り出してからではなく、むしろ送り出す前に、利用者の雇用の可能性や職業への関心について調べることができる。

交換

交換可能性について認識されていない場合、社会的価値を高められる可能性がある。そのような場合、政策決定者は市場のような仕組みを取り込んで政策を設計する。例えば、汚染許可証のオークションを実施したり、ある機関が他の機関の顧客や取引先に対してサービスを提供した場合に、機関間で払い戻しを行ったりすることが考えられる。

複数の機能

1つの機能が2つ以上の機能を発揮するようにシステムを設計することもできる。例えば、税務当局は、潜在的な違反者を抑止すると同時に、違反者でない者に対して真面目に納税することは損ではないと安心させるために、実際の執行事例をドラマ化することができる。

非伝統的な参加者

公的機関の現場で業務にあたっている職員や、顧客、依頼者、あるいは規制を受けている当事者は、その公的機関の政策や業務に取り入れることが可能な、プログラムの潜在的な改善策に気づいていることが多い。例えば、内国歳入庁（IRS）は、連邦税の申告書の改善方法について、一般の納税者からの意見を求めている。

十分利用されていない能力

ときとして、政府は自由に使える資源を組織的に十分に活用していないことがある。多くの地域では、学校施設は比較的限られた目的のために使用され、一日のうちの一部、あるいは一年のうちの一部しか使われていない。一方で、学校関係者は、学校機能を損なわずにこうした設備を開放することは、必ずしも容易ではないと常に警告している。

問題を定義する際にはまりがちな落とし穴を避ける

問題定義のステップには、少なくとも2つの危険な落とし穴がある。

! 本質的な理解のためのヒント

「問題」の中に解決策を埋め込むこと

用語選択を軽んじることによって、問題定義の中に解決策を無意識に埋め込むべきではない。解決策は実証的に評価されるべきで、単なる定義の仕方によって正当化されてはならない。したがって、問題定義においては問題の説明にとどめ、解決策の部分は示さないでおくべきだ。以下はその例である。

- **良くない例：**「ホームレスの家族のための保護施設が少なすぎる」：無意

識のうちに「多くの保護施設」が最も優れた解決策であることを示唆しており、そもそも家族がホームレスになることを防ぐための方法を考えることを妨げている。**代わりに**、「ホームレスの家族が多すぎる」にしてはどうだろうか。

- **良くない例**：「新しい学校建設のペースが遅すぎる」：端的に「より多くの学校」が解決策であることを示唆しており、既存の施設の有効活用や遠隔教育の可能性を考えることを妨げている。**代わりに**「利用できる教室の数に対して児童の数が多すぎる」にしてみよう。

問題定義に解決策を盛り込んでしまっているかどうかを見分けるためには、「そうか、でもこれは真の問題ではない。真の問題は……」という自分の内なる声を聞くとよいだろう。問題の概念化（そして、解決する方法）には、実際には良いやり方と悪いやり方があるが、真実に近い（または遠い）やり方かどうかという言い方もできるだろう。

問題定義に暗示された因果関係を簡単に受け入れること

以前に、何らかの問題を引き起こす原因となる状態は、それ自体が問題となり得るということに触れた。しかし、原因と判断するからには真実でなければならず、単なる想定であってはならない。ある状態が何らかの悪影響を引き起こしていると主張するのであれば、その因果関係を評価し、その因果関係が正しいと自分自身が納得できなければならない。例えば、コカインの使用はそれ自体が問題ではなく、犯罪や健康被害、家庭の崩壊等に**つながる**からこそ問題になるという意見もある。しかし、コカインの使用は本当にそういった結果をもたらすのだろうか？　また、そうした結果をもたらすとして、コカインの使用はどのくらい影響しているのだろうか？　こうした点に関するエビデンスを慎重に評価してから、「コカインの過度な使用」といった問題定義に基づいて作業を開始してよいかどうかを決めるべきだ（政策立案における実験的手法の使用については、付録Eを参照）。

因果関係の方向については間違えやすく、その結界、情報収集や推論について最適とは言いがたい方法を取ることになりやすい。ワクチン接種率の低さの問題を考えてみよう。米国のある地域では、ワクチン接種が自閉症を引き起こすのではないかという不安から、かなりの割合の親が子どものワクチン接種を遅らせたり、拒否したりしている。地域のワクチン接種率が90～95％を下回ると、地域社会は「社会免疫」を得られず、本来はワクチンで予防できるはずの麻疹などの危険に子どもたちをさらすことになる。

このような状況を考えると、「ワクチンが自閉症の原因だと信じている親が多すぎる」という問題定義に基づき、予防接種についての誤認識を減らすための選択肢、例えば、子どもに予防接種をすることの本当のメリットとデメリットを教育するための公衆衛生情報キャンペーンに焦点を当てたくなる。しかし、親の認識がワクチン接種率に与える因果関係の方向は間違っている可能性がある。そして実際、予防接種推進のメッセージは効果がなく、逆効果になる可能性さえあることが研究により示されている[4]。さらに、学校に厳しい予防接種規則（必要な予防接種を受けていない子どもを入学させることを難しくする）を課すと、予防接種率が大幅に上昇することが研究で明らかになっている[5]。つまり、予防接種に関する人々の認識を変えることは、人々の行動を変えるために必要なことではない可能性が高い。

問題の文脈を無視すること

文脈を考えないことは間違いの元だ。ある場所でうまくいく解決策が、別の場所では失敗することもあり、その逆もある。これは、公共政策の問題の多くが圧倒的に難しいからではなく、文脈によって有効な戦略が異なっているからである。すべてではないにせよ、多くのケースにおいて文脈は重要である。文脈が重要であり、かつ、問題が置かれた文脈が相互に異なると考えられるのであれば、問題定義を行うにあたって、問題が置かれている文脈に

4　Nyhan et al.（2014）参照。
5　Oster（2018）参照。

言及し、注意を喚起する必要がある。例えば、警察に対する住民の信頼と信用が近隣の犯罪率に大きく影響される場合、「警察に対する満足度が低すぎる」という問題は、国全体のレベルではなく、地域レベルの問題として定義されるべきである。

繰り返す

問題定義は重要なステップである（BoxI–2　政策立案レポートに見る「問題定義」の実例を参照）。しかし、このステップを正しく行うことは困難であるため、このステップは何度も繰り返すことになるだろう。また、自分自身の実証的な理解や概念的な理解が、分析を行っていく中で進むということもあるだろう。例えば、初期段階では「精神病患者向けの社会復帰施設がわれわれの町には多すぎる」と問題を定義していたとしても、最終段階では、いくつかの施設の運営が非常に悪いことこそが真の問題だという結論に行き着くかもしれない[6]。また、最初のうちは問題解決のための特定の政策オプションを排除していたとしても、最終的には、政策立案者や政治システムが効果的な対処策を見出せるような問題定義に修正したいと思うかもしれない。もし、政策立案者が組織の中で働いているなら、同僚のアナリストや組織の上長にも受け入れられるように、問題定義を無意識のうちに調整することになるだろう[7]。

6　これは、カリフォルニア大学公共政策大学院の学生グループで、オークランド市警察に依頼主となってもらったときに起こったことである。グループのメンバーは、依頼主が持つ最初の想定から離れ、最終的に自分たちの仕事に焦点を合わせ直すために奮闘した。

7　また、改善できない状況を「問題」と定義することは無益であると主張する者もいる。「問題とは、改善のための機会として扱われるべきものであり、定義された問題とは、与えられた機会を実現するための代替手段間の選択の問題として扱われるべきものである。そして、問題定義のプロセスは、選択の問題に到達するまで、解決のためのアイデアの探索、創造、初期検討の1つであろう」。Dery（1984, p.27）を参照されたい。

BoxI-2 政策立案レポートに見る「問題定義」の実例

出所：Sheena McConnell, Irma Perez-Johnson, and Jillian Berk, “Providing Disadvantaged Workers with Skills to Succeed in the Labor Market,” in *Policies to Address Poverty in America*, The Hamilton Project, June 2014, 98, http://www.hamiltonproject.org/assets/files/policies_address_poverty_in_america_full_book.pdf

熟練労働者の供給は、需要の増大に追いついていない（Goldin and Katz 2012）。雇用主は、職種固有の技能を持つ労働者が不足していると報告している（Holzer et al., 2011）。米国企業2,000社を対象とした最近の調査では、30％の企業が6カ月以上、技能職の人材を確保できないでいることがわかった（Manyika et al., 2012）。

低所得労働者の多くは、政府のプログラムによる支援がなければ、職業訓練を受けることができないであろう。米国における職業訓練の大部分は雇用者が提供しているものであるが（Mikelson and Nightingale 2004）、雇用者が低技能職への訓練を提供する可能性は低い（Lane 2000）。訓練を行うほど、その労働者が転職する可能性も高まるからだ。労働者が自分で訓練費用を負担することも論理的には可能だが、多くの失業者や低スキル労働者は、訓練費用を負担するための財力や借入能力を持ち合わせていない。

他国と比較した場合、米国は現在、職業訓練に多額の投資を行っているとは言えない。職業訓練への資金は過去数十年にわたり減少している。米国が国内総生産の0.05％未満しか職業訓練に費やしていないのに対し、他の先進諸国はその10倍もの額を投資している。1985年以来、米国労働省の主要な訓練プログラムへの予算額は、実質20%減少している。

職業訓練を支持する人々でさえも、職業訓練を提供しても修了しない人が多いという懸念を認めている。コミュニティ・カレッジに入学して3年以内に、準学士号や職業資格を取得し4年制大学に編入するか、そのまま大学に残った人は、全体の半数以下である（Horn and Weko 2009）。2年制大学に入学した人のうち、準学士号か修了証のいずれかを取得した人は約55%にすぎない（Holzer and Dunlap 2013）。労働力投資法（WIA）に基づく成人および離職者プログラムが提供する訓練バウチャーについての分析では、コミュニティ・カレッジの訓練プログラムに登録した労働者のうち、3年以内に訓練プログラムを修了したのはわずか64%だった（Perez-Johnson, Moore, and Santillano 2011）。民間の研修機関で研修を受けた人の修了率は高いが、それでも約15%の研修生が3年以内に研修プログラムを修了していない。

2つ目の懸念は、訓練を修了しても、その後、習得したスキルを生かせる仕事に就けない労働者があまりにも多いことである。労働力投資法（WIA）に基づく成人および離職者プログラムで提供される訓練バウチャーに関する研究では、訓練を受けた職業に就職できたのは、参加者の約40%にすぎなかったと報告されている（Perez-Johnson, Moore, and Santillano 2011）。同様に、商業調整支援プログラムに関する調査では、同プログラムが資金提供する研修に参加した人のうち、最初に解雇されてから4年後に、研修を受けた職業に就いていた人は、わずか37%であった（Schochet et al., 2012）。これらの統計は、雇用主と訓練プログラムの間に、しばしば断絶が存在することを示唆している。

※注釈及び図表は省略している。

STEP 2

エビデンス（証拠）を集める

政策分析を行っているとき、時間は、次の2つの活動のいずれかに費やされる。考えること（ときに声を出しながら、ときに他人と一緒に）と、根拠となり得るデータの収集である。これらの2つの活動のうち、一般的には、考えることのほうがより重要である。しかし、文書を読み、図書館で文献を探し、先行研究や統計を熟読し、ヒアリングを行い、ヒアリング先に移動し、ヒアリングの約束時間を待つ、といったデータ収集の一連の流れのほうが、はるかに多くの時間を要する。

政策分析が行われる現実の世界では、注意深い学術研究者を満足させるほどの時間はまず与えられない。実際、時間のプレッシャーは、質の高い政策立案にとっては、政治的動機によるバイアスと同じくらい危険な敵だろう。したがって、データ収集は効率的に行わなければならない。そのためには、問題を分析する上で「情報」となり、そして何らかの収穫をもたらす「エビデンス（証拠）」となり得るデータに限って収集することが重要である。

! 本質的な理解のためのヒント

論理的な点が気になる人のために、ここで用語の定義をしておこう。**データ**とは現実世界に関する事実（あるいは「事実を表現したもの」）である。データはあらゆる種類の統計を含むが、統計だけにとどまるものではない。例えば、組織の経営者が報道機関と建設的な関係を築く能力を持っているかどうか、ということもデータの1つだ。**情報**とは、世界を論理的・実証的なカテゴリーに分類するのに役立つものであり、「意味」を持つデータからなる。5つの異なる国における喫煙率はデータであるが、各国を並べて（例えば喫煙率が低い国から高い国というように）比較を行うことが有意義だと判断される場合には、これらのデータは「情報」となる。

エビデンス（証拠）とは、現在取り組んでいる問題に関する重大な特徴と、それを解決または軽減する方法について、関係者（自分自身を含む）の考え方に影響を与えるような情報である。例えば、喫煙率の違いは、各国における個人の健康意識の違いに関する仮説を裏付けるエビデンスともなり得る。

エビデンスが必要となるのは、3つの主要な目的のためだ。これらはすべて政策の成果について現実的な予測を行うことと関係している。第1の目的は、定義しようとしている問題の性質や程度を評価することだ。第2の目的は、検討している具体的な政策にまつわる特徴を評価することだ。例えば、組織の労働負荷や最近の予算に関する数字、対象地域の人口動態、組織の長の政治的イデオロギー、課長レベルの管理職の能力、政策立案に関して政策立案者と協力関係にある組織の現状などを、調べたり、推測したりすることもあるだろう。第3の目的は、異なる地域、あるいは異なる時代において行われた政策ではあるが、現在取り組んでいる問題の状況と明らかに類似している状況で効果を発揮した、あるいは効果を発揮したとみなされている政策を評価することである（時にこれらの状況は統計的に評価されている場合もあるし、そうでないときもある。PART IVを参照）。

政策立案のプロセスの中で、それぞれの目的はそれぞれ異なった段階で重要性が顕著となる。このため、8つのステップのうち、「STEP 2：エビデンス（証拠）を集める」は、焦点を変えながら何度も行われることになる。

集める前に考える

考えることとデータを収集することは、相互に補完的な活動である。どのような情報が必要で、どのような情報が必要でないか、そしてそれはなぜかということを考えれば考えるほど、データをより効率的に収集することができる。初心者にとっても経験豊富な人にとっても見受けられる、典型的な、そして非常にありふれた失敗は、現在取り組んでいることに関して何らかのエビデンスにつながるような可能性がほとんどないようなデータを集めることに時間を費やしてしまうことだ。データ収集に走り回ることは、生産的なことをしているように見えるし、そう感じることもある。それに対して、優秀で経験豊かな政策立案者のようにさまざまな点を考え抜くことは難しく、気力も消耗する。しかも、忙しくデータ収集をしている姿を見ると、報酬を支払っている側も支払いに見合った仕事をしてもらっていると安心するものなのだ。

エビデンス（証拠）の価値

多くのエビデンスは収集が大変であるため、収集するのにかかる費用とエビデンスの価値を比較する必要がある。では、その価値はどのように推計すればよいのだろうか。その答えは、意思決定分析の枠組み（意思決定ツリー）にあるだろう。その際、意思決定のプロセスにおいては、決定を行う前にさまざまな要素について把握しておく必要があることを意識してほしい。意味のある問題定義を行っていること、より良い解決策の候補を考え出すこと、そして有効なモデルを選択することといったことだ。一般に、エビデンスの価値は以下の要素によって決まる。

- そのエビデンスが存在しない場合の意思決定（それ自体、許容可能な意思決定になるかもしれない）と比較して、そのエビデンスが存在することでより良い意思決定につながる確率
- そのより良い意思決定が、直接的または間接的に、もとの意思決定よりも、より良い政策効果をもたらす確率
- もとの意思決定に基づく政策効果と、そのエビデンスによって改善するであろう政策効果との違いの大きさ

調査の効用

エビデンスを見つけることにはコストがかかるものであるが、高いコストを払う価値がある場合もある。状況を理解するために必要なエビデンスが現時点で存在しないが、構築することができる場合、アナリストは、定性的なインタビューやケーススタディ、定量的なモデリングまで、意味のあるデー

タを生成するために時間や資源を費やしてもよい（BoxI−3は、世界の石油産業による温室効果ガス排出量を推定するための、厳密かつ工学的なアプローチを用いたモデリングの例である。このモデルによって得られたエビデンスは、フラッキングなどの技術によって採掘される「非在来型」エネルギー資源の気候変動緩和戦略の設計にあたり、有益な情報として活用されることが意図されている)。

BoxI−3 政策立案レポートに見る複数のエビデンスを統合することの実例

出所：Deborah Gordon et al., *Know Your Oil: Creating a Global Oil-Climate Index* (Policy Brief), Carnegie Endowment for International Peace, 2015, 3–4, https://carnegieendowment.org/files/know_your_oil.pdf

石油の性格が変わりつつある。消費者はその変化に気づかないかもしれない。価格は変動しているが、それ以外の変化はガソリンスタンドでは起こっていないように見えるからだ。しかし、その裏側では、石油の定義が大きく変わりつつある。シェール（頁岩《けつがん》）層に閉じ込められた石油もあれば、海底に何マイルも溜まっている石油もある。寒帯の林野地域、北極圏の永久凍土、孤立した地層にも石油は存在する。石油には、糖蜜のように濃厚なものや、タールのようにグミ状になっているものもあれば、固体であったり、通常よりはるかに多くの水やガスを含んでいたりするものもある。

かつて石油資源はかなり均質的なもので、在来工法で生産され、比較的簡単な方法を用いて、限られた数の最終製品に精製されるものであった。しかし、現在では、そうとは限らないものになっている。技術の進歩により、かつては到達不可能であった地域に存在するさまざまな炭化水素が、現在では利用可能で採掘可能な資源となった。そして、これらの非在来型石油を石油製品に変える技術は、ますます複雑になってきている。

石油が変化しているように、地球の気候も変化している。2014年は、1880年以降で最も温暖な年となった。石油、石炭、メタンガスなどの化石燃料がその主な原因と目されている。

このような未利用資源が気候に与える影響を把握するためには、石油のサプライチェーンの各段階（探査、採掘、精製、輸送、最終使用）における温室効果ガス（GHG）排出量を評価することが唯一の方法となる。各段階のプロセスを実行するために必要なエネルギーが多ければ多いほど、気候に与える影響は大きくなる。こうした石油のうち極端な例では、生産、精製、輸送の段階で、消費者が活用するエネルギーとほぼ同量のエネルギーが必要となるものもある。さらに、それぞれの石油は、燃焼特性や気候への影響が異なるさまざまな石油製品を、それぞれ違った比率で生み出す。

石油気候指数（OCI：Oil Climate Index）は、上流の採掘から中流の精製、下流の最終用途まで、個々の石油のライフサイクルGHG排出量を総合的に考慮した指標である。この指標は、投資家、政策決定者、産業界、一般市民、その他のステークホルダーにとって、開発の決定前や操業の開始後において、油田の気候変動への影響を評価できる強力かつ扱いやすいツールとなっている。石油気候指数は、石油と気候に関する政策立案にも重要な情報を提供する。

この指標は、2つの重要な事実を明らかにしている。原油の生産にあたってのライフサイクル全体が、原油による気候変動への影響を軽減するための政策を理解し、設計する上で重要であるということである。そして、油田ごとに気候変動に与える影響が異なることが、現在のところ、競合する油田の原油やその石油製品の市場価値には反映されていないことである。そのため、油田によっては、資源所有者や開発者が負うことになる炭素リスクが、大きく異なってくる可能性がある。

この指標で最初にモデル化された30の油田の石油の分析から、油田間の排出量の差は、現在認識されているよりもはるかに大きいことが明らかになった。原油1バレル当たり、製品1メガジュール当たり、あるいは製品1ドル当たりのいずれで計算しても、排出量には大きな幅があり、新しい非在来型原油が発見されるにつれて、排出量の幅も大きくなっていくことが予想される。

石油のライフサイクルが気候変動に与える影響については、いくつかの変数が重要となる。例えば、石油と一緒に閉じ込められたガスが生産者によってどのように処理されるか、石油生産に大量の蒸気が必要か、石油貯留層が枯渇したときに大量の水が存在しているか、石油がどれほど重いか（粘り気があるか)、深いところにあるか、どのような精製方法が用いられるか、石油コークス（ペットコークス）など底質の製品を燃焼させるかどうか、などである。これらの要素を考慮すると、現在確認されている最も気候変動に影響する石油、すなわち、ガス状油、重質油、水状油、劣化油、極限油には、投資家、事業者、政策立案者が特に注意を払う必要がある。

[STEP 5における不確実性への対処については、本報告書から別の部分を抜粋しているので参照されたい。]

経験に裏打ちされた推定の効用

多くの場合、情報収集を行わなくても、座って、考え抜き、その上で真剣に目星をつけることによって驚くほど効率は上がる。目星をつけることは何ら恥ずべきことではない。それによってデータ収集の時間と労力を真にエビデンスが必要な問題に振り向けることができる（PART II 参照）。

無駄なデータを集めるのを避けるため、データ収集に乗り出す前に以下の質問を考えてみることが有効だ。

- データがこういう形ではなく、ああいう形であったとしよう。すると、それは問題解決の方法を理解する上でどのような示唆を与えるだろうか。
- 想像力を最大限働かせてデータを推測した場合と、実際にそれを入手した場合にどの程度の違いがありそうか。
- 目星をつけることと、実際にデータを得てわかることとの差を確認することにどの程度意味があるか。

高価なデータ収集（特に、そのプロジェクトのためだけに行う特別な調査）の価値に対してこのような批判的な態度を持つことで、優秀で経験豊かな政策立案者は（封筒の裏に書いてできるような）簡単な推計で分析を済ましてしまうことがよくある。ただし、こうした推測を行うことができるということは、それに見合うだけの価値があると確信する場合において、良質なデータを得るという作業（大量で、大きなコストと時間を要することもある）を実施しないことの言い訳にはならない。正当化できる推測と正当化できない推測との間には、明白で決定的な違いがある。

既存の文献を精査する

原因や解決策について、いかなる学問領域や専門家団体も、これまでまったく研究したことがないという問題は、ほとんど考えられない。研究結果や理論、ケーススタディ、経験ある実務家の考えなどを収録している学術誌や専門誌は、簡単に見つけることができる。また、インターネットを活用すれば、机に向かいながら文献を集めることができる。研究の質や強度、内的妥当性や外的妥当性については、研究によってさまざまであろう。政策立案者は、調査結果について批判的な目で評価し、調査の結論だけに注目するのではなく、調査手法の強み、弱みについても注目し、現在取り組んでいる問題解決作業と、調査で判明したとされる事項との間にどの程度の関係があるかについても、特に注意する必要がある[8]。

特定の政策を支持している団体は、興味深い調査結果を公表していることが多く、調査で判明した事項を手間暇かけてインターネットで公表していることが多い。しかしながら、一般的には、そうした団体の分析は利害関係のない団体によるものに比べて信頼性が劣るため、利用しやすいからといって頼りすぎるのは危険である。

「ベストプラクティス」（成功事例）を調べる

多くの場合、対象となっている問題に前例がないことはほとんどなく、自分の地域と大きく異ならない他の地域の政策立案者や公的組織が、すでに何らかの形で取り組んでいることが多いはずだ。過去の解決策を探して自分が取り組んでいる問題に当てはめられるか考えてみよう。ただし、それは一筋縄ではいかないことを頭の片隅に入れておいてほしい（PART Ⅳ 参照）。

アナロジーを使う

取り組んでいる問題とは一見異なるが、深いレベルでは有益な類似点がある問題についてデータを収集することは、ときに有効である。例えば、公共部門の管理職について能力給がどのように機能しているかを理解しようとす

8　今日の社会科学者は、ランダム化比較試験、差分法、道具変数、回帰不連続性など、変数間の因果関係を特定するための厳格な実験・準実験手法を用いることが多くなっている。政府に対しても、このような研究を政策分析や評価に役立てるよう求める声が高まっている。Haskins and Margolis (2014) を参照されたい。

る際には、民間部門での類似の仕組みがどのように機能しているのかを調べることが役に立つかもしれない。また、能力が不足している弁護士を州政府がどのように指導し、場合によっては資格を剥奪するのかという問題に取り組んでいるならば、医師団体が医師の能力不足問題に対してどのように対処しているのかを調べることに時間をかけてもいい。近隣住民が低所得者向け住宅の建設に反対している場合には、廃棄物焼却炉の設置を受け入れた地域の反対運動に関する文献を調べてもいいだろう。

これらの例が示すとおり、アナロジーには理解しやすいものとそうでないものがある。有益なアナロジーを理解するには少しばかりの想像力が要求され、その有効性と限界の双方を他人に理解させるためには、労力が必要となるときもある。

早く着手する

誰かにデータの作成やヒアリングのための時間の確保を依頼する場合、作業の進捗がその人のスケジュールに左右されてしまうことがよくある。このため、情報提供を依頼する場合（ヒアリングを依頼する場合は特に）、データ集めを終えたい時点から逆算して、十分な時間的余裕を持って依頼することが極めて重要となる（文献の精査、図書館での文献探し、電話でのヒアリングや対面でのヒアリングについての詳細は、Weimer and Vining 2011, chap. 14を参照のこと。また、本書のPART II「エビデンス（証拠）を集める」も参照されたい）。

連絡をとり、信頼を勝ち取り、まとめ役になる

エビデンスを集めるという行為は、必然的に、純粋な分析上の目的のためだけでなく、政治的な目的のためにも行われることになる。あなたが立案する政策に対して批判的になり得る人物が、自分の意見を無視されたと不満を

言い出せないようにするためにも、そうした人たちに早めに接触することが、時には必要だ。また、将来味方になってくれそうな人たちに知ってもらうことで、応援団を作ることもできるかもしれない。

さらに複雑な目的として、もしそうすることが適切であれば、立案する政策の中に、政策実施の段階で政策や意思決定を改善するプロセスを組み込むということも考えられる（評価軸としての「改善可能性」についての議論を参照されたい)。この目的は、参加者からの意見を集め、反復するプロセスの中で、政策立案者の反応を参加者と共有することにある。政策立案者がこのプロセスをやり通したときには、外部の観察者や提言者という役割を越えて、関係者の仲間の一人になることもできるだろう。また、関係者をつなぎ、打ち合わせや会合を開催するといったことで、推進役やとりまとめ役といった、より複雑で野心的な役割を依頼される特別な種類の「仲間」になれるかもしれない。

とらわれた考え方を解放する

データへのアクセスやすでに出来上がった世界観を得る見返りとして、政策立案者は時に無批判に、(報酬を払ってくれる依頼者や雇い主は言うまでもなく）情報提供者から示された問題定義や勧められた解決策を受け入れることがある。この手の誘惑に対抗するために、このような情報提供者の立場に反対しそうな人々にも接触するよう注意を払うべきである。接触する対象は、情報提供者の立場に強く反対する人々であるほどよい。完全ではないにしても短時間で同じような効果が得られる代替策として、情報提供者に対して「この点についてあなたの見方に対して最も強く反対する人は誰だと思いますか？　そして、それはなぜでしょうか？」と尋ねてもよいだろう。

STEP 3

政策オプションをつくる

本書では**政策オプション**（alternatives）を代替的な行動、問題を解決または改善するための代替的な介入戦略といった意味で使っている。

例えば、米国陸軍がブラッドレー歩兵戦闘車を置き換えるために新しい地上戦闘車を開発する計画を立てた際に、議会予算局（CBO）は2013年に、4つの代替案を分析した。それらは、(1) イスラエル製のナメル装甲兵員輸送車の購入、(2) 現行のブラッドレー歩兵戦闘車の改造、(3) ドイツ製のプーマ歩兵戦闘車の購入、(4) 現行のブラッドレー歩兵戦闘車の維持であった[9]。分析のイメージとして、BoxI-4を参照されたい。

言葉の落とし穴に気をつける

! 本質的な理解のためのヒント

政策オプションを定義する際には、必ずしも互いに排他的にする必要はない。政策立案者は**政策オプション**という言葉を曖昧な意味で用いる。政策オプションという言葉が、他の案を採用しないということを意味することもあれば、問題を解決したり改善したりする政策を追加的に（時には他の政策オプションと一緒に）実施する、という意味で用いることもある。他の人が政策オプションという言葉を使う際の曖昧さに注意した上で、自分自身がストーリーを語る（STEP 8 参照）場合には、自分自身の政策オプションという言葉の定義の中に、そうした曖昧さが入り込まないように気をつけなければならない。

もし、2つ以上のオプションを切り離して行うことが不可能な場合には、1つの政策オプションとして一緒にしてしまうことが、大抵の場合、理にか

9　Congressional Budget Office, *The Army's Ground Combat Vehicle and Alternatives* (report), April 2013.

なっている。例えば、学校の終業時刻を後ろ倒しにしつつ、放課後の課外活動プログラムの構成を見直すといった場合である。一方で、時には2つの代替策が相互に排他的かどうか確信が持てないこともあるだろう。例えば、市長が、道路の修繕か、ホームレスの保護施設の提供のどちらか（両方ではない）であれば予算が組める、と約束してくれているときに、政策立案者が両方について素晴らしい計画を立案した結果、市長が予算配分を増額してくれることもあり得るかもしれない。

「STEP 6：トレードオフに立ち向かう」の一節で、望ましい政策オプションの順序付けについてのアドバイスを掲載している。結局のところ、「これだけで十分」と決めるかどうかは、政策決定者次第であることに注意してほしい。

包括的に始め、狭めて終わる

分析の最終段階では、主要な政策オプションとして、2つ、3つの案に絞り込みたいと考えることが自然だろう。しかし、最初のうちは、包括的すぎるぐらいの方がよい。最初は、分析の過程で検討したいと思うすべての政策オプションをリストアップすべきだ。そのあとで、明らかに劣っているものを捨て、あるいはいくつかを組み合わせ、さらに他のものを1つの「基本」の政策オプションにし、ほかを「派生形」として再構成するとよい。では、最初の政策オプションのリストをつくるときに、どうやってアイデアを探せばよいだろうか？

1つの出発点は、主要な政治家たちが積極的に提案している政策オプション、あるいはそうした人たちが考えていそうな政策オプションに注目することだろう。これには、著名な人がお気に入りのアイデア、適切なタイミングが来るまで組織がお蔵入りにしてしまっていた提案、政党の党首や政治的理論家が常に主張しているようなパッケージ化された提案などが含まれる。そうした点を確認した上で、政治家たちが現在議論しているような政策オプションよりも優れていると考えられる政策オプションの**設計**に取りかかるとよいだろう。

既成概念にとらわれない解決策を模索する

ブレインストーミングを行い、創造的になることはよいことだ。自分よりも先を行っている人たちが思いつかなかったような、素晴らしいアイデアを見つけ出すことはできないかもしれないが、そう決まっているわけでもない。より良いアイデアを見つけ出すことができる可能性もあるのだ。

創造性を引き出すための1つの方法は、付録A「政府が行うこと」のチェックリストを眺めることだ。リストの各項目について、考えてみてほしい。「この問題を軽減するために、この一般的な戦略のいくつかのバージョンを試すことは意味があるだろうか？」このリストは包括的なものであるため、1つの戦略だけを取り上げると、その答えは通常、「否」であろう。しかし、このリストを系統的に見ていくことを、試してみる価値はある。このリストはそれほど長くないので、経験を積めば、そこにあるアイデアの中でさらに検討する価値があるものがあるかどうかを判断するのに、数分もかからないであろう（Weimer and Vining 2011, chap. 10の一般的な政策手段に関する有益な議論も参照）。

もう1つのアプローチは、型にはまらない、既成概念にとらわれない解決策を考えるために、思考の枠を外すことである。確かに、そうしたアイデアのほとんどは、いろいろな理由で実行可能とはならないだろう。しかし、今日使われている多くの優れた政策アイデア（例えば、排出権取引プログラム）は、最初に提案されたときには、奇妙で非現実的だと考えられていたのである。また、技術的進歩や社会的規範の変化により、実現可能な解決策の範囲は絶えず拡大している。

以下は、より良い新機軸を考え出すためのいくつかの提案である[10]。

- **もし費用を度外視できれば、どのように問題を解決するか？**　もちろん、現実の世界では、費用を無視することはできない。しかし、そうではない状態を想像することで、自由な想像力を働かせることができるときもある。例えば、もし費用を無視してよいのであれば、郵便局で自分自身が行列に並ぶ必要はない。秘書を雇って、代わりに行ってもらえればよい。一方で、すべての郵便局の待ち時間を示すようなウェブサイトは、なぜ作られないのだろうか？　対人サービスを提供するすべての政府機関についても、同じようなものは作れないのか？

- **他の場所ならうまくいくか？**　ある解決策が、ある文脈の中でうまくいくのなら、他の文脈でもうまくいくかもしれない。例えば、医学生と研修プログラムとのマッチングにある数学的アルゴリズムが使われ、「悪い」マッチングの頻度を最小限に抑えているとしよう。里親や養親になりたいと願っていて十分な適性を有している人と、里子や養子をマッチングさせるのに、アルゴリズムを使ってはいけない理由があるだろうか？
- **ダメな理由があるのか？**　多くの人が自動車保険の高額な料金に憤慨している。人々が不満を持っていることの1つは、保険料が走行距離によってほとんど変化しないことだ。定額制の保険は、車にあまり乗らない傾向のある低所得層の人たちにとっては、不公平となる。なぜ保険料は走行距離に応じて課金されては**いけないのか**？　その方が公平で、効率的であろう。GPS装置があれば、走行距離をモニターすることはできるだろう。確かに、プライバシーの問題やその他の克服すべき課題はある。しかし、「ダメな理由があるのか」と問うことは、しばしば創造的な思考につながる。

! 本質的な理解のためのヒント

最初に問題に取りかかる際には、常に「現在の趨勢（または「現状の努力」）を継続させる」という政策オプションを含めるべきだ。なぜなら、世界では

10　問題に対する創造的な解決策を見出すためのこれらのヒントは、Nalebuff and Ayres (2003) による。Thaler and Sunstein (2008) の貴重な「ナッジ」アプローチも参照されたい。

常に何かが起き、変化していることが自然であり、それによって自分が取り組んでいる問題が改善することもあれば、悪化することもあるからだ（この政策オプションを「何もしない」としているわけではないことに注意してほしい。何もしないことや「何も決めない」ことは、できないものだ。現在の趨勢のほとんどはおそらく継続し、その結果、問題を良い方向にも悪い方向にも変化させる）。

「自然」に起こる変化が、現在取り組んでいる問題に影響を与えるかどうかを理解するためには、政策をとりまく環境を形成している最も一般的な要素に注目するとよい。(1) 選挙後の政治的変化、および選挙に臨まなければならないという見通しによって引き起こされる変化、(2) 景気循環に伴う失業率とインフレ率の変化、(3) 全体的な課税や支出の方向性、物価に連動する支出プログラムなどによって引き起こされる組織の予算の余裕度や逼迫度の変化、(4) 人口移動パターンや特定の年齢層人口の増減などの人口統計的変化、(5) 技術の変化。しかし、大抵の場合、この「現在の趨勢を継続させる」というオプションは、最終的な分析からは落とされることになる。問題定義の作業をしっかり行えば、ほとんどの場合において、意図を持った行動によって一定程度改善可能となるような、はっきりとした問題が見つかることだろう。

しばしば役に立つ政策オプションとして、「さらに調査する」というものもある。これは、パイロットスタディを行ったり、他の場所で「スマートプラクティス」（洗練された先例）の例を探したり（PART Ⅳ 参照）、将来の不透明さが軽減するのを待ったり、あるいは重要な関係者とさらに交渉して、さまざまな状況下で彼らが何をしそうかを確認したりする、といったものである。このとき、こうしたさらなる調査がなくても「正しい結論」を推測できているのであれば、待つことはコストであるということを忘れてはならない。逆に、早まった意思決定を行うことにより、それ以降の判断で間違いを重ねてしまうような場合には、さらなる調査を行わないことによって、かえってコストが増えてしまうことになる。

BoxⅠ-4　政策立案レポートに見る「政策オプション作成」の実例

出所：*Options to Manage FHA's Exposure to Risk from Guaranteeing Single-Family Mortgages,* Congressional Budget Office, September 2017, 1–2, https://www.cbo.gov/publication/53084

概要

連邦住宅局（FHA）は、初めて住宅を購入する人や低所得者層が住宅の購入や借り換えを行う場合など、他の方法では融資を受けることが困難な人々の住宅ローンを保証している。2007年から2009年にかけての景気後退期には、民間金融機関がFHAによる返済保証のない住宅ローンの提供を嫌うようになり、FHAが保証する住宅ローンの割合が急速に増加した。住宅ローン保険市場におけるFHAの役割拡大により、借り手は引き続き信用を得ることができるようになった。しかし、他の多くの住宅ローン保険会社と同様、FHAは借り手の延滞や貸し倒れが急増する事態に見舞われた。

最近では、クレジットスコアが高く、頭金が多く、収入に対する負債の比率が低い住宅ローンの借り手は、民間市場でより多くの選択肢を活用できるようになってきている。民間市場の信用基準が緩和され続けているため、そうした借り手に対するFHA保証の住宅ローンの割合は、今後も縮小していくだろうと議会予算局（CBO）は推測している。このような変化は、FHAがよりリスクの高い借り手を抱えることにつながり、過去の景気後退時にFHAが高水準の保険金請求を受け損失を被ったときと同様のリスク管理上の課題をもたらしている。

本レポートでは、FHAの家族向け住宅ローン保証プログラムによるリスク量を軽減するための政策オプションについて分析を行っている。政策オプションには、民間金融機関により大きな役割を持たせ、FHAの利用に制限をかけるというものも含まれる。これらの選択肢は、初回住宅購入者や低所得者向けの融資へのアクセスを確保するというFHAの主要な使命を引き続き果たせるように設計されている。(以下略)

CBOはどのような政策オプションを分析したのか？

FHAの家族向け住宅ローン保証による連邦政府のリスクコストを削減するために、多くの変更が提案されている。CBOは、政策オプションのイメージ案を7つ分析しているが、これらは政策決定者やその他の関係者がこれまで提案してきた方策の範囲を大まかに示している。

- 貸し倒れした住宅ローンに対する貸し手の損失を、すべてではなく一部保証する。
- FHAのリスクベース・プライシングの利用を拡大し、特定の借り手のリスクに応じて前払い手数料を調整する。
- FHAが保証する住宅ローンの要件に残余所得テストを追加し、借り手の返済能力をより適切に測定する（退役軍人省が住宅ローン保証制度で行っているのと同様)。
- FHAが保証できる住宅ローンの規模の上限を引き下げる。
- FHAが保証する住宅ローンの利用資格を、初回の住宅購入者と低・中所得者だけに制限する。
- 一部の借り手には、金銭的負担をより良く理解するための住宅ローンカウンセリングを受けることを義務付ける。
- 借り手の頭金を支援するための助成金を提供し、その代わりに、住宅売却時の価値上昇分の一部をFHAが受領する。

これらの方策の中には、議会の決議を必要とするものもあるが、いくつかのオプションは、法律を制定することなくFHAが実施することが可能である。さらに、いくつかのオプションは、FHAのリスク量の性質や保証の構成を変えるために、組み合わせて実施することができる。CBOは、オプションを組み合わせた場合の結果については検証していない。

問題が存在するシステムをモデル化する

問題解決のための政策オプションは、問題を内包していたり継続的に発生させたりするシステムへの、採り得る**介入策**と捉えられがちである。理屈の上では、問題を解決するにあたり、問題の原因をモデル化することは必ずしも必要ではない。製薬会社は、症状の発生原因がまったく解明されていないにもかかわらず、未解明の仕組みが機能して有効性を発揮する薬がいくつも存在すると認めるだろう。しかし、よくできた因果関係モデルは効果的な「介入しどころ」を教えてくれる。これは特に、相互作用する力、動機、制約条件を含む複雑なシステムの中に問題が埋め込まれている場合に当てはまる。そして、そのようなシステムは、現実にもよくあるのだ。

例えば、橋やトンネルといったボトルネックになるポイントで「交通渋滞が多すぎる」という状態を引き起こすシステムを考えてみてほしい。大まかに言えば、このような因果関係モデルには、関係ルートにおける交通需要や、代替的な移動手段、道路の交通容量、道路通行料などが含まれる。効果的で単純な介入策は、政治的に不人気な方策ではあるが、通行料を引き上げて各ドライバーが渋滞と移動時間の増加をもたらす度合いに応じて価格に反映させることだろう。

因果モデルは、どの程度客観的で、詳細で、厳密でなければいけないだろうか。政策立案に携わる多くの社会科学者は、「そうであればあるほどよい」と答えるだろう。しかし、私は、「確かにそうかもしれないが……」と言いたい。客観性は強く望まれる。詳細であること（あるいは包括的であること——このケースではほぼ同義であるが）も望ましい。なぜなら、重要な因果関係を見逃すリスクを減らすことができるからだ。

しかし、そうすることによって分析の焦点が曖昧になり、介入戦略を設計する際の創造性を鈍らせてしまうかもしれない。厳密性は、政策立案者が非論理的になり、誤った仮説に頼ることを防いでくれるのであれば望ましい。一方で、その欠点として、例えば関係者の人柄のように、重要な要素でありながらその影響について厳密にモデル化できないために、あるいはモデルを作っても事実関係については直感程度の情報しか得られないために、重要な要素をモデルに組み込まないような力が働くかもしれない。

多くのモデルは、せいぜい基本的な比喩を作り込んだものにすぎない。数学的に正確なものもあれば、刺激的な言い回しにすぎないこともある。政策オプションを考える際に有益な、モデルのベースとしてよく使われる比喩のいくつかを以下に示そう。

市場モデル

市場は、個々の供給者と需要者が財やサービスを交換する場である。市場に関するモデルは、価格の決まっていない財やサービスについて適用することができる。この市場モデルの重要な考え方は、交換によって市場が均衡状態に達するということである。したがって、市場モデルは製品やりんごに関する製造と分配のような、教科書で使われる事例以外の多くの事象についても適用することができる。

例えば、州立の精神病院システムに流入する患者の流れを、需要と供給の観点から理解したいとする。病院での使用可能なベッドの供給や1日当たりの使用料は短期では固定されているが、ベッド使用の需要は複雑で、警察、郡政府の緊急ユニット、裁判所や市民によっても生み出される。

思うように機能していない市場を改善する基本的な介入戦略は、供給側あるいは需要側のいずれかの価格を上下させる方法を見つけることだ。

生産モデル

公共政策の分野でよく見られる生産システムは、政府による直接規制やサービスの提供などが含まれる。これらは付録Aの「政府が行うこと」に簡潔に整理されている（Weimer and Vining 2011, chap.10 “generic policies”、Salamon 2002を参照）。しかし、残念ながら、こうした生産システムの運用ロジックを扱った学術論文はあまりない。いずれにせよ、生産システムを理解する際の主な関心は、ある一定の範囲を超えて動くと、生産システムを脆弱化させ、不正・濫用、はなはだしい非効率や目的からの乖離といった状態を引き起こすような変数を特定することだ。このほか、生産システムを、ただ満足なレベルのところから、「素晴らしい」と思えるレベルまで段階を引き上げる上で最も影響の大きい変数について知っておくことも有意義だ（PART Ⅳ「『スマートプラクティス』の研究」を参照）。

生産モデルを見るもう1つの方法は、最適化のレンズを通して見ることである。例えば待ち行列や在庫管理、マルコフ過程などのオペレーションズ・リサーチモデルは役に立つ[11]。

適合モデル

適合モデルは、個人が周囲の人々の態度や行動に適応する過程を表すものである。心理学者は、人々が適合する際の3つの力を特定している。自動的な擬態と模倣、規範的影響（社会的受容性を高めるために、他の人が行っていることを行うこと）、情報による影響（群衆は、しばしば、何が正しく適切であるかについての良い情報源となる）である。適合モデルを理解することは、多くの介入策の効果を向上させる上で役立つ。

例えば、より健康的で、社会的に望ましい行動を促すような情報政策は、行動変容に失敗することが多い。それを行うことで、逆に、「悪い」行動を取る人が普通に存在するというメッセージを強化してしまうからだ。例えば、校舎の壁に、退学の危険性について警告するようなポスターを張ることが、

11　簡単で良い議論としては、Stokey and Zeckhauser (1978) とVictorio (1995) を参照。また、Rosenthal (1982) のモデルも参照されたい。

そうした例である。人々は、自分が属していると考えるグループの中における「正常な」行動を取ることを選びがちである。より効果的な介入策を設計するためには、人々が周囲の人と同じように考え行動したがるという傾向に働きかけることが鍵となる。例えば、ホテル業界はバスタオルを再利用する宿泊客の比率を高め、水やエネルギーを削減することに成功してきたが、これは、タオルを再利用することは他の宿泊客も行っている普通のことであるということを、客室の掲示で宿泊客に伝えることによって実現されてきた。

進化モデル

進化モデルは、時間に伴う変化に共通して見られる過程を表すもので、「競合関係の変動」、「淘汰」、「保持」の3つの重要な過程からなる。例えば、健康に関する労働基準の遵守を推進している機関で、目立ちやすく不快な問題に苦情が集中するが、実はあまり目立たず不快でもない問題のほうが、労働者の健康にとっては有害であったとしよう。この場合、進化モデルはいくつかの有力な介入点を示してくれる。この機関は、より深刻な問題を見つけて声を上げるような労働者を教育することで、さほど深刻ではない問題への関心を工夫して下げることができる。これは、「競合相手」の数を変えていることになる。また、苦情をスクリーニングすることで、より有益な目標と関係する苦情を発見できる割合を高めるというように、「淘汰のメカニズム」を変えることもできる。あるいは、労働者や労働組合の代表者を説得し、当局としてあまり労力を割きたくない事項に関する苦情を控えてもらうこともできる。このようにして、「保持のメカニズム」を変えることもできる[12]。

12　その他のアイデアや一般的なモデルの使用に関する優れた議論については、Lave and March（1975）を参照されたい。

政策オプションのリストを概念化し、単純化する

政策オプションの最終的なリストは、政策立案の依頼者などへの最終説明に盛り込むことになるような段階では、ほぼ間違いなく、最初に考えたものとは大きく異なった姿になるだろう。比較的劣った政策オプションを削除することに加え、政策オプションを**概念化**し、**単純化**するからだ。

概念化の秘訣は、政策オプションに関する基本的な戦略の主旨を簡潔な一文、あるいは一フレーズに要約しようとすることだ。これは簡単なことではないが、大抵の場合において、労力に見合う価値が得られる。こうすることで、平易で短く、専門用語のない言葉にすることができる。連邦環境保護庁（EPA）が創設されたとき、初代長官が向き合っていた政策オプション（の一部）は、こんなものだっただろう。「州政府に仕事をさせろ。連邦政府には金を出させろ」、「企業の公害防止研究に関する障害を取り除け」、「悪者を訴えろ」（目に見えて公害に加担している大企業と産業を告訴すれば、新組織の政治的支持が得られる）。

単純化の秘訣は、政策オプションを基本戦略とその派生形とに分けることだ。政策オプションの基本要素は介入戦略である。つまり、規制の執行、補助金、あるいは税制上のインセンティブのように、人々や組織をある方向に行動を変えるように仕向けることである[13]。しかし、どんな介入戦略も、単独で存在するものではない。機関（非営利組織も含むだろう）や機関の集合体によって実施される必要がある。また、財源も必要である。基本戦略の派生形が、執行方法ないし財源調達方法が基本戦略と異なるものとして定義されていることは、よくあることである。

検討しなければならない解決策が数多くある場合、それらを比較するとい

13　常にではないが、多くの場合、基本的な要素はPART Ⅳの「スマートプラクティス」のようなものである。つまり、比較的低いコストやリスクで価値ある変化を生み出す実質的な機会を利用しようとする介入戦略である。PART Ⅳ「『スマートプラクティス』の研究」を参照されたい。

う複雑な作業を減らすために、執行方法の違いによって基本形と派生形を区別することは特に効果的だ。この区別によって、分析を連続するステップに分割することができる。最初のステップでは、派生形として扱われている詳細部分を無視して、例えば3つの基本戦略を比較するとしよう。その中から1つの優れた基本戦略を決定することができれば、次のステップでその派生形間の比較に取り組むことができる。

例えば、国内のヘロイン普及率を5年間で50％削減しようとする場合を考えてみよう[14]。そこでは、メサドン維持療法の導入、取り締まり強化、薬物教育の実施の3つが基本戦略になるとしよう。それぞれの基本戦略について、財源に関しては、州政府、連邦政府、郡政府の財源を使えるという点で派生形があるとしよう（これら3つの財源の組み合わせが、3つの基本戦略すべてで同じように使えるとは限らない）。また、非営利組織か、郡の職員か、州の職員かといった、誰がそのプログラムを運営するかという点からも派生形が考えられる。また、対象の規模や範囲の点からの派生形もあり得る。

連続の中の一点としての「政策オプション」

例えば、ある市の公営住宅の家賃の引き上げ幅について助言を求められているとしよう。理屈の上では、1セントの引き上げ幅ごとに政策オプションとしてもよいだろうが、「政策オプション」を考えるには明らかに誤ったやり方だ。より良い方法は、これを2段階の問題にすることだ。

第1段階は、受け入れられる上限と下限を設定し、第2段階でその範囲中の一点を選ぶ。上限と下限を選ぶこと自体も、評価基準の設定や成果予測などを行った上で判断すべき小さな政策問題だ。例えば、公平性の観点から上限を「あまり高すぎない」範囲に設定することとし、その水準としておよそ月

14　数値目標を選択することは労力を集中させるのに役立ち、どのような成果が小さすぎて求める価値がないかを考えることができるようになる。しかし、すべての増分が同じ価値である場合、目標を選択することは恣意的で自滅的になるおそれがある。

600ドルあたり、手頃さの観点からはもう少し低い方がよいといった水準に置いておく。一方で、費用回収の観点から、下限を月450ドルと設定する。いずれにしても、第1段階の終わりでは、妥当と考えられる範囲が月475ドルから575ドルまで狭められたとしよう。

第2段階では、単純に2つの値の中間点をとって525ドルにしてしまってよいのではないか、と思うかもしれない。しかし、追加的な基準を考えて、現在の賃料から合理的な上昇幅となる値を検討することも考えられる。仮に現在の賃料が475ドルだとしたら、50ドル引き上げて525ドルにするのは合理的と言ってよいかもしれない。75ドル引き上げれば住民に必要なサービスを市の住宅部局が提供できるのであれば（特にここ数年家賃の引き上げが行われていなかった場合は）、そうした引き上げ幅も合理的と言えるかもしれない。いずれにせよ、450ドルから575ドルの間で25ドル刻みの政策オプションを考えるのは、心理的にも「正しい」政策オプションの設定のように思われる。検討すべき範囲の幅と比較して、大きすぎることもなく小さすぎることもない刻み方だ。こうして、当初は無数に存在していた政策オプションを、最終的には6つまで狭めることができた。

この2段階の手続きは、政策オプションを連続した値の中から選ぶタイプのさまざまな問題に有効だろう。予算配分、サービスの開始日や終了日、施策の対象人数、排水の上限量の設定、料金や罰金の設定、貯水池からの放水量といったものが考えられる。

与えられた問題の改善につながるような社会科学の仮説の多くは、連続した数の形で表現される。政策立案者は、それを政策選択肢となるように、離散した選択肢に変形する必要がある。例えば、もし煙草の価格弾力性がマイナス0.4だという研究結果があったとすると、それ自体は煙草の需要の総量と価格の連続的な関係を（一定の範囲の中で）示している。しかし、この情報を活用して喫煙率を抑制するための煙草税の増税案を作ろうとするならば、この情報から「煙草1箱につき0.25ドル引き上げて1.75ドルにする」といった、特定の数字に置き換えることが必要となる。

政策オプションの細部を詰める

よく聞かれる質問として、特に分析の初期段階において、「政策オプション」の特徴をどの程度まで精緻化する必要があるか、というものがある。

この質問に対しては、通常、「より精緻に」と回答する。なぜなら、細部にこだわりたくない気持ちは自然なもので、いずれ方針を変更する可能性が高い場合には、特にその傾向が強いからだ。しかし、細部にこだわることで、より明晰に考えを深めていくことが可能となり、他の人に考えを伝える際も、誤解が生まれにくくになる。とりわけ、利害関係や現実的に対応できる範囲から立場の相違がある場合に、関係者がその相違を他の関係者や、あるいは自分たち自身に対しても隠しているにすぎないような場合には、精緻にしていくほど、聞き流したり、賛成したり（あるいは反対したり）する余地は小さくなる。

実際、政策オプションを有意義なものにするのは、ある種の精緻さである。それは「行動」の精緻化である。人々に何らかの実際の行動を期待するとき、とりわけ、現在行われていることとは異なる行動を期待するときなどに、例えば、「施設点検を年1回から年2回以上に増やす」、あるいは、「現在行われているセーフティネット政策の約半分を廃止し、現金支給に切り替える」といった形で表現するものだ。

このような、より詳細な、特に行動の詳細についての議論が求められることは、「STEP 1：問題を定義する」にも当てはまる。

多段階の分析

本書の大部分は、始まり、途中、終わりがあるような、「一回」の意思決定（または設計）プロセスに焦点を当てている。しかし、多くの場合において政策の選択は（むしろそうあるべきであるが）、何かのプロセスの一部として行われる。ある1つの選択は、それを行って終わりということではなく、政策環境の中で進行していく諸々の展開と一体化し、発展的、連続的な選択の一部として行われていく。

こうした可能性があることは、政策オプションを組み立てていく上で思い至るはずである。ここでは、プロセスの中に組み込まれた政策オプションとして一般的なものをいくつか紹介する。

まず、古典的な「様子を見る」という第1のパターンがある。このプロセスにおける最初の決断は、現在の趨勢を継続させ、その結果何が起こるかを注視することである。次なる決断は、その後に、その間に起こったことを踏まえて下すことになる。

多段階の分析の第2のパターンは、場合分けをして計画することである。「XまたはYが（おそらく）発生するだろう。それが解決されるまで待った上で、Xが起こったならAを、Yが起こったならBを選ぶべきだ」といったものだ。例えば、国土安全保障省は、テロ攻撃の脅威が生じた場合、国内の港を守るために一定の措置をとった上で、その後に詳細な安全評価によってその脅威が実際に現実のものであると判断されれば、さらに措置を講じるといったことを行うであろう。

第3のパターンは、政治的実現可能性に着目するものである。政治的実現可能性は、評価すべき要素であるのみならず、課題として検討されるべきものである。さらに言えば、集団の政策選択を形づくることを促進するように検討されるべきである。単純に言えば、ある問題や目的のために政治的な連合を形成することから始めて、そうした連合にどのような政策オプションが最も支持されるかを観察するとよい。このようなプロセスの詳細については、付録Cの「政治的支援を勝ち取るための戦略的アドバイス」を参照されたい。

第4のパターンは、実践による学習である。合理的な政策選択は、小さく簡単なことから始め、いくつかの失敗と成功を重ね、失敗と成功の両方から学び、数年かけて規模を拡大していくものである。また、政策の初期段階あるいは後期段階において、体系的な評価を行うことも可能である。この戦略は理論的には優れているが、残念ながら、政治的環境の変化や人材の入れ替わりがあるため、こうした社会的学習を実行し、制度に組み込むことは実際には困難である。

STEP 4

評価基準を選ぶ

どのような政策のストーリー（STEP 8 参照）を考えるときでも、2つの筋書きがあると考えることは役に立つ。2つの筋書きは、相互に関連しているが、分離可能なものである。それは、分析の筋書きと評価の筋書きである。分析の筋書きは、事実と中立的な結果予測についてのものである。評価の筋書きは、価値判断についてのものだ。分析の筋書きについては、分析的かつ知的で偏見のない人たちの間で善し悪しや不確実性について共通の見解が得られることが理想的である。しかし、評価の筋書きでは、こうしたことは当てはまらない。主観性や社会思想がより大きな役割を果たすからだ。分析に関する筋書きはX、Y、Zが起こりそうかどうかを類推し、評価に関する筋書きでは、X、Y、Zが世の中にとって良いか悪いかを考察することになる。

この8つのステップの4番目のステップは、主として評価の筋書きに属するものである。価値観や思想を政策立案に導入するという重要なステップであり、いくつかの「評価基準」を用いて、それぞれの政策オプションから予測される政策的帰結について、善し悪しを判断するというものである。

もちろん、最も重要な評価基準は、予測される帰結が、政策上の問題を満足できる程度に解決するものであるかどうかである。しかし、評価基準はそれですべてというものではない。どのような行動も、世界にさまざまな影響を及ぼす。こうした影響——8つのステップの言葉を使えば、予測される成果——が、望ましいと考えられるものであるかどうか、なぜそう考えるのかを政策立案者として判断することが求められる。一連の評価基準は、そのような判断を行うためのものである。重大な影響をもたらす行動については、そうした判断が必要となり、その影響が多様なものであればあるほど、その善し悪しを判断するためにさまざまな評価基準が必要になる。

! 本質的な理解のためのヒント

評価基準は、少なくとも直接的な意味では、**政策オプション**の善し悪しを判断するためのものではない。評価基準は「政策オプションの実施により予想される成果」の善し悪しを判断するために用いるものである。この点はよく混同されがちであり、その結果、議論をわかりにくいものにしてしまう。この混同は、「政策オプションAは最も優れているように見えるので、これを進めよう」といった言い方が、ごく普通に行われることからして、一般には注意を払われていない。しかし、この言い方は、非常に重要なステップを無視するものである。正しくは次のように言うべきである。「政策オプションAは、成果O_Aを生む可能性が非常に高く、その成果はおよそ考えられる成果の中では最も優れていると判断される。このため、政策オプションAは最も優れていると判断される」。

このように、評価基準を成果の評価に用い、政策オプションそのものの評価には用いないことで、成果O_Aは素晴らしいことだと認識しつつ、政策オプションAが実際に成果O_Aをもたらすかどうか十分な確信が持てない場合には政策オプションAを採用しない、という判断もあり得ることを認識することができる。そうした認識を持った上で、成果O_Aを引き起こす可能性がより高い他の政策オプションを探し出すことも可能になる。

よく用いられる評価基準

明確な目標

特定の期日までに特定の目標を達成したい、あるいはそうした目標達成が必要だという場合がある。例えば、来年の第1四半期において州内の水の消費量を5%削減する、ある地域の屋内の鉛塗装を今年の年末までにすべて除去するといったものである。このような具体的な目標を記載することは、資源を動員し社会的注目を集めるという政治的な理由から役立つことが多いが、分析課題の枠組みを設定する上でも非常に有効である。目標は、政治的な要請に由来する場合もあれば、純粋に分析過程の中で考案されたものである場合もある。後者のような性格のものであれば、最初の目標が結果的に高すぎたり低すぎたりしたときには、分析の途中で目標の見直しを検討することが必要であることも自明であろう。

効率性

通常、効率性の基準は、費用対効果分析（cost-effectiveness analysis）や費用便益分析（cost-benefit analysis）における最も重要な評価項目である。ここで用いる**効率性**という用語は、おおよそ経済学で用いられる意味、すなわち、個人の厚生の合計を最大化するものであり、また、厚生というものは個人によって解釈されるものである。経済学用語で言えば、「個人の効用の合計を最大化する」もしくは「純便益を最大化する」という言い方になる。もう1つの類似の言い方は「公共の利益を最大化する」というものである。

効率性という言葉は、無味乾燥で、官僚的で、エリート主義的な響きがあるが、ここで伝えたいのは、「効用」は個人の厚生の解釈によって評価される、極めて民主的な概念であるということだ。実際、効率性を重視することは、ほとんどの政策課題や政策決定において、総じて言えば、より人間主義的な結果を生み出す方法である。その理由は、効率性そのものが人間的な概念であるからというわけではなく、効率性を考慮しない政策の意思決定は、非常に多くの場合、軽視されがちな人々の厚生を考慮していないからである。それらの人々の一人一人が受ける影響は小さいかもしれないが、正しく効率性の分析を行えば、少なくとも集計の対象にはなる。

効率性の分析は、（現実の政治の世界で意味を持ついかなるものに対しても）倫理的な観点からの検討を課すことになる。例えば、理想主義の政治家がダムを建設するために村民全員に別の場所に移住することを求めようとする場合や特に大きな利害を有する人たちが、保護主義的な措置を講じ、比較的少数の生産者の収入を守るために、多くの消費者に対して少額ではあるが価格の上昇を強いることを求めようとする場合などである。

他方で、社会正義の観点からは、効率に関する評価基準だけではやや不十分であることも認めなければならない。

第1に、通常、政策立案者が人々の「効用」を推計する際には、何らかの便益を得るために（あるいは何かを失わないようにするために）いくら支払ってもよいかを推定することになる。分析上の観点からは、経済的に裕福でない人々は、裕福な人々に比べて小さな影響力しか持たないことになる。こうした分析方法は、社会平等の観点からは反していると考えられるが、その問題がどの程度深刻なものになるかは、個々の分析の内容次第である。

第2に、危機にさらされる価値を擁護する人々が少ないか存在しない場合には、人々の支払意思額を分析する際に、それを裏付ける個人の資力がほとんどないことがある。このため、正義の観点からはその価値が重視されるべきであったとしても、効率性の基準からはそうした価値が小さく評価されることになりかねない。理論上、環境価値は典型的なものである。環境価値を保護することで、巨大な効用が生まれると推定する環境保護主義者は存在するが、一方で、人々の効用は適切な効率性の分析の中で適切に計算されるべきである。

費用対効果分析と費用便益分析は、同じように見えるし、よく一緒に用いられる。しかし、それらは同じものではなく、その用途はかなり異なるものになり得る。両者とも、投入資源による目標達成という生産関係に関する問題として政策問題をとらえている。そして、両者とも経済学的な視点を通して、その関係を考えようとする。しかし、費用対効果分析は、想定される成果の性質と量を評価するにとどまるが[15]、費用便益分析はさらに一歩進んで、成果を金銭や（稀に）個々人の実際の効用といった価値に換算し、その多寡を評価しようと試みる。費用対効果分析は、費用便益分析と比べれば野心的ではないという理由で、政策立案の際に比較的よく用いられる[16]。実際、驚くほど多くの政策課題は、表面的にはまったくそうは見えないものの、費用対効果分析の形に単純化できる。例を2つ示そう。

- マドヴィル市の市長は、建築許可を取得しようとすると「延々と」待たされるという企業の不満に対応したいと考えている。都市計画部局の仕事の手順を変えるために充当可能な予算は500ドル以下である。人事には手をつけることができないとされている。費用対効果分析の枠組みによって、純粋に手続きや官僚主義的な規定から生じる遅延（日数）を最小化する方法を分析できるかもしれない。
- クエイク市は、数千に上る未補強の石造りのビルの耐震性を向上させねばならない。20年間という期間と特段の予算制約がないという条件の中で、耐震補強の際に一時的に移転を迫られるであろう住民や中小企業への生活（及び収入）に与える影響を最小化したいと考えている。このような影響を最小化するにあたって、費用対効果分析からは、むしろ補強は1年の中で終わらせた方がよいとか、すべての食料品店が一度に閉店しないように時期を調整するとか、テナントが互助会を組織することを支援する、といった提案が導きだされるかもしれない。派生系として、目標期日や目標予算を定め、一定の予算制約、時間制約の中で最も効果的な方法を探すといった形での分析も可能かもしれない。

費用便益分析と比べた場合、費用対効果分析は、通常、政策立案を別の点でも単純化している。費用対効果分析では、投入資源か成果のいずれか一方を固定するという仮定を置くため、残されたもう一方の側の選択肢だけに集中することができる。投入資源が固定化されるということは、予算だとか、スタッフ、病床数などの人的・物理的資源が固定化されるということである。

15　費用対効果分析は、政策案の利益を貨幣化することが困難な場合によく用いられる。例えば、Resources for the Future/National Energy Policy Instituteの研究では、石油依存と二酸化炭素排出の削減という利益を貨幣化することが難しいため、炭素税とキャップ&トレードプログラムを評価するために費用対効果分析を採用した。RFF/NEPI（Krupnick et al., 2010）を参照されたい。

16　費用対効果分析は、個人の選好から集団的に確立された目標に目を向けるので、ほとんどの公共目的には費用便益分析よりも優れた手法であるという刺激的な議論がある。Moore（1996, pp.35–36）を参照されたい。

一方、成果を固定化するということは、汚染の最低削減幅だとか、児童の到達度試験における落第率の上限などといった目標を設定するということである。その上で、費用対効果分析では、固定化されていない側の要素を操作し、生産効率を向上させるための最善の方策を検討することになる。口語的に言えば、投入資源側が固定されているときは「同じお金を使って最大の成果を実現する」ということになるし、成果側が固定されているときは、「同じことをなるべく少ないお金で実現する」ということになる。

しかし、同じことをなるべく少ないお金で実現する方法を見つけることができたとしたら、もう一歩踏み込んで、新しい方法を使って当初の想定よりもう少し大きな成果を残せないかと考えてもよい。すなわち、投入資源か成果のいずれかを固定する前提を外し、分析の範囲を拡大させてもよい。この場合、投入資源を増やすことによって増加した成果が、費用の増加分に見合うだけの価値があるものかどうかを分析せざるを得なくなるため、分析の難易度は大きく上がる。この問いは、費用の増加分と結果の改善価値を比較しなければ答えることができない。つまり、費用対効果分析を費用便益分析のレベルに引き上げることが必要になる[17]。

ここで、2005年にランド研究所が実施した、カリフォルニア州の全児童向けの小学校就学前プログラムへの投資と、それによる社会的利益に関する費用便益分析の例を示すことにしたい。この研究では、以下のような形で結論を示している。

- われわれが推奨する前提に基づけば、1年間の上質な全児童向けの小学校就学前プログラムをカリフォルニア州で実施した場合、児童一人当たり、現在価値に換算して7,000ドルの純利益が（公的分野と民間分野の）カリフォルニア社会に発生すると見込まれる。このとき用いた割引利子率は3%である。これは、投資1ドル当たり2.62ドルの収益が発生することに等しく、今後60年間で年率10%の収益が発生することに等しい。

17　費用便益分析に関する優れた教科書にBoardman et al.(2011)がある。

- 全児童向けの小学校就学前プログラムへの参加率が70%だと想定すると、カリフォルニア州の子ども1学年当たり、現在価値換算で27億ドルの純利益をカリフォルニア社会にもたらす（割引利子率3%を使用)。
- われわれの費用便益モデルでは、上質な小学校就学前プログラムに参加する子どものうち、より不利な境遇に置かれている子どもや、その逆で通常よりも有利な境遇に置かれている子どもに発生する便益の分布に関する想定が、分析結果に大きな影響を与える。前提をより保守的なものから、より楽観的なものまで範囲をとって検討したときに（ベースラインの想定は、これらの前提の範囲内に含まれている)、カリフォルニア州は、投資1ドル当たり、少なくとも2ドル以上、場合によっては4ドル以上の効果を得ることがわかった[18]。

平等、公平、公正、正義

これらの用語が何を意味するか、あるいは意味するべきかについては、当然のことながら、非常に多くの異なった、しばしば相反する考え方がある。これらの考え方について自分自身で深く考えるということに加えて、時には、どういった過程を経てそうした考え方に行きついたのかを示すことも重要になる。次の例を見てほしい。

- 自賠責保険に加入していない人が運転して事故を起こした場合、負傷した人は十分な補償を受けられないというリスクが生じる。自賠責保険に加入しない人は、比較的貧しいことが多い。多くの人は、そうしたリスク（保険に加入していない車と事故を起こしたときの補償）に対応するための追加的保険を購入している。ガソリン価格に上乗せした料金で集めた基金によってすべての自賠責保険を賄うという政策提言は、一部の人から、現在保険に加入できていない貧しい人々を不当に利するものであり、不公平であると批判されてきた。一方、保険に加入しない人々は、

18　Karoly and Bigelow (2005, p.xiv).

そうした人々が事故を起こしたときに被害者が保障されないというリスクを他の人に強いており、貧しい人や豊かでない人もそうしたリスクや追加出費を強いられている、との主張もある。こうした場合、政策立案者は公平性についての議論を行う必要があることは明らかだ。

- 大学入試においてアフリカ系アメリカ人や他の一定のマイノリティを優遇する積極的格差是正措置（アファーマティブ・アクション）を継続するか否かに関する議論は、個人間における公正性と、社会グループ間の正義を競合関係に置くものだと言われることがある。ただし、この考え方は奇妙である。というのも、哲学者の一部や、多くの一般人は、制度が公正であると認められるためには、不公平だと考えられる要素が含まれてはならないと考えているからである。ここでも、政策立案者は考え方や言葉の使い方を整理する必要がある。

自由、コミュニティ、その他の考え方

網羅的というには程遠いが、議論を深めるために、評価基準に関係しうる考え方のリストをここに提示しておく。自由市場、経済の自由、資本主義、「政府の支配からの自由」、法の下の平等、機会の平等、結果の平等、言論の自由、信教の自由、プライバシー、安全（特に化学物質やさまざまな環境危険物質などからの）、親切心、共同体（コミュニティ）、帰属意識、秩序、安全保障、安心、伝統的な家族のあり方、平等な家族のあり方、職員への権限委譲（エンパワーメント）、活発な非営利部門の維持、自立主義、他者への信頼などである。

プロセスの価値

アメリカの民主主義はプロセスと手続きを重視する。すなわち、人々が影響を受ける政策課題に対する発言権を確保すること、合理性、情報開示、わかりやすさ、透明性、公平性や非恣意性は、政策の中身そのものと同等の価値がある。これらは、現在行っている分析の作業における設計や意思決定の

プロセスにもおそらく当てはまる。したがって、広く、公平に意見を聞くことを忘れてはいけない。そうすることで自分の仕事の正当性が高まるだけでなく、特に社会的、思想的に大きく異なる人々から、驚くほど多くのことを学ぶことができる。もちろん、これはすべての意見や願望に対して最終的に等しく配慮をすべきとか、いつまでも協議を続けるべきということを言っているのではない。一部の意見が他の意見よりも信頼性が高いということもあるし、協議はどこかの時点で終わらせて意思決定を行わなければならない。

「より多くの参加」や「プロセスに、より参加しやすいこと」は、必ずしも「より民主的」であるとか「より合理的」であることを意味するものではない。参加の機会が拡大されたとしても、時間を確保できる人や特定の利益を守りたい人、特定の思想の熱心な支持者といった人々の機会を拡大するだけに終わることもある。その結果、普通の人々や普通の懸念は、相対的に敗者となってしまいかねない。

評価基準の重みづけ

問題定義についての議論においても触れたように、複数の価値の中から評価基準として何を選択するかが問題となっているとき、それぞれの価値を重みづけすることを考えなければいけない。この問題への対応方法としては、主に3つのアプローチがある。

政治プロセスに委ねる

1つの方法は、価値の重みづけの決定については、既存の政府や政治のプロセスに委ねてしまう、と割り切る方法である。通常、この方法を取る場合、政策立案者の雇用主や依頼者に加えて、当該政策分野において雇用主や依頼者にとって重要な特定グループの意向を最重視することになる。

政策立案者が解決策を示す

2つ目の方法は、政策立案者自身が、大きな政治的、思想的な概念に言及しつつ、雇用主や依頼者によって示された重みづけを修正するというものである。この方法が正当化される根拠としては、ある種の価値観、あるいは思想の中には、政府や政治からしばしば「過小評価」されているものがあり、政策立案者は他の関係者よりも、こうした価値観や思想が過小評価されていることの問題を理解し評価しやすい立場にあることが挙げられる。政策立案者は、公正や民主主義の名のもとに、そうした全体のバランスを取ることの義務があるか、少なくともそうしたことを許されるというべきであろう。

例えば、政策立案者がいなければ効率性に関する基準について注意喚起が行われることは滅多にないため、よく組織化された利益団体によって納税者の利益が犠牲にならないように、政策立案者は声を上げるようにすべきだ、という議論がある。関連して、公平に関する考え方、特に公的に提供される財やサービスを受け取る者はその対価を払うべきという考え方は、政策立案者を除き、一般に見過ごされがちであるという議論もある（これらの公平に関する考え方は、通常、所得再分配を目的とした公的支出政策は対象外とされる）。その他の過小評価されている利益に関し、政策立案者が代理で声を拾い上げる必要があるグループとしては、将来世代、子どもたち、地区外に居住しており意思決定に参加できない人々、民族的・人種的マイノリティ、女性、低所得者層、消費者、動植物（生態系）があるだろう。

この方法から派生した、教育的過程という考え方もある。状況によっては、例えば上司や依頼者といった影響力を持っている関係者の興味を引きだすような事実や議論を政策立案者の側から提示し、評価基準を考え直すように働きかけることもできるだろう。この場合、政策立案者はそうした対話を開始し、理性と洞察力で新たな考え方を吹き込む役割を自ら進んで引き受けることになる。ただし、その後については、政治過程に意思決定を委ねることになろう。

政策立案者は、トレードオフに立ち向かうという文脈において役立つように評価基準を重みづけし、可能な限り明晰に考え方を整理する必要があるという観点から、そうした対話を進めていってもよいだろう（STEP 6 参照）。例えば、「われわれの推計によれば、鉄道を経路Aに沿って建設した場合、経路Bよりも2,000万ドル多く建設費が必要となる。経路Aは経路Bよりも5マイル（経路全体の2%）長くなる。しかし、経路Aを取ることで、30戸の住居の立ち退きを求めずに済むことになる。それら住居の半数は、その地域に少なくとも10年以上居住している。住居の立ち退きには、1戸当たり30万ドルの補償金を支払う予定であり、20戸は立ち退きの意思を示している。しかし、10戸は、この提示に依然として満足していない。したがって、今回の決断の多くは、これら10戸の問題と、2,000万ドルの建設費の削減のどちらを重いものとして位置付けるかということにおそらくかかっている」。

「権利」の所在がいくつかの解決策を除外し、他を優先させる

ある財産の「権利」がXさんに帰属していると認められる場合、ある政策が好ましい結果をもたらすことが分かったからといって、そうした権利を簡単に覆すことはできない。また、プライバシーに関する「権利」をYさんが有している場合、政策立案者によっては、評価基準の重みづけをその方向に強く沿ったものにしようとするだろう。一般に、権利にもとづく主張は、「より良い」政策を選ぶための合理的な道しるべとなる。また、権利に関連付けられた評価基準は、重視されるべき理由がある。しかし、数多くの例外が存在し、精査を行うべき場合もある。端的に言えば、その権利はどこから来たのか、政策立案者はそうした権利をうまく使えるのか、といった点である。これらは論争的な事項であり、議論の余地があることを承知で筆者の考えを述べたい。

通常、権利とは、社会全体を含む「他者」からの侵害に対して、個人または団体が行う、特別な形式で保護された主張である。いくつかの場面では、逆に、社会自体が、その構成員たる個人や団体に対して権利を主張することもある。ときに権利は、長年にわたり維持され、しっかりと確立し、同意さ

れたものであり、社会の構成員の間では、疑問の余地を差し挟まないものである。「Xは、Xの置かれている経済状況にかかわらず、尊厳をもって扱われる権利がある」といったものである。このような場合において、権利の主張は、主張される権利自体にさまざまな制約や制限がかかっていたとしても、複雑な社会の中で行われる無数の多様なやりとりを交通整理していく上で、単独で機能する有用な道具立てとなる可能性が極めて高い。

しかし、権利には、確立された権利というよりも、生み出されつつある権利もある。そして、権利に基づく主張は、非常に対立的なものになり得るし、争いになる可能性も高い。例えば、「公の場であろうが私的な場であろうが、どのような場所であっても、私は自分の携帯電話を使用する権利がある」という主張は、「すみませんが、私にも、あなたのうるさくて不快な電話の会話に静かな時間を邪魔されない権利があるのです」という主張を招くだろう。

すべての権利は社会の試行錯誤や論争の結果生み出されたものだ、と考えた方がよい。正当性が明白だと感じられる権利は、（今に至るまで）非常によく確立されてきていて、（おそらく）社会的にも極めて有益だから、そう感じられるのであろう。特定の権利が自然、「神の意思」、理性、または「私たちがみな持っている人間性」によって正当化されると主張するのは、言葉の上での主張にすぎない。なぜなら、こうした正当化のやり方は、誰かが疑問を呈しようとすれば常にそうすることが可能だからだ。こうした議論が行われてきた何世紀もの間に、最終的な解決策は現れなかったし、そしてそれは決して現れないと筆者は考えている。なぜなら、「権利」とは、社会の組織にとって単に便利な道具にすぎないし、権利にもとづく主張は、自らの利益がどの程度、どのような例外のもとに保護されるべきかという点に関し、交渉の背景を自らに有利な方向に誘導するための、当事者間で合意された主張方法にすぎないと考えるからだ。

いわば一種の社会工学として社会厚生の改善を図る視点からは、政策立案者は、いくつかの権利については、比較的基本的な権利として丁寧に取り扱うべきだ。もし、道徳の範疇に属することが、法的な範疇の問題として議論されるならば、これらの権利は憲法上の問題だと考えて差し支えないだろう。しかし、憲法と同じように、「プライバシー権」や「自分の身体をコントロールする権利」のような基本的な権利であっても、新たな社会や技術的状況に適合するように発展していかなければならない。科学技術の変化はプライバシーや透明性（例えば機密性と公正性）の問題を投げかけるし、過去の権利構造が新しい社会状況に合うように権利構造を再構築する際の良い手引きとなるとは、必ずしも限らない。とりわけ、小さな推進力しか働いていないような問題について、こうした議論が当てはまる。そうした場合、権利とは見出されるものというよりも、構築されるものであることがよくわかる。

他者にあなたの携帯電話の会話を耳にするよう強制することは、私たちがこれから作り出して尊重しようとしている権利かもしれないし、そうではないかもしれない。いずれにせよ、それは確実に新規のものであり、理性に頼るというよりも、極めて現実的な方法で、効用同士のバランスを手掛かりにしながら落としどころをみつけていく必要があるものである。同じようなことは、売上高に対する補償、適切な医療制度、プライバシー、中絶、その他の現在あるいは少し前に議論の対象となったさまざまな事項にも当てはまる。それらの議論においては、誰がどのような強く保護された立場を有するべきか、その保護された立場は、われわれが神聖視し、権利となるほどに結晶化されているのか、といった点が論点となってきた。

この議論を、相対主義に好意的な立場からの議論であると誤解しないでほしい。相対主義とは、多くの人の言い方を借りれば、異なった権利の主張の中から、何かを選択するということは行わず、どの権利主張も他よりも優れているものはないと捉える考え方だ。この考え方は正しくない。特定の価値に対して高いレベルの保護（つまり、権利）を与えるべきだという主張を認めることは、現代の民主主義社会を維持していく上で、もちろん有益である。例えば、個人の自律性がそうした価値にあたると主張する人もいる。他方で、この権利を行使することが、他の人に過度に重い負担を課すようなケースでは、この権利に例外を設けることも必要になる。

こうした権利がきめ細かく交錯する状態は、常に議論の対象になる。そして、こうした権利に関する意思決定は、言葉を巧みに操ったり思想に基づいたりする推論ではなく、政策オプションの束の分析を基礎に行われるべきである。それぞれの権利は1つのものとして捉えられ、権利内部の緊張関係を含み、他の権利との交錯関係も含むものである。倫理の範疇に属する権利の発展は、個々人の行動と公的な意見形成という形で発展し、成文法と判例法の両面で継続的に進化し、調整されていくものである。

結論として、これまで述べてきた理由から、どの権利が優先され、どの権利が劣後されるべきという観点から評価基準の重みづけを行うべきという主張は、批判的に取り扱われるべきである。

よく使われる実用的な評価基準

分析に用いられる評価基準のすべてが、評価の筋書きに関係してくるわけではない。一部の評価基準は純粋に実用的な目的のために用いられ、分析の筋書きの一部となる。これらの評価基準は、政策オプションが政策として採用され実行に移される過程において生じることに関するものである[19]。主なものは、合法性、政治的受容性、執行時の安定性と改善可能性、政策の持続可能性が挙げられる。

合法性

実現可能な政策は、憲法、成文法や慣習法等で認められた権利を侵害しない政策である。しかし、法的権利は常に変化し、しばしば曖昧であることに注意する必要がある。裁判に訴えられた場合に政策が違法とされるリスクがあっても、そのリスクを取るべき場合もある（このような場合、政策が存続

19　先に、評価基準は成果に適用され、政策案には適用されないと述べた。しかし、実用的な基準の場合、この記述は少し修正する必要がある。実用的な基準は、成果ではなく、政策案が採択・実施プロセスを経て直面するであろう状況に適用されるものである。

する可能性を高めるためにも、法廷弁護士の助言を受けながら政策を立案することが望まれる)。

本質的な理解のためのヒント

以前触れたとおり、「自然」や「人道」に基づくとされる権利は、言葉の上では似ているものの、法的な権利とは概念上かなり異なることに注意が必要である。例えば、妊娠中絶に係る対立は、生命の価値に伴う権利と、自らの体に対する女性の権利に関する考え方の違いによるものだ。自然権、あるいは人道的な権利とされるものは、それを法的なものと考えようとする人もいれば、そうした考え方に反対する人もおり、論議を呼ぶことがある。

政治的受容性

実現可能な政策は、政治的に受け入れられる政策であるか、あるいは少なくとも受け入れ不可能なものではない政策である。政治的に受け入れられない状況は、2つの条件が組み合わさったときに生じる。提案が採択されないのは、(反対の広範さ、激しさ、あるいはその両方の意味において)反対が強すぎるか、(支持の広がり、支持の強さ、あるいはその両方の意味において)支持が少なすぎるかの場合である。

関係者を分析すると、政治的受容性がどの程度存在するかはわかるだろう。インターネット検索や、インタビュー、その他の調査手法を組み合わせることで、関係する個人や団体を特定する。政府の高官、民間企業、業界団体、専門家の協会、利益団体、政治団体などが、提案についてそれぞれ賛成、反対の立場を取るかもしれない。こうした関係者や関係団体は、過去において関係する問題に関わっていた場合、提案されている内容が利害や政治的主張に抵触するとみなす場合、あるいは、提案されている内容が実施された場合に損害を被ると考える場合(同程度の利益を得る場合と比較して、損失を被る場合はより大きく反応することが世の中の常である)に、より活発に意見を表明するようになる可能性が高いことに注意しておく必要がある。

次に、それぞれの団体が保有している資源をリストアップしよう。権限、専門性、資金力、政治的動員力や、声の上げやすさといったものである。

最後に、選択肢を決定する会議体が何であるか、そのような会議体を運営する上での規則や手続きとしてどのようなものがあるか、そうした会議体で取り上げられる主張としてどのようなものがあるかを特定しよう（例えば、裁判所であれば、権利義務に関する意見を表明する場として「弁論」の機会を設定する）。

政治的受容性は、変化しないものであると考えてはいけない。常に次のように自問するべきだ。「もしこの政策による解決策が現在の状況下では受容可能性が低いとすると、その状況をどのように変えればよいだろうか？」。

創造的な政治的戦略によって、関係者の範囲を広げたり絞ったりし、それぞれのスタンスや資源の状況を変更させ、政策が実施される際の制度的な文脈を変化させ、これまで真剣に考慮されてこなかった選択肢を提案することが視野に入ってくるかもしれない（賛同者を組織化し、政策を実現するための運動を効果的に進めるためのテクニックに関する議論は、本書の範囲を超えるものであるが、付録C「政治的支援を勝ち取るための戦略的アドバイス」は、その基本を大まかに示している）。

戦略上の制約と可能性を把握するためには、政治過程に関するさまざまなモデルを参照することが役に立つ。すでに見てきたとおり、他の状況を比喩的に参考にすることが、モデルとして役に立つ。この場合、最も有用だと考えられるのは以下のようなものである。

- （個人、団体を問わず）戦略的な参加者が、他の参加者の戦略的な行動やゲームのルールを遵守しながら、ごまかしをせず自らの得点を最大化しようとするゲーム[20]
- 同盟や理念によって連携した連合軍が、政治的対立者を打ち負かし、無

20　政治学研究に対するこのアプローチのわかりやすい入門書としては、Shepsle and Bonchek (2010) を参照されたい。

力化し、あるいは過去の勝利を維持し、新たな分野の政策でも勝利しようとする戦争

- 選挙を控えた政治家たちが、現実にどうであるかは別として、同僚議員や、コメンテーター、大衆（彼らからの承認が最も重要である）に対して、少しでも好印象を与えようと競い合っている劇場
- 立派な商人と押し売りまがいの行商人が混在している売り手が、知識豊富な客と何の知識もない客が混在している買い手を相手にしているような、スローガン、シンボル、アイデアの市場
- 政治家が、どのような政策が機能するかを学び、その結果と手法をクラスメートと共有するような学校

これらのモデルはどの程度正確に用いなければならないだろうか。こうしたモデルは、概念を考えるためのレンズだと思ってほしい。関連する政治過程をそれぞれのレンズで順に眺めてみて、考えられる落とし穴や機会としてどのようなものがあるか確認するとよい[21]。

社会にとって純便益を生み出すような政策を採用するにあたってよくある障害は、その政策を採択することで、現在の仕組みから利益を得ている利益集団に、集中して損失を発生させてしまうような場合である。こうした集団は、提案に反対する働きかけをほぼ間違いなく行うであろうし、政策から利益を受けるであろう多くの人々よりも、組織化されていることが多いだろう。一方で、費用と便益の発生に関して修正を施すことで、不必要に有効性を弱めることなく、政策オプションの受容性を高めることも可能であろう。ある政策の下で損失が発生するであろう人には、例えば、移行期における直接的あるいは間接的支援策を講じることも考えられるだろう。グランドファザリング（代々受け継がれてきた既得権を認める）条項や、段階的移行といったことは、政策が採択される可能性を高めるだろう。

21　類似の手続きがGraham Allison (1971) で取り上げられている。

執行時の安定性と改善可能性

理論的には素晴らしく聞こえる政策のアイデアも、現実の執行状況下では失敗することがよくある。政策の執行は、それ自体が1つの生き物のようなものだ。政策は、硬直的で大きな官僚機構を通じて実施され、官僚機構の利害によって歪められる。また、政策の対象者の意欲、選好、能力によっても効果が左右される。例えば、職業訓練プログラムに参加を義務づけられた低所得者世帯の母親たちのような場合だ[22]。日常的な活動の中から生まれた政策も、もとの設計時や採択時のものから変わっていくことがあり、時にはまったく様変わりしてしまう。政策のオプションは、したがって、執行があまり円滑に進まなかったとしても、その成果がある程度満足のいくものになるような、執行時の「安定性」(robustness) が求められる。

政策を執行する際に問題になるものとして、次のような事態を気にかけることが有益だろう。長期間にわたる遅れ、財政上・行政上のコスト超過、政策の支持者を困惑させるような不正、浪費及び職権濫用による不祥事、市民(及びプログラムの担当者) がプログラムの有用性や従うべき規則がわからなくなってしまうほどの制度の複雑さなどだ。

いかに優れた政策の企画立案者であっても、設計段階では、すべての詳細設計まできっちりと妥当なものにすることはできない。このため、政策の執行担当者が当初の制度設計を改善できるような余地を残しておくべきだ。最も一般的な手段は、制度設計段階では関与していなかった個人や団体に執行段階で参加してもらい、新たな知見や視点を取り入れるというものだ。しかし、そうした改善の機会を広げるということは、敵対的な政治的利害関心を持つ人々に機会を与えることにもなり、政策の安定性を損ねることにもなる。そのため、性格、組織の主張や利害、政治的スキャンダルの有無などについて、現状についての注意深い評価を行うことが必要となる。

政策オプションの安定性と改善可能性がどの程度あるかを考える際には、

22 プログラムの対象者がこれに従うかという執行上の課題については、Weaver (2010) を参照されたい。

官僚機構のモデルが役に立つ概念のレンズとなるだろう。官僚機構を理解するための比喩として最も有用と考えるものを以下に示す。なお、列挙した順序に特段の理由はない。

- あらかじめ決められた作業を機械的に実施するロボット（「前例踏襲」）
- 生き残り、昇進といった必要性から環境に順応し、時には自己実現を図ろうとする（一人の）人間
- 組織が進む方向への影響力行使、意思決定システムへの参画や、それらに近づくための地位をめぐって個人や派閥が争っている政治的舞台
- 「部外者」と自分たちの集団を区別するための独自の儀式やさまざまな参入障壁を維持している集合体
- 一定程度共通した目標に向かって協力し合う個人の集団
- 支え合って合理的な分業を行うための役職とそれらの相互関係の構造
- 社会が自らの目的を達成するために用いる道具

政策の持続可能性

政策は、通常、所期の成果を達成するために一定の期間にわたり継続される必要がある。しかし、政策を支持してきた組織のトップが離任することもあるし、その後任が異なった考えを持っていることもある。政策の採択に反対していた集団が、再び反対活動を開始するかもしれない。政策立案は、一度きりのものというよりも、**変化していく**プロセスであり、新たな政策を既存の政策と統合することは、最初に政策を実現することよりも難しいことにもなり得る。持続可能性とは、政策が一体性を保ち、中核となる原則を保ちながら、政策を骨抜きにしようとする不当な政治的圧力をはねのける能力を指す。

政策は、社会の便益を生み出すから「継続」されるのではなく、重要な支持層からの「十分な」支持を長年にわたって生み出すから継続されるのである。最も長く継続される政策は、市民や産業界や集団からの好意的意見を引き出し、新たな現実に適応するような政策である。そうした循環が生まれる

と、まったく新しいやり方に順応するための手間や時間を省くという観点から、関係者は既存の政策を停止したり、抜本的に見直したりすることをしたがらなくなる。

米国の社会保障の歴史は、そうした力学をわかりやすく示すものである。1935年に社会保障制度が米国で創設されたとき、高齢者は選挙において最も声が小さい年齢層だった。社会保障の規模が拡大するにつれ、高齢者の中に支持層が生まれた。その過程においては、A）社会保障が高齢者に資金的余裕と時間的余裕を与え、B）政府のプログラムで自分たちの生活水準が目に見えて変わるようになったため、高齢者が政治への関心や発言力を高め、C）プログラムの受益者という政治的アイデンティティが作り出され、利益集団側が高齢者を動員するようになったとされる[23]。長く継続される政策は、支持層を作り出し、社会的アイデンティティを作り出すだけではない。ある意味で反対者との断絶を生み出し、それによって政策の変更をより一層難しくするのである。

政策の持続可能性に関し、懸念されるリスクとして考えられるのは以下のようなものである。当初の政策の採択時に、賛成派が反対派をわずかに、あるいは一時的に上回っているだけだった状態。幅広い層からの支持の欠如。支持者を動員し採択の動きを広げていくには、政策がもたらす利益が小さすぎる、遅すぎる、不確実すぎる、わかりにくすぎる、あるいは不人気すぎる場合。比較的声の小さい集団や意図しない集団が政策の利益を享受する場合。政府が政策に対し継続的に関与するかどうかが不透明な場合[24]。

実際に評価基準を選択しているレポートの例としてBoxI-5を参照してほしい。

23　Campbell（2012, p.336）参照。
24　Patashnik（2008）参照。

論理を構成する上での「評価基準」

効率性、公平性、政治的受容性、安定性といった評価基準は、政策の内容を評価する基準だ。しかし、純粋に形式についての基準もあり得る。例えば、最大化を目指すもの、基準をクリアすることを目指すもの、最重要項目ではないが多ければその方がよいもの、といった形でそれぞれの価値基準を分類することができる。

これらから1つを取り出して、まず、**最大化**（最小化）**を目指すべき主たる指標**という基準について考えてみたい。通常、この主たる指標は、問題定義の中に含まれているだろう。例えば、定義された問題が、ホームレスになる家族が多すぎるということであれば、主たる指標はおそらく、ホームレスになる家族を最小化するということになるだろう。地球温暖化の進行速度が速すぎるという問題であれば、主たる指標は「地球温暖化の進行速度を最小化する、あるいは反転させる」ということになるだろう。

もちろん、成果を評価するための他の評価基準は考えられる。費用、政治的受容性、経済的正義といった基準は、最終的な評価においては考慮されるべきだ。しかし、少なくとも最初の段階では、1つの中心的な基準に集中し、他の基準をいったん横に置いておかなければ、自分自身が混乱してしまうことになりがちだ。分析を深めていくにつれ、複数の重要な目的を同時に扱うことにも抵抗がなくなり、1つの中心的な基準だけを強調するのではなく、複数の基準が組み合わさった、より複雑な「目的関数」に取り組みたいと考えるようになるだろう。実際のレポートにおける評価基準の選択の例として、Box I–5を参照されたい。

線形計画法

ある目的や目的関数があり、それを最大化するための資源が限られているときに、最適な選択を行うための数学的（そして現在ではコンピューターで実行可能な）手法を「線形計画法」[25]と呼ぶ。ある非営利組織の予算額、利用できる物理的施設のスペースなど、ある種の資源は一定の希少性がある。単純な定量的評価に適した問題でない場合でも、線形計画法の論理構成は、行うべき作業を概念的に考えていく上で役に立つ。典型的な言い回しは、このようなものだ。「この指標（目的関数）を、このような資源の制約条件下で最大化する方法を考えよ」。

例えば、ホームレスの問題では以下のようになる。「一夜当たりのホームレスの収容人数を最大化する方法を検討せよ。ただし、行政庁Xが支出する予算は一晩当たり最大5万ドルとし、政治的理由から収容施設はA及びB地域に置くことは避け、受給者に収容施設の選択肢をできるだけ多く提供するようにするものとする」。

BoxI-5 政策立案レポートに見る「評価基準の選択」の実例

出所：*Alternative Approaches to Funding Highways,* Congressional Budget Office, March 2011, vii, 9–10, https://www.cbo.gov/sites/default/files/112th-congress-2011-2012/reports/03-23-highwayfunding.pdf

道路建設資金の費用回収方法は、公平性と経済的効率性の観点から評価することができる。公平性または公正性は、主観的な概念ではあるが、いくつかの方法で評価することができる。道路の費用回収方法の公平性を分析する場合、一般納税者と道路利用者が負担する費用の割合、世帯所得の階層ごとの負担割合、または郊外住民と都市住民の負担割合を調

25　Stokey and Zeckhauser (1978, chap. 11) 参照。

べるという方法がよく用いられる。

費用回収方法の経済的効率性は、利用者の移動手段への影響や、実施にかかる費用などによって変化する。利用者の移動が社会に与えるコストを利用者に課せば、道路の利用に係る便益がコストを上回る場合に限って道路を利用するインセンティブが生まれ、道路混雑の抑制や解消とともに、道路への投資の経済的価値を特定することに役立つだろう。一方で、このような利用料を徴収し強制することのコストも、効率性を評価する際に考慮されなければならない。（後略）

公平性

道路信託基金の現在の主な収入源は燃料税であり、その公平性の観点からの影響はさまざまである。燃料税を活用するということは、利用者負担という基準を満たす。一方で、燃料税には逆進性がある。つまり、高所得世帯よりも低所得世帯に相対的に大きな負担を強いる。2004年の実効税率（納税額を所得で割ったもの）のデータから、全世帯を所得別に5つの同じ大きさのグループに分けて分析したところ、下位から2つめと3つめのグループは、その他（上位2つと、最下位）のグループよりも、所得に占める燃料税の割合がやや大きくなった（表を参照）。最下位のグループでは、自動車を所有していない世帯もあるため、燃料税の直接的負担は少なくなる。一方で、軽油燃料税は、出荷される商品価格への影響を通じて、間接的な負担も与えている（表には反映されていない）。低所得世帯は所得に占める消費の割合が大きいため、この間接的な効果も勘案すると、燃料税に伴う逆進性はさらに大きくなるだろう。

燃料税が郊外住民に過大な影響を与えることに、公平性上の懸念が示されることもある。運輸省の全国家庭移動調査のデータによると、郊外に住む世帯が所有する車は、都市部の世帯の車よりも燃費が低いことが多く（小型トラックや古い車も含まれる）、さらに郊外の住民は都市部の住民よりも運転時間が長い傾向がある。この結果、平均的には、郊外世帯の方が都市部の世帯よりも、ガソリンや軽油の購入額が大きい。調査データによると、どの所得水準において比較しても、郊外世帯は都市部や世帯よりも、ガソリンや軽油の購入額が大きい。例えば、世帯所得が2.5万ドルを切るような郊外世帯は、都市部の世帯よりも30%多く燃料を消費しているが、これは、運転距離が13%長いことも一因である。他の所得階層では、郊外の世帯と都市部の世帯の燃料費の相対的な差は、さらに大きくなる。

効率性

効率性という点では、燃料税は2つの面でプラスに働く。第1に、費用徴収と強制のコストが低い。燃料税は個々のガソリンスタンドや燃料使用者から直接徴収されるのではなく、燃料販売業者から徴収される。燃料販売業者は、ガソリンスタンドに費用を請求し、ガソリンスタンドは燃料を購入する人に費用を請求する（2008年時点で、米国には11万4,000の給油所と約8,000の燃料販売業者が存在している）。第2に、州や地方の燃料税と連邦税が組み合わされることで、自動車の利用者に燃料消費を減らすインセンティブを与え、それによって燃料消費に関する外部コストや、走行距離に関連するコストの一部を削減することができる。

※注釈及び図表は省略している

本質的な理解のためのヒント

複数の評価基準があるときに、最大化あるいは最小化を目指すもの、制約条件となるもの、多ければ（あるいは少なければ）その方がよいもの、に整理することができるのであれば、それぞれの違いに留意すべきだ。少なくとも、それらの違いを意識した方がよい。簡単な言葉のコツがある。可能であれば、「……の値を最大化する」「……という制約を満たす」「……の値を最小化する」というように基準を定義する。例えば、「二酸化炭素の排出量を最小化せよ」「支出1ドル当たりの救命人数を最大化せよ」といった形である。もし、単に「統治構造」や「地主への影響」といった形で、求められる方向性を示す言葉が含まれていないようであれば、ほぼ確実に、指標の設定としては不十分である。

どんな場合であれ、できる限り、評価基準は概念的な言葉と、政策執行の場面で使われる言葉（典型的には定量的なもの）の両方で定義するべきだ。例えば、概念的には「公共建築物からの温室効果ガス排出削減量を最大化する」という言い方が適当であろうが、執行までを考えた場合には、「公共建築物からの1カ月当たりの温室効果ガスの排出トン数を最小化する」という形で表現した方が妥当である。この場合、政策執行のための定義は、定性的・概念的な定義と、密接な関係を持つ代替変数のような位置づけとなる。

しかしながら、両者の間には、しばしば断絶がある。測定可能なものは、概念上の特徴を不完全にしか反映できないかもしれないからだ。例えば、市民によるゴミのリサイクルに向けた「障害となる要素」を最小化するということにも、概念的には意味がある。一方で、これを定量的に表現することは容易ではない。定量的に表現しようとすれば、本来的には、それらはゴミの分別に関しての、心理的な努力の程度、目標に到達したいという信念の強さ、心理的負担感の強さといったものになるだろう。他方で、こうした場合に、執行面を考えた目標に落とし込むとすれば、市民がこの事業に協力するために1週間当たり何分間を費やすのかを推計するというようなことになる。

「好ましいこと」（便益）に関する基準と、「好ましくないこと」（コスト）に関する基準は、できる限り分けてグループ化するとよい。論理的には、これをどのように行うかは大した意味を持たないはずである。しかし、こうすることで、わかりやすさも増し、議論もしやすくなる。トランプで言えば、持ち手のカードを、スペードやハートといった種類ごとに、小さな数字から順番に並べるようなものだ。

厳しい現実を表現する言葉の代わりに婉曲やぼやかしの言葉を使うことを、良いことだと思ってはならない。あるプロジェクトの依頼者は、厳しい財政状況の中で支出を削減するために、成人教育学校（移民向けの語学教育等さまざまな講座を開講している公共の学校）で開講されているプログラムのうち、どのプログラムを廃止すべきかについて、学生にアドバイスを依頼した。依頼を受けた学生たちは、最初の段階では、成人教育学校のプログラム全般の即効性ある継続策は何か、といった言葉で問題をまとめようとしたが、どのような費用が削減対象になり得るかといったことぐらいしか、そこから議論は進みそうになかった。

測定指標を特定する

測定指標を特定することは、評価基準を明確化することに大いに役立つ。表I–1はこの点を説明している。左側の列は、評価基準を定性的に定義したものである。定性的とはいえ、これらはかなり明確に述べられている。しかし、測定指標を特定すると、意味が追加され、さらに役立つものになる。測定指標を追加することで、本当に求めていたものが何かについての洞察が得られるときもある。

この作業の目的は評価基準を定量化することではなく、明確化することにあることに注意してほしい。定量化が可能であれば望ましく、測定指標を特定することはそのために役立つステップである。しかし、ここでの真の目的は、自分自身の思考を手助けすることにある。

また、この段階での作業の目的は、データ源を書き出したり、データの収集方法や説明方法を考えたりすることでもない。それ自身は重要なことではあるが、自分自身の思考を深めることとは別のことだ。実際、測定指標によっては、データの収集方法をまったく思いつかないこともある。表I–1では、強盗の発生率（3行目）についてはどのようにデータを収集するか想像がつくだろうが、牛が母牛としての役割を果たすこと（2行目）については、

表I－1　測定指標の特定の一例

定性的な説明	定量的な測定指標を用いた説明
産後の家族計画の利用しやすさを最大化する	生後xカ月以内の望まない妊娠や計画外の妊娠の数を防いだ件数を最大化する
乳牛の人道的な扱いを最大化する	出産後xカ月以上子育てをする母牛の割合を最大化する
ノースブルックウッド地区の犯罪を最小化する	今後12カ月でノースブルックウッド地区の強盗発生率を10%低下させる
検査後の自動車からの一酸化炭素（CO）排出量を最小化にする	検査後12カ月間の自動車からのCO排出量の平均トン数を最小にする
政治的実現可能性の要件を満たす	知事がこの大統領令に署名する確率を75%以上と見積もる
執行の手間を減らす	消極的な執行担当者を説得するのに費やす時間を減らす

データを収集することがかなり難しいと考えられる。また、妊娠を防いだケースの数（1行目）は、比較の対象となる反実仮想が存在しないため、論理的に測定不可能である。実際、このことは、すべての予防プログラムについて言えることである。反実仮想はせいぜい代替指標や、適切に対象群を構成して実験を行い、その結果を見ることで推定できる程度である。

評価基準と政策オプションの混同を防ぐ

!　本質的な理解のためのヒント

政策オプションとは、現実に起こす一連の行動を指す。一方で、**評価基準**は一連の行動の結果を評価するための、観念上のものである。一体なぜ、政策オプションを評価基準と取り違えてしまったり、その逆に評価基準を政策オプションと取り違えたりするようなことが起きるのだろうか。政策立案における他の間違いと同様、そうした誤りの原因は、言葉遣いに関連したものである。

例えば、州政府の労働安全規制当局の課長について考えてみよう。彼女は労働者から寄せられる苦情を活用して、当局が行う立入検査の重点対象を絞り込んでいきたいと考えている。彼女の部下が提案した多くの政策オプションの中に、「即時対応ホットライン（最大24時間）」と呼ばれる政策オプションが含まれていた。また、驚くことではないが、この政策オプションの成果を評価する基準の1つは「即時対応性」であった。この場合、政策オプションは評価基準とほぼ同じように見える。しかし、これは錯覚である。実際の政策オプション（一連の行動）は、ホットラインの設置である。政策オプションが評価基準に見える主な理由は、即時対応という**意図**が政策オプションの定義の中に入り込んでいることにある[26]。これは危険な間違いである。なぜなら、政策オプションを定義する中で、言葉で説明する際に表現として盛り込まれた意図が、実際に実現するとは限らないからである。

この種の混同は、組織の内部的活動について議論している際に最も起こりやすい。組織の部署を創設、あるいは改編しようとする提案は、目指している意図と同じことを言いがちだからだ。例えば、業績評価室、戦略計画チーム、顧客サービス部といった部署が創設される場合を考えてみよう。業績評価室は、何かの理由で、信頼性の乏しいコンサルタントからもたらされた無意味な数値の解釈をしているだけの組織になるかもしれない。戦略計画チームの存在は、有能な、あるいは凡庸な課長によって、意図的に無視されるかもしれない。顧客サービス部は、意図に反して顧客に疎外感を与える組織になってしまうかもしれない。

筆者はかつて学生に、従業員向け「薬物カウンセリングサービス」を組織内に設置するという提案について問いただしたことがある。こうした提案では、組織の問題に何らかの影響を与えるようなことは期待できないのではないかと筆者には感じられたからだ。学生はこう答えた。「いえ、私は古いカウ

26　ここでは「即時対応」という言葉が政策オプションにも評価基準にも含まれている。

ンセリングサービスのことを言っているわけではありません。私が導入したいのは『効果的な』カウンセリングサービスです」。その学生のカウンセリングサービスについての説明の中に、問題に対して効果を発揮する可能性が高まるような要素は、何もなかった。そのカウンセリングサービスが効果的だとされていたのは、その学生が単にそう想定したからというだけだったのだ。

STEP 5

成果を予測する

政策立案者や利害関係者が注意を払ってしかるべき成果（または影響）については、リストの中にある政策オプションのそれぞれについて、すべて予測すべきだ。これは8つあるステップの中で、最も困難なステップである。経験を積んだ政策立案者でさえ、うまくできないのが普通だ。政策立案者は、しばしばこのステップを完全に省略し、分析を行わないことについてのさまざまな言い訳を並べようとする。これは驚くべきことではない。それゆえに、このステップについて最も重要なアドバイスは単純なものだ。

とにかくやりなさい。(Do it.)

このステップには、実務的にも心理的にも重くのしかかる難しさが少なくとも3つある。まず、「政策」は未来に関するものであり、過去や現在に関するものではない。未来がどうなるかは、細心の注意を払って誠心誠意取り組んでも、確信をもって予測することはできない。

第2に、「成果を予測しろ」ということは、別の言い方をすると「現実的になれ」ということだ。しかし、現実主義になることは楽しいことではない。多くの人々は楽観主義を好む。政策は、良くも悪くも、人々の暮らし、財産、不可侵の名誉に対して影響を与える。そういう理由から、政策を立案するということは、多くの人が負っても良いと思うもの以上に、道義的な重荷を負うことになる。もちろん、自分たちが提言する政策的な政策オプションは、われわれが期待している目標を達成し、一方で懸念されているよりもコストを小さくさせるためのものであると信じたいところではある。

第3に、「51対49の法則」と呼ばれる法則がある。これは、政策を議論している中で、純粋に自己防衛の気持ちにかられて、51％の信頼度しかないものを、あたかも100％の信頼度があるように扱い、人々のみならず自分自身をも誤った方向に誘導してしまうというものである。第1の難しさ、すなわち、未来について完全に説得力のあるエビデンスを持ちえないことが、第2、第3の難しさを生み出してしまう。自分たちの希望的観測は、実証的な説明やエビデンスから完全に裏打ちされたものではないからである。

しかしながら、これらの心理的な障害があったとしても、帰結を予測するという体系的な努力は非常に重要なものだ。今日の民主主義社会における政策決定者にとって、本能的な直感に従うことも占いに従うことも、責任のある選択肢とは言えないからだ。

常識的な理念を拡張する

この節では、モデルとエビデンスを組み合わせることによって、検討中のさまざまな政策オプションがもたらす政策成果について、有用な予測を行う上での一般的な理念について述べたい。この理念は社会科学の方法論としては概ね常識的なものであるが、政策立案におけるものとして、多少の追加や省略を行っている。

第1に、政策立案では、可能な限り社会科学の成果を活用する。多くの社会科学は、「モデルXは、この世界の一部を示すものとして現実的か」という問題に答えることを目指している。この種の社会科学の研究は、問題の所在をつきとめ、傾向を示し、「スマートプラクティスについての先例」(PART IV)と思われるものを見習う価値があるかどうかを決定する際に役に立つ。しかしながら、モデルの妥当性を判断する際に、社会科学で用いられている基準を採用することは避けるように注意すべきだ。というのも、社会科学の基準は非常に保守的（厳密）であるからである。一方、政策立案においては、より緩やかだが適切な基準によってモデルの信頼性を判断する方が、より良い結果をもたらすし、適切な手順を踏まない単なる推測よりも悪い結果になる事態を避けることができる。

第2に、政策立案は、これまで見てきたように、複数のモデルを用いる。ほとんどの社会科学は、自然科学の方法論にならって、「最良の」モデル（研究者にしてみれば、「真の」モデル）を探すものである。しかし、すべてのモデルは現実を抽象化して捉えるものであるため、最良のモデルだからといって完全なものではない。そのような抽象化は科学の進歩を促すかもしれないが、政策の世界では、政策選択の結果は現実世界の人々に影響を与える。問題や考えうる政策オプションの要素に関して、分析の対象外と整理してよいものはない。問題や考えられる成果の重要な側面に光を与えることが可能なモデルは、どんなモデルであれ用いられる**べき**である。そうすることで、分析の美しさが失われ、さまざまな分析の集まりになったとしてもだ。

第3に、十分な数や種類の現実的なモデルを適切に用いたとしても、それらのモデルは「初期設定」に関するエビデンスや、対象に関する現時点の事実関係とともに用いる必要がある。例えば、「スミス課長補佐は現状では不適任である。彼女とともに働くことは、失敗のリスクを少なくとも25%引き上げることになる」だとか、「このコミュニティは現下の薬物の状況に大きな怒りを感じており、ほぼ間違いなく警察の計画的な一斉取り締まりに協力するだろう」といったものである。多くのモデルは、初期条件によって予測が大きく影響されるわけではないが、大きな影響を受けるモデルも存在する。例えば、政策オプションの政治的受容性や政策実施過程の安定性に関する予測モデルなどである。

最後に、政策立案は、これまで見てきたとおり、モデルの裏で比喩を活用し、重要な因果関係についての定性的な洞察を得ている。例えば「自動化としての官僚制」「劇場としての政治」「生産システムとしての世界の一部分」

といったものだ。こうした比喩を通じて、複雑なシステムに対する政策の効果的な介入点を特定したり、施策の採択と実施過程において陥りがちな落とし穴を探すときに重要な因果関係を得ようとするものである。

ベースケースを選ぶ

次のステップ「トレードオフに立ち向かう」では、このステップの作業である予測結果の比較を行い、トレードオフが存在するようなさまざまな対になる比較の中で互いにどのような違いがあるのかを明確にすることになる。したがって、このステップは次のステップのための材料を準備するものである（「次のステップのための準備」（128ページ）も参照されたい）。

そのためには、すべての予測を共通の基準点、つまり**ベースケース**に対して定義する必要がある。ベースケースが現在存在するあらゆる状態を指し、かつその状態が変化する見込みがないとするなら、それぞれの成果は、明日（おそらく）存在するであろう状態と、今日（間違いなく）存在している状態との差分という観点から記述されるべきだ。例えば、リバータウンの貧困率が現在15％で、政策オプションAによってそれが例えば2％減少すると予想される場合、予測される結果は貧困率の2％の減少、絶対数では貧困層が1,000人減少することになる。もし、政策オプションBの同様の予測が3％の貧困率の減少、つまり、貧困層が1,500人減少するとしたら、この対立するトレードオフについて、この観点でBがAよりも貧困層500人の減少分だけ優れているということは容易にわかるであろう（Bはよりコストがかかるか他の点でより望ましくないかもしれないが、こうした事情はいったんおいておく）。

もし、ベースケースが現在存在するあらゆる状態を指し、それらが変化する見込みが**ある**場合には、各政策オプションを採用しなかった場合に世界がどのように変化するかを、一定の状態を想定した上で包括的に精査することになる。例えば、オバマ政権下の連邦政府機関では、提案されている規制改正の影響を評価するために、関連する市場の発展、人口や経済成長、関連する人々の考えられる行動変化・学習・適応、技術の変化や進歩、当局や他の政府機関によって発布された規制の変化についてベースラインを精査することが求められていた。

良いベースケースとは何か？「現在存在するあらゆる状況」と「検討中の政策が実施されなければ（複数の）現在のトレンドがどのように推移する」という両極の間に、他の多くの可能性がある。以下に、そのいくつかを簡単な解説とともに列挙する。

- **現状維持を前提とした将来の状態**：表I–2（106ページ）において温室効果ガス削減に関して分析した政策立案者は、新しい規制がなく、人口動態の変化以外に化石燃料の消費量に変化がない状態をベースケースとして選んだ。そこでは、例えば技術的な変化の可能性は含めなかった。
- **ある政策が採用された場合に起こる現在からの変化**：例えば、主要都市を結ぶ鉄道システムを州が出資して建設する可能性があり、このシステムによって、自動車利用が全体で例えば5%減少すると予想されたとする。これは、特定の政策による変化に焦点を当てる場合を除き、現状維持ケースとも言える。
- **ある特定の政策オプションの成果予測を含むもの**：ランド研究所は、1996年にカリフォルニア州が採用したばかりの「スリーストライク」強制収監政策をベースケースに、犯罪削減戦略プログラムの費用対効果を比較する研究を発表した。4つのプログラムのうち3つは明らかに費用対効果が高く、もう1つも場合によってはそうであった。研究の目的は、同じ目的を達成する上では他のオプションの方が安上がりであることから、人道的な配慮を抜きにして狭い意味での犯罪防止だけを考えれば「スリーストライク」は税金の無駄遣いであることを示すことであった。

ベースケースに（将来の予測や現在の誤解による）誤差が含まれていても、その誤差が予測結果の比較に異なる影響を及ぼさないのであれば、問題にならないことに留意してほしい。上記の例では、リバータウンの貧困率が実際には15%ではなく16%であったとしても、支援されると予測される個人の絶

表Ⅰ-2　米国エニータウンにおける比較分析（2050年ベースライン：550万トン CO_2）

		ベースラインからの CO_2 排出量削減率	CO_2 排出1トン当たり削減費用	
	政策シナリオ	効率性	費用対効果	妥当性
既存建築物	既存住宅の省エネ改修義務付け	6.9%～8.8%	－＄130～＄5	執行面：高 経済的：中 政治的：高
	既存商業用建築物の省エネ改修義務付け	7.9%～10.5%	－＄132～－＄30	執行面：高 経済的：中 政治的：高
新築建築物	ゼロエネルギー新築住宅	4.1%～5.6%	－＄132～－＄25	執行面：高 経済的：高 政治的：高
	ゼロエネルギー新築商業用建築物	6.5%～8.9%	－＄120～－＄48	執行面：高 経済的：高 政治的：高
都市計画	集約型宅地開発	2.4%	－＄1,333～－＄702	執行面：高 経済的：高 政治的：中
エネルギー供給	分散型太陽光発電	3.9%	＄15～＄139	執行面：高 経済的：高 政治的：中
ファイナンス	＄20炭素税	11.3%	＄20	執行面：高 経済的：中 政治的：低
	＄50炭素税	20.6%	＄50	執行面：高 経済的：中 政治的：低

対数が1,000人と1,500人のままであれば、貧困率の予測の違いによる差は生じないことなる。

あえて大きさを見積もる

結果を予測する際には、結果の方向性だけでなく、その大きさについても考えなければならないことがよくある。通常、「このプログラムは、10代の望まない妊娠を減らすのに非常に良い効果をもたらすと期待される」と示すだけでは十分ではなく、「このプログラムは、今後5年間でこの地域の10代の望まない妊娠の数を年間100～300件減らすと予想される」と示したいところだろう。大きさの推定値を作成することで、分析が誤って解釈される可能性を減らすことができる（数値による推定値が提供されていない場合、政策決定者は予測される効果がゼロであると誤って想定してしまう可能性がある。もし推定値が本当にゼロなのであれば、それを何らかの方法で明確にするべきである）。

以下は、補足的栄養援助プログラム（SNAP）の参加人数に与える影響について、議会予算局（CBO）が法案（2013年栄養改革・労働機会法）の影響の推計を行ったものの一例である。

- 「第109条は、労働要件や時間制限の対象といった免除措置に関し子どものいない成人が利用できる免除措置の数を減らすだろう。CBOは、この条項により平均額以上の給付を受けている約100万人の受給者がSNAP受給資格を失うであろうと推定する。給付を失う人の数は、2014年の170万人から2023年には50万人に減少する。
- 第105条は、低所得者向けの他のプログラムでの受給状況に基づいて州がSNAPの受給資格を決定できるという現行の受給資格付与要件を制限するものだ。CBOは、この条項が制定された場合、平均額以下の給付を受けている180万人の受給者がプログラムの受給資格を失うと推定している。給付を失う人の数は、2014年の210万人から2023年には150万人に減少する[27]。」

大きさの程度についての最良の推測については、一点だけ見積もることで十分な場合もあるが、ほとんどの場合、範囲を示す必要がある。

27　CBOによる下院農業委員会Lucas委員長への書簡（2013年9月16日）。
https://www.cbo.gov/sites/default/files/hr31020.pdf

予測の基礎としてのトレンド

結果の予測は将来について行うものであるが、トレンドデータから有用な情報を収集することは不可能だということを意味するものではない。一方で、過去のトレンドは、過去の結果の変化に影響を与えた要因が今後も同じように作用し続けるという黙示的な前提が成り立つ場合にのみ、予測を行うための合理的な根拠となる。

例えば、政策立案者が、地元の公立学区の支出に関する過去の傾向を、今後10年間の学区の支出額の予測の基礎として使おうとする場合、他の多くの要素が存在する中で、生徒数の変化が学区の支出水準に与える影響が将来もほぼ同じかどうかを判断する必要がある。しかし、すべてのトレンドが安定しているわけではない。この例で言えば、生徒の人口動態、州と連邦政府の教育予算の配分の変化、その他の理由により、生徒一人当たりの教育費が変化しており、生徒数がX%増加しても、以前と同じようには生徒数の増加に連動して地区の支出はY%も増加しないかもしれない。時系列データは、季節的（例：交通渋滞の水準）または周期的（例：失業率の傾向など景気循環に関連する経済変動）な変動の影響を受ける可能性もあり、これらも考慮する必要がある。

損益分岐の予測が減じる不確実性

「このプログラムがうまくいくという根拠は、どこにもないじゃないか」と批判する人がいたとする。あなたは「うまくいかないという証拠もない」と、極めて正しく反論する。双方とも正しい。なぜなら、まだ起こっていない未来に関する「証拠」とは、言葉の定義からして矛盾しているからだ。にもかかわらず、この批判は、提言した政策が機能することやその点についての**正当化の負担**（もちろん、文字どおりの「証明」の負担ではない）をあなたが負うべきことを、おそらくあなた自身が十分に理解していないという点を正しく突いている[28]。あなたはあらゆる戦略を使ってそれをやり遂げなければならない。

正当化の難易度は合理的な範囲でできるだけ下げるべきだろう。一般には、提案する政策によってその費用とリスクを正当化するに足る成果が「ほぼ確かに」得られることを主張すれば足りる。この手法は、「損益分岐点分析」または「閾《しきい》値分析」として知られる。この方法は、単純で、直感的かつ常識的にもかかわらず、驚くほど強力な概念的レンズである。この分析方法はまず、既知の、あるいは合理的に想定される要素から、意思決定の枠組みを構築し、残された不確実性に関しては、この安定的に構築された枠組みの要素と比較することによって評価を行う。

例えば、未成年者の収監を減らすために若者への指導を行う政策が検討されているとしよう。100万ドルの費用がかかるが、その効果は不確実性が大きいとしよう。あなたは、(1)「もし便益が費用を上回ったら実施する」という意思決定のルールと、(2) 費用は100万ドルという既知の事実から、意思決定の枠組みを決定する。

その上で、残りの不確実性を次の4ステップで評価する。

1. 一定の予算内で、求められる最低限度の効果を設定する。問:「100万ドルの費用をかけることを正当化するために、少なくともどの程度の成果が求められるだろうか?」答:「収監が減ることにどれだけの価値があるかは論者によって意見が異なるが、それをいったん脇に置いて、私の価値観で考えると、100万ドルの支出を受け入れるには最低15%の減少は必要だと思う」[29]。

---

28 ここでは、「あなた」が政策提言を行うことを前提にしている。しかし、仮にオプションを示してそこで予測される成果を添付する場合でも、成果を説明することから逃れることはできない。

29 15%を意思決定権者が賛成から反対、またはその逆に切り替える「スイッチポイント」にたとえて、「スイッチポイント分析」と呼ばれることがある。あるいは、15%をこの政策オプションを選ぶことを正当化するために必要と考えられる効果の閾値として、「閾値分析」と呼ばれることもある。

2. 問題を引き起こす原因や過程を表現しているモデルを思い浮かべて、次の質問をする。「新しい方法の導入や、既存の方法の変更により、どうやってこのレベルの成果を生み出すことができるだろうか」。ここでの分析は多分に定性的な分析である。この質問への答えは、「指導方法がどのように機能するかに関する過去の資料によれば、機能する場合の効果は少年のタイプごとに異なると言える。およそ半分の少年が指導によってより建設的な人生を送ることができる。約4分の1は、処罰への(現実味を伴った)認識を高めることに成功する。残りの4分の1は、幸運を祈るしかない」といったものになるだろう。
3. 選択された改善プロセスによって損益分岐点レベルの効果が生み出せるかどうかを評価する。そのためには、類似の政策介入で生じた既知あるいは想定される効果に照らして、その損益分岐点レベルの成果(この場合は15%の減少)が可能かどうか検討することが非常に有効だ。もし類似政策の効果が信じられないくらい高い場合には、何か特別な事情があるのかを考えるとよい。STEP 4と5では、因果過程がどう働くかについて、われわれの考える「理論」、つまり客観的で証拠にもとづく推論に頼らなければいけないことを覚えておいてほしい。一般的に、これが政策立案における推論で、最も弱いつながりとなる。このため、このステップを可能な限り思慮深く、自己批判的に責任を持って行うことが非常に重要であり、そして非常に難しい。
4. 失敗する可能性と、失敗が起こった場合に発生する政治的・その他のコストを推計する。これにより、もし失敗した場合に許容できるかどうかを検討することが必要である。

連邦政府は、提案された規制のメリットを評価するために損益分岐点分析を頻繁に使用している。例えば、連邦政府は、刑務所でのレイプの発生を減らすことを目的とした規制を設けるかどうかを検討したことがある。この規制を実施するための年間コストは4億7,000万ドルと見積もられた。一方で、当局はこの規制によって防げるはずのレイプの件数を予測することができなかった。さらに、被害者と社会の双方にとって、刑務所でのレイプがもたらすコストを貨幣価値に換算することも困難であった。しかし、損益分岐点分析により、当局は規制を進めることを決定した。この分析では、毎年少なくとも16万件のレイプが発生しているとして、1件のレイプ防止に50万ドルの価値があるとすれば、全体の1%にあたる1,600件のレイプを防止できれば、この規則は正当化されると結論づけた。そして、この新しい規則が少なくともこの最低レベルの効果を達成することは確信できるとした[30]。

読者に、損益分岐点分析を利用してもらえるように、もう2つ例を示す。

- 野生生物たちの保護区を設定する政策Xは、資金が予定どおり供給されれば、より広いテーマである自然保護を実現するための素晴らしい選択に見える。しかし、そうはならないかもしれない。なぜなら、連邦政府の補助金が交付されないこと、州知事が自然保護政策の優先順位を公約よりも下げること、保護区の候補地に着目している開発事業者が妨害することなどのリスクがあり得るからだ。あなたは分析の依頼者である州政府環境庁の課長をヒアリングした結果、課長はこのプログラムを気に入っており、成功の見込みが少なくとも五分五分であれば開始しようとしていると判断する。こうして、あなたの分析は、調査の結果として五分五分以上の（または未満の）成功の見込みがあると結論づける理由を説明することに集中することができる。どの程度上回っているか（あるいは下回っているか）を正確に示すことができなくても問題はない。
- ホームタウンヒーローズ球団のための新しい球場を建設することは、1日当たりの平均入場者数が1万人以上である場合、費用対効果の観点からよいアイデアに見える。これがあなたや意思決定権者にとっての損益分

30　この例については、Sunstein (2014, p.75) で述べられている。Sunsteinは、損益分岐点分析の用途について優れた評価を行っている。同書の付録Dには、連邦政府が実施した損益分岐点分析の厳選された例のリストが掲載されている。

岐入場者数である。その上で、この損益分岐点レベルに到達する可能性をどの程度確信しているのか、そして、その可能性は意思決定権者がゴーサインを出すのに十分なほど高いのかを判断することになる。あなたは、この2つの問題に焦点を当ててプレゼンを構築すればよい。

! 本質的な理解のためのヒント

差し当たって費用についてはわかっているものの、便益についてはよくわからない場合、次の2つの質問について考えてみるとよい。

(1)「この政策オプションの費用について確実に知っていることを踏まえると、十分な便益を得たと言うためには、条件Xから最低限何を引き出さなければならないか？」

(2)「実際に条件Xからそれを引き出せるとどの程度確信してよいか？」

不確実性への対応として政策分析レポートから引用したBoxI-6を参照されたい[31]。

BoxI-6 政策立案レポートに見る不確実性に対処している実例

出所：Deborah Gordon et al., *Know Your Oil: Creating a Global Oil-Climate Index* (Policy Brief), Carnegie Endowment for International Peace, 2015, 19-20, https://carnegieendowment.org/files/know_your_oil.pdf

31　損益分岐点評価の特殊なケースはfortiori推計である。もし重要な指標のすべてについて最悪の想定を置いて、それでもなおその政策オプションが評価基準を満足するのであれば、その政策オプションは十分なものとなる。このような場合、より詳細な分析は不要になる。fortiori分析についてはMacRae and Whittington 1997 (pp.218-219) を、より一般的に、成果の推計における正確性対近似の議論については同書pp.209-224を参照されたい。

OPGEEの課題

OPGEE（Oil Production Greenhouse Gas Emissions Estimator：石油生産における温室効果ガス排出量推計）において、不確実性をもたらす最大の要素は、世界の油田に関する情報が欠如していることである。多くのオペレーターや世界の多くの地域では、正式なデータ公開の義務が課されていることはまれである。また、上流の排出量をモデル化する上で、データの質も継続的な問題となっている。（以下略）

OPGEEでは、油田のある国名などの単純なものから、油田の生産性指数（単位圧力当たりの1日の生産量で表される）のような入手困難なものまで、約50のデータを活用している。OPGEEでは、モデリングのためのデータを収集するために広範な調査を行っており、関係機関、レポート、科学文献、業界のリファレンスからデータを入手している。

OPGEEは、データが限られている場合でも機能する。このモデルには、データが存在しないときのために、一般的な油田の数値を初期値として設定しているほか、不足しているデータを補う計算式も有している。また、推定対象の油田の入力データが多いほど、排出量の推定値は正確になり、一般的な推定値ではなくなる。すべてのデータをモデルにおいて学習させており、年々、その初期値の正確性を高めている。

すべてのライフサイクルアセスメント（LCA）モデルと同様、分析においては境界範囲を確定する必要がある。採掘から精製、最終使用まで、石油のサプライチェーンにおける境界範囲を越える副産物の取り扱いは、方法論上の問題になる。例えば、石油が精製所に輸送される前に、エタンのような軽質液体の凝縮物から生じるGHG（温室効果ガス）排出は、OPGEEのモデルには明示的に含まれない。探鉱に関連する排出は、油田開発プロジェクトの初期に発生し、油田の耐用年数にわたって割り当てられる。採掘に伴って日常的に発生する排出は、ある時点で見積もられ、油田の寿命まで繰り返されると仮定される。

OPGEEでは、液体石油を上流工程における主要な生産物として扱う。

オンサイトで発電された電力や、生産された天然ガスのうち、採取され、販売されるなどして燃焼されなかったものに関連する排出量は、OPGEEの集計において、総排出量から控除される。石油精製所の上流で重油を精製する際に発生する石油コークスのような副産物からの排出は、カナダのビチューメンやベネズエラの重油のように、生産工程で石油コークスを直接消費しない限り（オイルサンドベースの採掘と石油精製のように）OPGEEに含まれない。石油コークスの純生産による排出は、OPEM（石油製品排出モジュール）の下流燃焼モジュールには含まれている。

最近の研究では、油田に関する3～4個の重要なデータを学習することで、OPGEEの結果の不確実性が減少することが判明している。油田に関する最も重要な10個の情報を学習すれば、残りのデータを学習するメリットはほとんどないのが一般的である。

不正確なデータ報告により、さらなる不確実性がもたらされる。モデルの適用におけるエラーは、さらなる不確実性をもたらす。

モデルの精度を高めるための重要な変数は、蒸気対石油比、水対石油比、燃焼率及び原油密度（API（米国石油協会）重力として測定）が含まれる。GHG排出量を分析するOPGEEモデルの能力においてあまり重要でない変数としては、ガス対石油比、石油生産率、および深度（極端なケースを除く）などがある。

※注釈、図および図への参照、付録は省略している。

感度分析をやってみよう

比較的小さな違いであったとしても政策オプションに対して与えていた望ましい評価を変え得るという意味において、最も重視すべき不確実性は何だろうか。「感度分析」という名前で知られる手法で、この最も重要な不確実性を発見することができる。その手順はいくぶん技術的であるが（Morgan and Henrion 1990, chap. 8）、その勘所は単純だ。結論を導くまでに立てたいくつかの仮定を考え、それぞれが何らかの形で間違っていたと考える。そこで、「分析の信頼性を大きく損なわないために、間違いはどの程度まで許されるか」と自問してみよう。許容できる誤りが小さければ、あなたの分析は特定の仮定に対して「感度が高い」ということになる。

一度に1つずつこれらの仮定を調べることは難しいことではない。しかし、もし「何らかの理由で」2つか3つ、あるいは4つの仮定がすべて同時に誤っていたとしたらどうだろうか。このような場合、「モンテカルロ・シミュレーション」と呼ばれる技術によって対応できる。モンテカルロ・シミュレーションは、まず、それぞれの仮定が確率的に発生すると仮定し、それらの確率を結びつけ、それぞれの仮定が組み合わさって起こる成果の確率分布を作る。そうすると、「起こり得る多くのシナリオのもとでは、損益分岐点の要求を82%の確率で上回る」というような結論を導くことができる[32]。

しかし、気候変動や25年後の軍事力や技術の世界的配置のように、確率分布が不明であったり、議論の余地があったりするような、不確実性を複数伴う未来について予測を行わなければならないという状況もあり得る。1つの有望なアプローチは、一般に「長期政策分析」として知られるコンピューター支援型予測技術のいずれかを利用することだ。このアプローチは、複数の可能性のある未来についてのシナリオから始めるという点ではモンテカルロ・シミュレーションに似ているが、その代わりに、必ずしも最善ではないものであっても、政策が最低限求めるもののすべて、あるいはほぼすべてを満たすという意味での「強固」な政策選択を探すものである。その目的は、関係者が経験し得る最大の「後悔」を最小化することにある[33]。

32　より詳細についてはMorgan and Henrion 1990を参照されたい。モンテカルロ・シミュレーションを行うにはCrystal Ballという商用プログラムを使うとよい（そして、非常に使いやすい）。

33　この種のシミュレーションに関する研究のほとんどは、ランド研究所で行われている。Lempert, Popper, and Bankes (2003) を参照されたい。

楽観視問題に立ち向かう

偉大な事業を成功させるには楽観主義が必要だ。政府による事業は、多くの人々の生活に影響を与えるため、たとえ小さなものであっても一定の重要性はある。そのため、何らかの「現実的な」楽観主義は有益だ。しかし、「過大な」楽観視をどうやって回避すればよいだろうか。

シナリオを書く

提言した政策が政策課題を解決、あるいは十分軽減できず、望ましい成果を生み出すことができないとして、どのようなシナリオが考えられるだろうか。嘘はいけない。現実的になることだ。しかし、最も危険な可能性について考えられるように、想像力を少し働かせてみよう。特に、政治過程等の、政策実行の際の危険性を考えるとよい。シナリオを描くことは、将来の見晴らしのよい時点から過去を振り返るように、失敗の可能性を考えられるという利点もある。以上を踏まえて次のシナリオを考えてみよう。

- 健康・安全規制において、合理的で法的に正当化できる基準を策定するために必要な科学的・技術的な知見が不足しているかもしれない。その結果、5年後には政略、汚職、産業界の買収、あるいは過剰に熱心な規制に取って代わられているだろう。
- 時が経ち、選挙により政治状況が変化し、経済状況が変化する中で、かつての予算と政治的支援は失われる。テロリストを特定するためのプログラムは、論説委員たちの高い評価を受けていたが、他のプログラムと統合され、他の行政単位に引き継がれ、最終的にはなくなっているだろう。
- 極めて貧しい郡への技術支援を行う州のプログラムは成功していたが、それほど貧しくはない地域に対しても援助することが義務付けられた後、希少な投入資源が散らばり、浪費されているだろう（筆者はこのようなシナリオを「山積み」と呼んでいる。Bardach 1977を参照)。

- 安価で栄養価の高い食品添加物である「魚肉タンパク濃縮物」の研究開発の助成プログラムは、大きな注目を集めて開始された。5年のうちにこの製品を標準承認のための手続きに取り込むことができなかった連邦食品医薬品局により、このプログラムは廃止されているだろう。

! 本質的な理解のためのヒント

これらのシナリオは、未来完了形(「～しているだろう」)を用いて記述されていることに注意してほしい。この時制を用いることで、具体性を持たせ、思考を刺激することがわかっている(Weick 1979, pp. 195–200)。プログラムの望まざる成果を列挙し、それらがどのように起こりうるかのシナリオをいくつか呼び起こすことは、シナリオを考えるにあたってしばしば有効だ。望まざる成果の例はこれまで示してきたシナリオに示されている。具体的には、長期にわたる実施の遅れ、受益者として想定していなかった一部の有権者によってプログラムや政策の便益が独占されてしまうこと、過大な予算上・執行上のコスト、不正・浪費・乱用によるスキャンダルの発生とそれによる政治的支援の減少と支持者の当惑、市民(及び制度担当者)が政策のメリットが何かわからなくなったり、どの規制に従えばいいのかわからなくなったりするほどの政策の複雑さである。

! 本質的な理解のためのヒント

望ましくない副作用

分析をする際、「想定外の結果」に注意すべきと言われるが、その言葉は適切ではない。なぜなら、その言い回しは、望ましくはないが完全に予期できた副作用について触れる際によく用いられるからだ。以下にいくつかの、公共プログラムにおける、望ましくはないが予期可能な、よくある副作用について説明する。

- **モラルハザード**の拡大：政策介入には、人々の取る行動とその結果の関係を見えにくくする効果がある。例えば、失業給付の拡大には、失業者が新しい職を探す動機を鈍らせるという副作用がある。

- 合理的な規制が、いつの間にか**過度な規制**になってしまうことがある。特に、過度な規制によって生じる費用が、その費用を負担する者にとって見えない場合に生じやすい。例えば、健康・安全基準を非常に高く設定し画一的に運用しすぎることの悪影響の1つは、最適なレベル以上に民間セクターの費用負担を大きくしすぎてしまうことだ。例えば、多くの人の安全志向を背景として導入されたバンパーの安全規制は、1台当たり25ドルの費用がかかるものの自動車の衝撃耐性をほんのわずかしか向上させられず、伝統的な費用便益分析では正当化できない。
- 過度な規制による2つ目の悪影響は、気づかぬうちに、規制された活動を、より危険で、より不健康な活動に移行させてしまうことである。例えば、原子力発電所の過度な規制は、原子力よりもはるかに有害な石炭への移行を促しているという指摘もある。
- **レントシーカー**：完全競争から守られた利ざやの大きな分野を探す勢力が、自分たちを利するようにプログラムをゆがめる。公務員を含む政府に対して財やサービスを提供する者が「特殊利益（レント)」を追求することは、不可避ではないものの、よく起こる事象である（例えば、多くの防衛請負企業において)。また、規制産業の企業が、競争相手に自分たちよりもはるかに大きな法令遵守費用を負わせるような規制を作るよう圧力をかけることなど、特殊利益の追求は、外からは見えにくい方法で起きることもある。
- **複雑な政策設計の一部によって生み出された成果が、他の部分のパフォーマンスを低下させる**：政策には、支出（または規制）部分や収入を生み出す部分など、複数の構成要素が含まれることがある。政策設計の一構成要素が、他の構成要素の成果を打ち消すような結果をもたらすことによって、望ましくない結果が生じる可能性がある。例えば、煙草の税から得られる収入で賄われる教育プログラムは、この税によって多くの喫煙者が禁煙した場合、学校の資金不足につながる可能性がある。規制当局の検査官が違反者への罰金で賄われている場合も、同じようなことが起こり得る。規制が定着すれば、違反は少なくなり、検査費用を捻出するための収入も枯渇する。このような問題を避けるために、政策立案者は、政策の複数の構成要素が相互に補強し合うことで成果を生むような政策を設計するよう努める必要がある。

楽観主義の倫理的なコスト

政策の成果が出ない可能性は言うに及ばず、「効果的な」政策が起こし得る副作用について心配することは極めて重要だ（Behn and Vaupel "Assessing Your Ignorance" 1982を参照）。倫理的な政策立案者は、常に以下の問いを自分に投げかける。「もし人々が私の助言に従う場合、私の間違いによるコストはどの程度になり得るか、そして、誰がそのコストを負うことになるだろうか」。そして、通常は、政策立案者は自らの間違いのコストを負う主体**ではない**ことを忘れてはいけない。

望ましくない副作用のリスクを最小化するためには、行動を変容させたい「対象」の動機を考慮すること。問題のある状況に対する「解決策」が有害な結果を生むとすればその根本的な理由は、政策立案者が、政策介入によって行動を変えようとする主体の動機について考慮できていなかったことにある。重要なのは、そうした行為者の目標を容認しないことではなく、むしろ、何が彼らの行動を実際に突き動かしているかを理解することであり、それによって、より効果的で、かつこうした動機に適合した介入策を作り上げることができるのである。

例えば、「Ban the Box」という政策がある。これは、雇用主が求職の際にその人の犯罪歴について尋ねるのを防ぐという意図のもとに作られた政策である（雇用主は、採用プロセスの後半で犯罪歴について質問することはできる）。この政策の目的は、犯罪歴のある人に面接の機会を与え、最終的な採用が決定される前に自分の能力や資質をアピールすることにある。擁護派は、「Ban the Box」によって、元犯罪者の低い雇用率が上がり、雇用における人種格差が緩和され、再犯率が低下することを期待している。

しかし残念ながら、精力的な研究の結果、「Ban the Box」は、犯罪歴の**ない**若くてスキルの低い黒人の雇用機会を減らすという好ましくない結果をもたらしていることが判明した[34]。なぜこのような結果になるのだろうか。雇用主は、信頼できて生産性の高い労働者を雇いたいと考えている。元犯罪者は非犯罪者に比べて暴力やその他の反社会的行為の経歴を持つ可能性が高いため、多くの場合、雇用主は犯罪歴のある人物を雇いたくないと考えている。もし雇用主がどの応募者に前科があるかを知ることができなければ、直近の前科を持つ可能性が最も高い、若くてスキルの低い黒人男性を面接しない、という対応を取るかもしれない[35]。つまり、雇用主は経済学者が言うところの「統計的差別」、つまり、ある集団の平均値に基づいて個人を推測してしまうのである。

確かに「Ban the Box」は、雇用主が採用プロセスの後段で犯罪歴のある応募者を不採用にすることを妨げるものではない。しかし、個々の候補者を選別し面接するのは時間がかかるので、多忙な雇用主は集団全体を完全に避けてしまうかもしれない。

このような雇用主の「適応」への妥当な対策の1つは、雇用における人種差別を禁止する公民権法を適用することである。しかし、このような法律は、特に応募者の評価プロセスの初期に発生する差別に関しては、執行が困難である。

元犯罪者の雇用を増やす（そして雇用における人種間格差を減らす）という目標を推進するために取りうる別のアプローチとして、応募者の生産性に関する情報を得たいという雇用主の要望を考慮したものが考えられる。犯罪

34 Doleac and Hansen (2016).
35 同前。

歴のある個人が裁判所から「雇用可能性証明書」を取得できるようにすれば、雇用主の情報に対する欲求を満たすことができるだろう[36]。このような証明書（元犯罪者の訓練プログラム修了に対する裁判官の審査に基づくもの）は、犯罪歴のある応募者が更生していて「即戦力」であることを雇用者に納得させるのに役立つだろう。

この「Ban the Box」のケースは、政策分析や政策設計のためのより広い教訓をいくつか提供している。第1に、「適応」は一般的な現象であり、しばしば失敗や逆効果を生む原因である。重要な課題は、政策を取り巻く環境の変化に対して行為者がどのように反応するかを考えることである。政策オプションのメニューの中で、対象者の動機に逆らうのではなく、むしろそれに力を貸すような政策オプションを検討することは、多くの場合において良いアイデアである[37]。第2に、一見小さな変化（例えば、雇用主が求職者の犯罪歴について知ることができるタイミングを採用プロセス中に変更すること）が、システムにおける大きな動きに影響を与えうるということだ。最後に、情報の流れが極めて重要である。行為者が入手できる情報の量と質は不確実性のレベルに影響し、その結果、どのように行為者が政策に反応し、どのように自身の目的を追求するかに影響を与える。

創発性が引き起こす問題

政策はしばしばかなり複雑なシステムに介入する。それは、中にいる主体が政策の介入に対して予想外の反応をし、その反応が他の主体のさらなる反応を促すような複雑なシステムだ。そのようなダイナミクスによって、予想もしていなかったような動きが起きる。では、あなたが政策の成果を予測する際、どうすればそのような予想外の可能性を考慮に入れることができるだ

36 Doleac (2016).
37 Weaver (2009).

ろうか。

システムが複雑でほとんど理解されていないために、予測不可能となることも多い。マクロ経済はその極端な例である。「供給側」への減税に対して想定される生産事業者の反応は主要な論争のもとである。ある者は、経済成長によって税収が増加すれば減税による減収を打ち消すことができると考え、別の者はそのシナリオに非常に懐疑的である。しかし、そのような極端に複雑な例はほとんどなく、「他人の立場に立って考えてみる」という経験則によって得られるものは多い。

他人の立場に立って考えてみよう。「もし私がXであれば、どうするだろうか」と自分に問いかけてみるのだ。そして、Xの心の中に入り込み、心の中で、Xがするかもしれないことを実際にしてみることだ。この一連の流れを、すべての重要な関係者や影響を受ける主体について体系的に実施しよう。この思考実験に価値があるのは、政策によって作り出そうとしている新しい状況に対して、彼らが予想外の方法で反応することがわかるからである。

例えば、使用化学物質を知る権利に関する法律のもとでは、労働者は、どのような化学物質に曝されているかを告知されなければならず、雇用主が管理する健康記録を確認することができる。さて、自分が労働者であれば、どのようにその法律を使うだろうか。今の仕事をやめるためにその情報を使うだろうか。より高い賃金や、より保護性の高い装備を要求するだろうか。あるいは雇用主を訴えたり、労働組合の代表に圧力をかけたりするだろうか。

そして、労働組合の代表はその圧力にどう対応するだろうか。その圧力は、代表の仕事を困難にするだろうか。あるいは、何らかの形で容易にするだろうか。

次に、自分が雇用主だと想像してみよう。労働者の行動が予測できたとして、あなたは受け入れるか対抗措置を取ろうとするだろう。では、法律によって明示的に求められていない健康記録をすべて廃止するだろうか。あるいは、記録は維持しつつ、医師には限られた検査のみを行うことを認めるだろうか。そして、もしあなたが労働者で、雇用主がそういった措置を取ることを知ったら、労働者としてのあなたはどのような対抗措置を取るだろうか。

これらすべての動きと対抗措置により、あなたが評価している政策オプションに必ず問題が生じるというわけではない。一連の適応の結果、新しい政策がもたらす変化に対し、社会の適応が促されるという点で有益となることもあるだろう。例えば、1970年代に、連邦取引委員会（FTC）は小売業者が欠陥商品に対する保証義務を果たさないという問題に取り組んでいた。当時、小売業者は、いわゆる「善意取得制度」のもとで、製品の修理義務や分割払い債権の請求猶予義務を持たない銀行などの債権回収者に対して購入者の分割払い債権を売却することにより、それらの義務から逃れていた。実際のFTCの解決策は、「善意取得制度」による保護を廃止することだった。銀行はトースターの修理事業に参入したくないと訴えた。銀行の視点に立てば、突然トースター修理の義務を負わされるとなった場合に、修理の専門家に外注することは考えないだろう。むしろ、保証義務を引き続き負うと信用できない小売業者からは分割払い債務を購入しないようにするだろう。

成果表（アウトカムマトリックス）を作る

成果を予測するステップでは、複雑に絡み合った情報を処理することになる。どこかの段階で、一歩引いた立場から、複雑かつ不確実なシナリオを、2つから5つ程度の基本的な政策オプションと、それぞれの主要な派生形に整理する必要が出てくるだろう。すべての情報の全体像を見渡すための便利な方法は、それらを**成果表**（アウトカムマトリックス）にまとめることだ。一般的な成果表のフォーマットは、政策オプションを縦に並べ、評価基準を横に並べる。それぞれのセルには、その列の評価基準について予測される、その行の政策オプションの成果が記入される。

表I–2（106ページ）はその例である。この表は、2008年に国際的な環境団体である「ICLEI（持続可能な都市と地域をめざす自治体協議会）」の依頼により作成された筆者の学生4名によるレポートに含まれていたものだ[38]。彼らは8つの政策オプション（彼らは「シナリオ」と呼んでいる）について成果を5つの評価基準（3グループに分けられている）ごとに予測している[39]。彼らは当時存在していたさまざまな、時に矛盾した文献資料を統合するのにかなりの労力を割いているが、筆者は彼らの予測の正確性を保証するものではない。

興味深いのが、彼らは正式なやり方でセルを埋めようとしている点だ。政策オプションが行に並べられ、評価基準が列に並べられている。3つの基準が「妥当性」の見出しのもとにまとめられているが、もしスペースがあったら彼らは別々の行を作っていただろう。分析は「エニータウン（Anytown）」という名が与えられたアメリカの都市について行われている。この表に「比較分析」というタイトルがつけられていることに注目してほしい。それぞれの予測は2050年のベースライン予測と比較され、ベースラインとそれぞれの政策オプションについての予測との差だけが示されている。ほとんどのセルでは特定の値ではなく、予測された範囲が記入されている。STEP 6では、この表I–2に戻り、この比較方式がいかにトレードオフへの対応を助けてくれるかについて論じることにしたい。

この段階における成果表は、自分と同僚、そして友好的な関係者のためにメモ的に作るものである。その主な役割は、自分がすでにどこまでわかっていて、今後は何を知る必要があるかを理解しやすくすることだ。第2の役割はトレードオフに備えることだ（STEP 6 参照）。もしその表が大きく複雑に見える場合には、小さくした方がよい。複数の対策をグループ化して「同じもの」として概念化し、明らかに劣っていると考えられる政策オプションを削除し、政策オプションを差別化しない評価基準（すなわち、すべての対策が同様に優れている、あるいは劣っていると考えられる評価基準）を削除する。表I–2を作成した学生は当初検討していた3つの政策オプションを除外し

38　Cryan et al., (2008) 参照。
39　ただし、彼らは分析を単純化するために、8つの政策オプションを5つのサブグループに分類している。

た。地域でのキャップアンドトレード、エネルギー市場での総購買力の強化と都市の緑化だ。

成果表の作成は、分析を進めながら何度も行うといい（表I–2は学生が作成したいくつかの表の最終バージョンだ）。

最終形に近づいた成果表は、説明を行う際にも役に立つ。しかし、成果表が非常によく設計され、説明されていなければ、成果表はあなたの説明の助けになるというよりも、むしろ流れの妨げとなり得る。

！ 本質的な理解のためのヒント

成果表の見せ方にはコツがある。表の中で先に（左に）並べられたものはより重要であることを表すということを利用するのだ。基本的な尺度、つまり定量的な尺度によってどう重みづけすればよいかがわからない場合でも、多いか少ないかの判断しか求められない順序尺度による重みづけなら気が楽かもしれない。より重要と考えられる評価基準をより左の列に置くことだ。

このような表で評価基準の列の項目名をつける際によくある失敗は、何の値が問題となっているか、その単位が示されていないことだ。例えば、賃貸住宅への補助を検討している場合に、「大家と借主の関係」という題名のある行に＋印を記入してしまうと、関係がより調和的になっているのか、より対立的になっているのか、大家の支配力が小さくなっているのか、借主の支配力が小さくなっているのか、あるいはその他のことを言っているのかがわからない。だからといって表の近くに注記をして意図を明確にするだけでは十分ではない。項目名そのものが情報を提供するものでなければならない。

多くの場合、**最大化**や**最小化**という言葉を評価基準の項目名に入れることは有効だ。表I–2は、ほぼすべての面で見本となるべきものだが、列の項目名にこうした言葉を入れていないことは問題だ。もちろん、文脈から意味は非常に明確だが、「分析の健全性」を守るためにもこれらの言葉を含めた方がよかった。

もし、定量的に予測結果を示すことができない場合には、「非常によい」といった言葉で説明するか、＋や－などの記号を用いてもよい。しかし、それは本当に**できない**場合に限ってほしい。定量化は分析を有効なものにするために非常に役に立つ。そして、粗いながらも十分な定量化は、想像するよりも簡単なはずだ。「STEP 1：問題を定義する」で触れた、確率を上げたり下げたりする問題定義を思い出してほしい。

評価基準を列挙したり示したりする際は、疑問文でなく平叙文にすること。「予算の最終案はどの程度公平なのか」は評価基準ではない。質問だ。「公平性の最大化」が基準なのだ。

しかし、政策のコンテクストは異なるものだ

検討対象となっている政策が、異なる州、州内の異なる郡、都市内の異なる地域など、異質なコンテクストのもとで適用されるとする。さらに、政策のコンテクストが影響をもたらすことが想定されているとする。おそらく、その政策は都市部の裕福な州には適しているが、地方の裕福ではない州やポピュリズムの伝統が強い州には適さないだろう。上記の温室効果ガス研究の著者が、平均的な「エニータウン」をベースケースとして仮定したことは許容されるかもしれないが、これは必ずしも賢明な方法ではない。「エニータウン」は一般的な状況を示しているかもしれないが、人口動態やその他の状況の違いにより、極端なケースではまったく異なる結果になる可能性がある。

これを処理する1つの方法は、重要と考えられているコンテクストの数に応じて分析を分割することである。そうすることで、基本的な政策戦略を「微調整」し、多様な文脈にうまく適合させるためのバリエーションを構想しやすくなる。例えば、屋根を新築・改修する際に耐火性の屋根材を使用することを奨励する市全体の政策に、建物の所有者向けの融資支援策を組み込む場合、リスクの高い地域や所得の高いまたは低い家主向けごとに異なった形にすることも可能であろう。

しかし、そもそも「政策のコンテクスト」とは何だろうか。「コンテクスト」

には、確立した、きれいに切り取られた定義はない。検討されている政策オプションでないものは、ほぼすべて「コンテクスト」と呼ぶことができる。所得、人種、居住密度、その他そのような人口統計学的特徴は、政策コンテクストにとって重要であるとされることが多い。しかし、これは必ずしも正しいとは言えない。例えば、地域社会が新しい移民を受け入れたり、中央政府の斬新な取り組みを実施した経験がどの程度あるかなど、「明白」でなかったり、常識的でない特徴が実際に重要である場合もある。抽象的な言い方をすれば、政策に関連するコンテクストの特徴とは、自分ではコントロールできないが、選択した政策の最終的な価値におそらく違いをもたらすようなものである。

関連するコンテクストは数多くあり、相互に関連し合っていることもある。個々に分けて考えることは困難と思えるほどだ。例えば、アメリカの州のようなかなり大きな行政区画には、州全体の政策が適用される小さな行政区画がいくつも含まれていることが多い。ある州に属する何百、何千もの地方自治体のそれぞれのコンテクストを個別に分析することは、手に負えない上に有益でもないだろう。しかし、政策が適用される分野全体をそのようないくつかのまとまりに分けることができれば、そのうちの3つか4つを分析することで、「代表的」とは言えないまでも主流となる例と主要な例外とを捉えられているという確信を持つことができる。

では、規模の異なる都市が多数存在する州で、州全体の政策のために行われる分析に、この方法を当てはめるにはどうすればよいだろうか。最初にやるべきことは、コンテクストの数を管理しやすい数に減らすことである。3つというのはいい数字だ。次に、社会科学の専門用語で「理念型」と呼ばれる抽象的なものを作り、実際の場所の代わりとする。例えば、非常に大きな都市は「ゴッサム」、中規模の都市は「ミドルタウン」、小さな地域は「ファーンビル」というように、簡単に参照できるように理念型に名前を付けてもよい。これらの理念型は、それぞれ問題定義に結び付けてもよい。このとき、そうすることで問題の数が1つから3つに拡大する。理想型に結び付けられた

表Ⅰ-3　地元図書館による貧困地域の支援

政策オプション／成果	支援区域での本の貸出数（冊／年）	支援地域での本の借り手数（人／年）	年間コスト（ドル／年）	Y議員の政治的純報酬※
ベースケース：現状維持	60,000	15,000	2,000,000	0
各地域で隔週の移動図書館	80,000	20,000	2,500,000	200；150
貧困地域のみ毎週の移動図書館	75,000	18,000	2,350,000	100；50
公立25校で年2回のブックフェア	85,000	21,000	2,100,000	0；0

※今後２回の選挙における獲得する票数と失う票数の差

コンテクストごとに「個別の問題」を作ることになる。

次のステップのための準備

成果を予測するステップがうまくいったかどうかを調べるためには、政策立案者が（あるいは誰もが）トレードオフを容易に確認できるような方法で結果が特徴付けられているかを確認するとよい（もちろん、次のセクションで説明するように、トレードオフに直面したときの対応は内容を確認することだけではない。値も重要である）。

表Ⅰ-3は、ある市の図書館システムが、貧しい地域や読書にあまり熱心でない地域に手を差し伸べる際に直面する政策問題に関連したものであるが、このような表を作ることから始めてみよう。この表は、（もちろん）「現在の趨勢を継続させる」を含む、検討中の各政策オプションの重要な基準のそれぞれについて、成果の全体像を予測したものである。目の前の選択肢に対して、世界で何が問題になっているのか、全体像がわかるようになっているのだ。

BoxⅠ-7は、政策分析報告書の成果予測セクションの一例である。ここでは、ベースケースを使用し、データの限界を認め、プライマリ・ケア医の増加予想を人口10万人当たりの量で議論し、選択肢間の予測結果の比較を容易にしていることに注目してほしい。

BoxI-7 政策立案レポートに見る「成果の予測」の実例

出所：Mark W. Friedberg et al., *Evaluation of Policy Options for Increasing the Availability of Primary Care Services in Rural Washington State,* RAND Corporation, 2016, xii–xiv, https://www.rand.org/pubs/research_reports/RR1620.html

農村部と都市部のプライマリ・ケア従事者のベースケース予測

われわれの予測モデルでは、2013年から2025年にかけて、農村部と都市部の両方で、人口10万人当たりのプライマリ・ケア医が減少すると推定された。2025年までに、地方では人口10万人当たり3.66人、都市部では4.14人、シアトル市外では5.07人、シアトル市内では3.22人のプライマリ・ケア医が減少すると予測される。これらの減少は、55歳以上のプライマリ・ケア医の割合が近年増加し、その多くが2025年までに引退することによる。対照的に、ワシントン州の人口10万人当たり、ナース・プラクティショナー（NP：診療看護師）が5.38から7.79人に、フィジシャン・アシスタント（PA）が1.84から3.08人に増加すると予測された。(以下略)

ワシントン州立大学（WSU）のエルソン・S・フロイド医科大学の開設

2017年にWSUが新医学部を開設し、60名の学生でスタートし、2022年に320名の入学定員に達すると、2025年にワシントン州の地方郡で人口10万人当たり0.39名、都市郡で0.59名、シアトルで0.76名、シアトル以外のワシントン郡で0.39名のプライマリ・ケア医が増加すると試算された。このような医学部新設の効果は、2025年までに予測される農村部の一人当たりのプライマリ・ケア医供給減少の約11%、都市部の郡の減少の約14%、シアトル市内の減少の約12%、シアトル市外の減少の約15%を相殺するものと推計される。

ワシントン州におけるプライマリ・ケア研修医ポジション数の増加

われわれは、100%の拡大（すなわち、シアトル以外のプライマリ・ケア研修医数を2倍にする）までの政策オプションをモデル化した。プライマリ・ケア研修医数を100%拡大した場合の推定効果（36人のプライマリ・ケア研修医を追加）は、研修医プログラムの拡大を伴わないWSUの新しい医学部開設の推定効果よりも大きかった。しかし、どの研修医シナリオも、人口10万人当たりの地方のプライマリ・ケア医（またはシアトル以外のプライマリ・ケア医）数の減少予測を相殺するほどの効果は得られなかった。100%拡大した場合、2025年までに、都市部では人口10万人当たり1.11人（予測減少の27%）、農村部では人口10万人あたり2.00人（予測減少の55%）までの効果があると推定される。

教育ローン返済奨励金の利用可能性を高める

地方における州政府のローン返済インセンティブを拡大する効果を推定するため、われわれはNational Health Service Corps（NHSC）のプライマリ・ケアポジション数と地方におけるプライマリ・ケア供給量の関係を分析した。その結果、人口10万人当たりのプライマリ・ケアのNHSCポジションが新たに1つ開設されるごとに、人口10万人当たりのプライマリ・ケア医が0.24人増加することが推定された。したがって、ワシントン州農村部のプライマリ・ケアNHSCの数を倍増させれば（累積人口約70万人の農村部の郡に30人追加）、人口10万人当たり1.03人のプライマリ・ケア医を増加させることができると推定された。

ワシントン州地方部における高校教育の質の向上

高校の質に関する縦断的データ（数学と読解・言語学の標準テストの習熟度として測定）がないため、ワシントン州の地方部の高校で、これらの標準テストの習熟度を0.2標準偏差分増加させた場合の効果を推定する横断的モデルを適用した。この高校の質の向上は、ワシントン州農村部の人口10万人当たり0.80人のプライマリ・ケア医の増加、つまり2025年までに予想される農村部の一人当たりプライマリ・ケア医の減少の約22％に相当すると推定された。しかし、これらのモデルは横断的であり、学校の成績が向上するのに必要な時間が不明であるため、この推定効果を達成するのに必要な年数を推定することはできない。（以下略）

［この報告書は、ワシントン州の地方病院の維持、ワシントン州の地方におけるプライマリ・ケア医に対するメディケイド支払い率の上昇など、他のいくつかの政策オプションによる結果も予測している。］

STEP 6

トレードオフに立ち向かう

検討している政策オプションが、あらゆる評価基準から見て他の政策オプションより優れた成果をもたらすことがある。そのような場合は「支配的」と呼ばれ、政策オプションの間にトレードオフは存在しない[40]。しかし、通常はそのような幸運なことはなく、依頼者や聞き手のために、それぞれの政策オプションがもたらす成果の間でのトレードオフを明確にしなければならない[41]。

40　ある政策オプションが他のオプションに対して支配的である場合でも、機会費用は避けられない。政策の実施には、ほぼすべての場合において、他の価値あるものの創出に使うことができる資源を使用しなければならない。

成果に焦点を当てる

トレードオフに立ち向かう上でよくある落とし穴は、政策オプションの**成果**の間ではなく、**政策オプション**の間にトレードオフが存在すると考え、説明してしまうことだ。「維持費用の安い警察車両の導入と深夜の巡回警察官の20人増員との間のトレードオフ」といった説明がその例だ。そのようなトレードオフがあるにせよ、少し考えればそれ自体には何の対処もしようがないことがわかるだろう。まず両方の政策オプションを、それがもたらす成果に変換しなければならない。そうすることで、例えば、巡回警察官によって年間50件前後の強盗が抑止されるという成果と、30万ドルの車両管理費用の節減になるという成果が競合しているということがわかる。

最も一般的なトレードオフは、一部の市民が受け取る財またはサービスとその費用の間のトレードオフだろう。例えば、図書館の開館時間を午後8時から午後10時まで延ばすことと年間20万ドルの追加費用のトレードオフ、といった具合だ。もう1つのよくあるトレードオフは、特に規制政策において見られる、私的費用（企業が汚染防止装置を導入すること）と社会利益（汚染に影響を受ける人々の健康状態の改善や森林の保護）の関係だ。もし、予測される成果が金銭価値に換算できるのであれば、トレードオフの評価は単純になり得る。費用を便益から差し引いて、その値が最も大きいものを選ぶだけだ。このやり方は予算や活動の範囲に制約がない場合はうまく当てはまる。しかし、もし予算や他の投入資源が限られている場合、活動単位当たりの費

---

41 トレードオフに直面すると、政策立案者は、ある種の否定的な結果をたとえ一部の人々がそれを不満に思っていたとしても、それが受忍できるものでそれほど重視するに値しないものと見なさなければならないことがある。例えば、STEP 1で取り上げたワクチン接種の例では、当局は、ワクチン接種が自閉症を引き起こすと（誤って）信じている反ワクチン接種の親たちの意向を純粋に犠牲にしなければならなかった。このように、政策立案者は、ワクチン接種に関する国民の信念は見当違いであり、科学的専門家の勧告よりもずっと重要視されるべきではないと判断しているのである。同様に、政策立案者は科学的根拠に基づいて気候変動を深刻な問題とみなすことを決定するかもしれない。たとえそれが、気候変動はデマだと信じる市民の意向を無視することを意味したとしてもだ。

用対効果といった別の金銭的基準に抵触する可能性がある。表I–2で見たとおり、集約型の宅地開発を行うというオプションは、他の政策オプションよりコスト効率性に優れるものの、おそらく開発適地が限られているために他の政策オプションほど有効ではない。

表I–2には支配的な政策オプションは存在しない。炭素税など極めて有効な政策オプションは政治的にハードルが高い。既存建築物の改修は明らかに新築建築物の環境規制よりも有効だが、これを作成した学生からは実現性に乏しい戦略と考えられている。そして、すでに述べたとおり、集約型の宅地開発を行うことはコスト効率性に優れるが、有効性は低い。

結局、学生はこれらの政策オプションの中から選ぶということはせず、同時にできる限り多くの実行可能な政策オプションを実施すべきと提言した。ただ、トレードオフ分析は、意思決定権者、そして一般大衆に、必要な場面で政策オプションの間の優先順位をつけられるようにするものだ。彼らの見立てでは、エネルギー効率性に関する基準を設けることが最優先事項とされた。

共通の尺度を持ち込む

政策オプションA_1が評価基準C_1を非常によく満たし、評価基準C_2を概ね満たし、評価基準C_3はまったく満たしていないと仮定しよう。そして、政策オプションA_2はまったく逆の評価を受けているとする。この場合、2つの政策オプションから1つを選ぶためには、評価基準の重みづけをして、基準間で比較可能な共通の尺度でその相対的な重みを表すことが不可欠だ。言うまでもないが、金銭換算は誰からも好まれる尺度である。金銭換算は非常に優れたもので、想像よりもはるかによく機能する。例えば、人生の「価値」でさえも、「年間の死亡リスクをY％減らすために支払えるXドル」という形で表すことができる。

「プライバシーの保護の強化」「原動機付き自転車の騒音の抑制」といった

定量化しにくい成果に対しても、支払意思額（willingness-to-pay）を用いることで金銭化し、リンゴとオレンジを比べるように比較することが可能になることもある。これは費用便益分析の基本的なアプローチである。これをどのように行うかは非常に技術的な問題であり、時には非常に物議をかもすこともある[42]。

いずれにしても、支払意思額によるアプローチにも究極的には限界はある。例えば、アフリカ系アメリカ人の投票権を強化することと引き換えに、選挙区の区割り見直しの際にどれだけ政治的公平性を諦めるかについての裁判の略式判決では、意味ある形でトレードオフを論じることは不可能のように思われる。一般的に、この問題は、「多属性問題」と呼ばれる。いくつかの便宜的な簡易解決法を使えばある程度複雑さを減じることができるが、深い意味では論理的に解決することは不可能だ[43]。

損益分岐点分析再び

損益分岐点分析は、評価しなければならない不確実性に焦点を合わせ、その不確実性の評価方法を考える際に有効であることをすでに見た（例えば、「対策A_1を選択するためには、少なくともXという結果が必要である」）。ここで、損益分岐点分析は、共通尺度での評価の問題を解決する際にも有効であることを示したい。

安全規制などの政策分野を例に取ろう。この分野では、われわれは暗黙のうちに人命のリスクと金銭的価値のトレードオフを考えている。これらの提案を評価するために、人命の**真の価値**を決める必要がある。当然のことながら、そんなことはしたくない。しかし、この課題は、定量的な推計を用い損益分岐点分析を行うことによって、より扱いやすくなる。

---

42 Adler and Posner（2001）において良質な議論が展開されている。

43 Stokey and Zeckhauser（1978, pp.117–133）及びMacRae and Whittington（1997, pp.201–203）を参照されたい。誤解を生じうる解決アプローチは、それぞれの評価基準ごとに点数をつけ、その点数を単純に合計するというものがある。算数的な正確さは簡単に得られるが、恣意的にならないような採点方法を考えるのが難しい。

例えば、自動車産業に対して、安全性を向上し、今後年間25人の人命を救うことのできる新しい設計基準を課すことを考えてみよう。この基準を満たすために要する費用は、およそ年間5,000万ドルかかると推計された。このとき境界となるトレードオフは、「人1人の命当たり200万ドル」となる。しかし、「人の命にどれだけの価値があるのか」という質問に答える必要はない。答えなければいけないのは、「統計的な人命（すなわち、特定の人ではなく、無差別抽出された人の命）は、最低200万ドル以上の価値があるか」だ。これは損益分岐点分析の問題だ。統計的意味で人命にそれ以上の価値があるかそうでないか、自分の中でははっきりとした感覚を持つことができるかもしれない。ある金銭価値より多いか少ないかを決めることは非常に厳しいことだとしても、1つの値を特定することよりは、やりやすいはずだ。

このようなトレードオフの計算でさえ、多くの人は悩むし、道徳的に嫌悪感を抱く人もいる。嫌悪感を抱くかどうかは別として、残念ながら、ある意味でこれは避けることのできないものだ。この自動車安全設計基準についてどのような立場を取るにせよ、暗黙のうちに金銭と生命のリスクのトレードオフについて、一定の立場を取ることになる。もし規制に賛成するなら、このトレードオフでは人命にそれだけの価値があると暗黙のうちに信じていることになるし、もし反対するならそう考えていないことになる。

トレードオフに対する一定の立場を論理上取ることになるという帰結を認識することは、幸い、有用である。多くの状況において、人は複雑な体系的方法よりも直感に頼りがちである。しかし、いったんはそのような形で結論に達したとしても、「自分がこの政策を取ろうとしているということは、私はXを少なくとも（あるいは最大で）このような価値があると評価していることになる。自分は本当にそう信じているのか」と自問して、自身の直感を確認してみてはどうだろうか。

トレードオフを明確に位置づける

上記は、トレードオフを考えるための1つの本質的な戦略である。もう1つの戦略は83ページで基準の重みづけを議論した際に登場している。2つの鉄道路線を選択する際、家を追われる10世帯の厚生と、より快適な路線の建設にかかる2,000万ドルの費用の節約を、意思決定者がどのように重みづけするかが論点となった。ここでは、トレードオフを明確にするためのもう1つの戦略として、割り算を使うことを提案したい。このトレードオフを、10世帯の集合体ではなく、「平均的」な個々の家族の観点から考えてみるとよい。1つの家族を家から追い出さずに済むために、200万ドルの費用をかける価値があるのだろうか。

大きさも重要だ。そして、政策の成果を予測できれば、トレードオフを考える際にもそれを持ち込むことができるようになる。上記の鉄道の経路の例において、トレードオフの問題にアプローチするために、割り算をするのは理にかなっているだろうか。10人ではなく、1人の「平均的な」住宅所有者について考え、この家族に悲しみを押し付けないために（「平均的に」）200万ドルを費やす価値があるかどうかを問うことは有用と言えるだろう。

ところで、これはある意味で重要かつ複雑な道徳的問題であるが、いくつかの数字を持ち出すことは非常に有用であり、不可欠でさえあることに留意してほしい。2,000万、10、200万という数字を知ることが重要なように、30万という数字も覚えておく必要がある。これは、平均的な家族の苦痛の少なくとも一部を相殺するために提示された補償額である。さらに、ここでは分析の便宜上平均値を用いているが、実際の状況では、平均値よりもはるかに大きな苦痛を経験する家庭もあれば、苦痛がはるかに小さい家庭もあることを忘れてはならない。

トレードオフとは増分に関するものである

トレードオフに直面したとき、重要なことは「増分」を比較することだ。「もし私たちがXドルを追加的に支払って、サービスYを追加的に1単位行えば、追加的にZユニットの成果を得ることができる」。このような分析により、意思決定者に「社会は（あるいはあなたは）費用Xよりも成果Zを高く評価しているか、低く評価しているか」という質問を投げかけられるようになり、その答えに従って意思決定ができるようになる。「もし答えがYesなら追加的にサービスYを行うべきだ。もしそうでないなら行うべきではない」。

これまでに行ってきた成果の予測、つまり成果表の各マス目が、このような比較を行うことを助けてくれる。すべての成果は、ベースケースの予測に対する増分または減分として表される。表I-2から、集約型住宅開発政策よりも太陽光発電導入の奨励策を選択した場合、炭素排出量をさらに1.5%削減することが期待できるが、この削減に伴う排出トン当たりの削減費用は717ドルから1,472ドルほど高くなることがわかる。また、表I-2から、3つの「実行可能性」の観点からは、2つの政策の間にトレードオフがないことがわかる。なぜなら、すべての面で同じ評価を受けているからである。

増分間の比較は、基本的に引き算で行われる。上記の数値は、太陽光発電導入のインセンティブに関する数値から集約型住宅開発に関する数値が差し引かれたものである。減算後の差は、2つの政策がどのように異なるかを示している。一方はより多くの削減をもたらし、もう一方はより費用対効果が高い。もちろん、これらは考慮すべき多くのトレードオフのうちの一部にすぎず、表I-2には出てこないものもある。例えば、総費用はおそらく興味深いものであろうが、その情報は表の外に求める必要がある。

議論から抜け落ちていることにも注意すべきだ。この2つの政策はどのように似ていて、同じ目標を達成するであろうか。おそらく、どちらもかなりの量の二酸化炭素排出を抑制することができると思われる。しかし、この事実は表I-2から、したがって表についての本節の議論から消えている。なぜなら、表I-2には、検討した政策オプションが選択されたときにベースケース（本表を作成した学生はベースラインと呼んでいる）で想定されるよりも、どの程度改善されるか（あるいは不足するか）についての情報のみが記入されているからである。このような形で表示されない情報があることは良いことなのだろうか。政策の選択において利害関係の全体像を示したいのであれば、

表Ⅰ-4　各政策オプションとベースケースの増分比較

政策オプション／成果	支援区域での本の貸出数（冊／年）	支援地域での本の借り手数（人／年）	年間コスト（ドル／年）	Y議員の政治的純報酬※
ベースケース：現状維持	0	0	0	0
各地域で隔週の移動図書館	20,000	5,000	500,000	200；150
貧困地域のみ毎週の移動図書館	15,000	3,000	350,000	100；50
公立25校で年2回のブックフェア	25,000	6,000	100,000	0；0

※今後２回の選挙における獲得する票数と失う票数の差

良いこととは言えない。しかし、注意を分散させることなく、選択の結果、つまり、さまざまな選択肢から予測される結果の差に焦点を当てたいのであれば有益と言える。

市立図書館の例に戻ると、表Ⅰ-3は、検討中の政策オプションについて、世の中で何が争点になっているのかを描き出している。しかし、これだけでは、さまざまな政策オプションの結果の差分、ひいてはトレードオフの細部に焦点を合わせることはできない。

そのためには、表Ⅰ-3から表Ⅰ-4を作成する必要がある。これは、頭の中だけで行うこともできるが、より確実には紙と鉛筆、あるいは表計算ソフトを使うこともできる。表Ⅰ-4は、各政策オプションとベースケースとの差分の増分の差に着目したものである。ベースケースをそのまま継続するのではなく、ある政策オプションを選択した場合に、世界がどれだけ違ってくるかに着目している。基本的には、この表は表Ⅰ-3における予測される各政策オプションの結果からベースケースの結果を差し引くことによって作成される。その結果、特定の政策オプションを選択することで、いくつかの基準の次元でベースケースよりも何を得るか、何を失うかが示される。

しかし、ある政策オプションをベースケースでない別の政策オプションに代えて選んだ場合に何が得られるかはわからない。この例では、そのような比較は3通り考えられる。ベースケース以外の選択肢が5つあるような問題では、3通りが10通りになる。このような比較のために、それぞれ別の表を作ることもできる。しかし、ほとんどの場合、これは無駄な作業である。その代わり、最も妥当な比較を選び、あまり良くないと思われる選択肢を捨て、最も良いものが生き残るという確信が持てるまで、これを続けるのがよい。

ただし、この方法は、政策立案者の選択が依頼者の選択と同じであると信じられる場合はふさわしいものになるが、政策立案者はそう確信することもできないであろう。政策立案者の依頼者に対する責務としては、いくつかの（3つか4つ？）政策オプションをそれぞれの長所と短所とともに依頼者に提示し、依頼者が関心を持ちそうな重要なトレードオフについて抽出し、いくつかの提案をすることになるだろう。

! 本質的な理解のためのヒント

差分に集中するには、**追加的**という言葉を多用してみるとよい。この節の最初の段落の分析例では、この単語が3回出てくることに注目してほしい。

サービスYの単位は、1つよりも大きな「塊」でしか調達できないものもある。高速道路や橋による輸送サービスを考えてみよう。Tを地点Aから地点Bへの乗客1人の輸送サービスと定義したとして、ほとんどの交通建設プロジェクト（高速道路の延伸や新しい橋の架け替え）は、実施される場合には一定のまとまりであるT、つまり数千回の輸送を一挙に実現することとなる。

あるいは、警察署長が警察官の夜勤に残業代を100万ドル支出するか、警察車両をすぐに入れ替えるのに年間25万ドルかけるかという2つの「かたまり」の政策オプションのいずれかを選択しなければならないとしよう。前者は、組合が150人すべての警察官について夜勤についての最低残業代を主張しているという点で、後者は一定の台数を超えたときに自動車販売業者は1台当たり大幅に安い価格を設定するという点で、大きい「かたまり」でしかアウトプットを選べない。残業の増加による強盗の減少が年間200件で、新車両による減少が50件であるとき、意思決定権者が直面するトレードオフは、強盗を追加的に1件防止することと5,000ドルの費用ということになる。このケースでの差分は、強盗150件と75万ドルのかたまりが差分となる（強盗抑止や費用対効果以外の基準も検討の余地があることは言うまでもない）。

良い方と悪い方

定量化されたトレードオフは、定量化されていないトレードオフよりも有用である。しかし、定量化が不可能な場合も多い。例えば、地元の財団の理事会が、社会奉仕活動のための助成金申請の評価方法について助言を求めているとして、3つの選択肢、①申請団体の人材についてより深く調べること、②活動により想定される成果についてより良いデータを収集すること、③この活動の専門家にアドバイスを求めること、が考えられるとしよう。この3つの選択肢はそれぞれ異なった長所と短所がある。したがって、3つの選択肢の間にはトレードオフが存在する。このトレードオフを定量化することは難しいか不可能であるが、それでも3つの選択肢に順位をつけることは可能だ。その場合、トレードオフは明示的というよりも黙示的なトレードオフになる。そうした形のトレードオフでも、まったく向き合わないよりはよい。

順位付けは、不明確な資源制約に直面したときに特に有効である。ここでいう資源とは、金銭であったり、人員の時間であったり、予想される管理上の手間であったり、取りつける必要のある政治的支援であったり、つまり、政策の実行にあたって重要で、供給に制約があるものであれば実質的にはすべてあてはまる。不明確であるというのは、その制約がどのようなものか正確に把握できない場合を指す。地元財団の理事会は、助成金申請の評価により多くの資金を投じてもよいと思っているだろうか。あるいはより多くの時間をかけていいと思っているだろうか。あるいはその両方だろうか。政策立案者はあらかじめそれを知ることはできないし、おそらく理事会自身もわからないだろう。この順位付けという方法は、意思決定者に「一番上の順位にあるものから始めて、関連する資源がなくなるまで続ける」ことを求めることになる。

STEP 7

分析を止め、焦点を絞り、狭め、深め、決定！

これまでのステップでは、問題の要素、政策オプション、そして評価基準など拡張をもたらすものがほとんどだった。それらはまた、これらの事項のリスト自体が生命を持ってしまうかのような、好ましくない形式主義を生み出したかもしれない。成果表（アウトカムマトリックス）は、「一定の方向性を持った叩き台」のようなものとして使われるのが理想的ではあるが、検討開始の問題定義を変更してしまっているかもしれない。他方で、これまで行ってきた分析の努力は、仕事の依頼者に対してよく練られたオプションのリストを提案することが目的ではない。それらの選択肢のうち少なくとも1つ、可能であれば2つ以上の打ち手が、問題の解決、あるいは緩和のための優れた選択肢であることを示すことが目的のはずだ。

このためには、少なくとも、最も見込みのある政策オプションの分析に集中し、狭め、そして深める必要がある。その際、以下についても真剣に考えなければならない[44]。

(1) この政策オプションが認められて採用されるための政治的駆け引き
(2) その政策やプログラムを長期的に実施していく力と資源を有する組織の設計

このSTEP 7では、「8つのステップ」は**繰り返し**の過程であることを思い出してほしい。政策立案を完成させる前に、いったん立ち止まり、吟味し、見

44　紙面の制約上これらの問題のうち1つ目についてはここでは論じないが、関連する組織問題について簡易な分析には付録Bを参照されたい。

渡し、自分のやったことを振り返り、修正を加える。問題解決に通しで取り組む際の落とし穴は非常にたくさんあるし、経験豊富な政策立案者でさえ間違いを犯すことがある。BoxI–8は8つのステップのそれぞれのステップにおいて陥りがちな落とし穴を（解決策とともに）示したものである。われわれの経験上、BoxI–8に示されているものは、非常にありふれたものではあるがやっかいな落とし穴である。読者諸君も自身の落とし穴と解決策をこのリストに加えてみてほしい。そして本書の改訂時に盛り込むべき候補があれば、ぜひ教えていただきたい。

仕事がうまくいったかどうかをこの時点でチェックする別の方法は、自分自身が意思決定者でなかったとしても、あたかも自分が意思決定者であるかのように振る舞うことだ。そして、自分自身の分析をもとに何をすべきか判断を下すのだ。そこに難しさや何か問題があるなら、トレードオフの関係にあるものを十分に突き止められていないか、政治的な賛同を得るための障害や、顕在化している（あるいはまだ顕在化していない）執行段階で深刻な問題が発生する可能性を十分に考慮できていないか、重要な費用の推計がまだ曖昧で不確実すぎるか、あるいは重要な需要曲線の弾力性を十分近似し切れていない、などの理由があるかもしれない。

このように考えてみてほしい。もし提言が信頼に足ると**自分自身**を説得できないのであれば、依頼者を説得することもできないであろうと。

もちろん、あなたが依頼者や他の聞き手に説明するときに、自分自身の決定を伝えることはふさわしくないという考え方もある。その場合、説明はトレードオフを明確にすることだけにとどめ、決定を完全に相手に委ねることもできる。

BoxI–9は、カリフォルニア州の議会分析官室（Legislative Analyst's Office：LAO）による、本ステップの主要な要素を含んだレポートの一部である。抜粋した部分は、政策オプションの良い点と悪い点、メリットとデメリットを整理して明確化し、どのような政策オプションが推奨されないかまで説明している。STEP 7をうまく乗り越えることで、政策立案者は最後のステップである「ストーリーを語る」ことに容易に進めるようになる。

BoxI-8　政策立案8つのステップにおける落とし穴と解決策

問題を定義する

- 落とし穴：問題定義を解決策を含んだものにしてしまう。
- 解決策：「問題は……が少なすぎる（多すぎる）ことだ」、あるいは「問題は……の増加が早すぎる（遅すぎる）ことだ」といった形にする。

エビデンス（証拠）を集める

- 落とし穴：データを集めること自体が目的化してしまう。つまり、データが意味ある情報となるか、それらの情報が主張を支えるエビデンスとなるかに十分な注意を払うことなくデータを集めることに時間をかけてしまう。その結果として、本当に必要なエビデンスが手に入ることなく時間切れになってしまう。
- 解決策：「これは……という重要な考えを裏付けるためのエビデンスとなる」と言えるかを自問自答する。

政策オプションをつくる

- 落とし穴：政策オプションがどのようなものであるかを極めて曖昧にしか定義しないため、行動に移せなかったり具体性に欠けたものになったりしてしまう。
- 解決策：「これを実施することになったら、担当者Aと担当者Bは……をすることになる」と言えるかを自問自答する。

評価基準を選ぶ

- 落とし穴：政策オプションを評価（比較）するのでなく、政策の成果自体を評価（比較）してしまう。
- 解決策：(評価しようとする各政策オプションが)「……を最大化するか？」「……を最小化するか？」「……をするのに十分か？」という基準にする。

成果を予測する

- 落とし穴：不確実性を無視してしまう。
- 解決策：「これが起きる確率は……」「可能性には幅があって、最もありそうなのは真ん中あたりだ」(後者の定義の仕方は、低い可能性を捨象して考えたいときに有効である。そうすることで、ある特定の結果の可能性が低くても、その結果を含む範囲全体の可能性は非常に高いものになる)。

トレードオフに立ち向かう

- 落とし穴：差分に意識を向けない。
- 解決策：「成果をＸだけ余分に手に入れるためには、さらにＹをあきらめなければならない」という捉え方をする。

決定

- 落とし穴：政策立案者の曖昧な分析に伴う負荷を依頼者や他の誰かに押し付けてしまう。
- 解決策：「もし自分自身が意思決定を行うとしたら、私が実行するのは……だ」と断言できるかを自問自答する。

ストーリーを語る

- 落とし穴：遠慮がちな言い方、婉曲話法、回りくどい言い方で主張がぼんやりとしたものになってしまう。

- 解決策：「……という問題があり、実行するには……などの困難が伴うが、われわれはその問題に対して……をすべきであると私は考える」といった言い方にする。

20ドル札テスト

意思決定を確定させる前に、考えられる優れた政策オプションについて**「20ドル札テスト」**を試してみるべきだ。自分の考えがしっかりしたものになっているかの良い最終チェックになる。このテストの名前は、経済学者をからかう古い冗談から来ている。2人の友人が通りを歩いていたとき、1人が立ち止まり、何かを拾い上げた。「これは何だ？……20ドル札だ！」と言った。「そんなはずはない」と経済学者であるもう一方が言った。「もしそうだとしたら、誰かがとっくに拾っているはずだよ」。

政策立案に当てはめるとこうなる。**もしあなたが好ましいと考える政策オプションがそんなに素晴らしいものであれば、なぜ今まで行われてこなかったのだろうか**。このテストをクリアできない原因としてよくあるのは、利害関係者からの抵抗、官僚や他の関係者による現状維持的傾向、良さそうな考えを取り上げ、政治的な信頼を勝ち取りそれを実行する政策起業家（policy entrepreneur）の不存在といったものを考慮していないことである。もちろん、このテストをクリアできないことが致命的なわけではない。基本的な考え方を、テストをクリアできるものに修正できるまで考え続けることである。

BoxI-9 政策立案レポートに見る「分析を止め、焦点を絞り、狭め、深め、決定！」の実例

出所：*Analysis of the 2004–05 Budget Bill,* Legislative Analyst's Office, February 2004, https://lao.ca.gov/analysis_2004/health_ss/hss_12_4280_anl04.htm#_Toc64277937

「健康家族プログラム」

背景

連邦政府のマッチング・ファンドを利用したプログラム

1997年の連邦財政均衡法（BBA）により、州児童医療保険プログラム（SCHIP）の下で子どもの医療保険適用を拡大するために、10年間で約400億ドルの連邦資金が各州に提供されることになった。BBAはまた、各州がメディケイドプログラムの従来の上限を超える収入の家庭の子どもを各州がカバーするための財政的インセンティブとして、連邦政府資金とのマッチングを強化することを規定した。SCHIPの下では、連邦政府は各州にプログラム設計の柔軟性を与えている。

カリフォルニア州は1997年、SCHIPの約45億ドルの資金を、同州の健康家族プログラム（Healthy Families Program）の実施に充てることを決定した。このプログラムへの資金は、通常、連邦政府と州の2対1のマッチング方式である。家族は比較的低い月額の保険料を支払い、子どものためのマネージドケアプランを選択することができる。補償内容は州職員に提供されるものと同様で、歯科、眼科、基本的なメンタルヘルスケアも含まれる。「健康家族プログラム」は、深刻な情緒障害を持つ子どもたちに対してより集中的な精神保健サービスも提供する。これは郡の精神保健システムを通じて直接提供され、主に郡と連邦政府の資金で

支えられている。（以下略）

登録者数制限案が惹起する政策的懸念

健康家族プログラムへの登録数に上限を設けるという知事の予算案は、実現可能であり、州の財政問題に対処するには効果的であるが、多くの問題を提起するものである。健康家族プログラムのコストを抑えるために、立法府は他の選択肢を利用できるため、この方法には反対することを提言する。（以下略）

知事の提案にはいくつかの利点がある

貯蓄を実現できる

保健・社会サービスプログラムの取扱件数に上限を設けるという執行上の提案については、この報告書の「横断的問題」のセクションで一般的に論じられている。健康家族プログラムにとって特に重要な政策課題については、以下で議論する。

知事の提案を分析したところ、技術的に実現可能であり、おそらく行政側が見積もった規模のプログラム費用の削減をもたらすであろうことがわかった。上限が維持されると仮定すれば、登録凍結による節約額は時間とともに大幅に増加し、州の歳入と歳出の構造的不均衡の解消に貢献することになる。

また、この行政側提案のアプローチは、節約を達成するための他の可能なアプローチと比較して、プログラムの継続的な運営に支障をきたすことはないだろう。現在、健康家族プログラムを通じて保険を受けている子どもたちが、その恩恵を失うことはない。また、待機者が長くなることで、健康家族プログラムの子どもの親が、毎年の受給資格証明書を適時に提出することに、さらに熱心になり、このプログラムからの子どもの登録解除率が低下する可能性もある。

検討すべきいくつかの問題

健康家族プログラムへの登録に上限を設けるという知事の提案は、（他の医療・社会サービスプログラムへの同様の上限設定と同様に）立法府が検討すべき多くの重要な政策課題を提起するものである。

待機者リストは不公平を生む可能性がある

行政側の提案は、いくつかの明確な公平性の問題を惹起している。第1に、2004年1月1日以前に登録した子どもたちは、同じ資格基準を満たしていても、その日以降に申請した子どもたちとは異なる扱いを受けることになる。また、行政の提案は、先着順のアプローチであり、子どもたちが登録抹消され、プログラム登録に新たな子どものための「余地」が生まれると、待機者リストの最初の人が健康家族プログラムのケースロードに追加されることになる。この方法は、待機児童を平等に扱うことができるが、子どもの医療ニーズや家庭の所得水準に関係なく、登録が追加されていくという点で、公平性に疑問が残る。（以下略）

待機者リストの時間が過小評価されている可能性がある

もう1つの懸念は、申請者が実際に医療保険を受け取るまでの待ち時間が、行政側が見積もった最長6カ月より長くなる可能性があることだ。この試算は、現在の脱退と加入の傾向に基づいている。前述のように親の行動が変化し、加入解除率が低下した場合、保険加入までの待ち時間が予測よりも長くなる可能性がある。先に述べたように、2006年6月までに加入待ち期間が1年を超える可能性がある。（以下略）

州はSCHIPの追加資金を失うことになる

健康家族プログラムへの登録に上限を設けるという提案は州の節約につながるが、無保険者の健康保険のために引き出される連邦SCHIP基金の額も約5,500万ドル減少させることになる。カリフォルニア州は、健康家族プログラム開始以来、連邦政府のSCHIP資金割り当てを十分に活用することができず、苦心してきた。これまでに同州は11億ドルの未使用資金を連邦政府に返還し、その資金は指定期間内に割り当て分を消費できた他州に再配分された。2003年5月現在、カリフォルニア州には約19億ドルの未使用のSCHIP資金が残っている。健康家族保険（Healthy Families Coverage）にかかる州負担を抑えるための他の戦略もあり、未使用のSCHIP資金が増えることが予想される。

保険に加入できなくなる子どももいる

健康家族プログラムは、FPL（連邦貧困レベル）の250％までの収入の家庭に住む0歳から19歳の子どもたちに途切れることなく医療保障を確保するために、Medi-Cal〔訳注：カリフォルニア州の低所得者及び障害者のための医療保険制度の名称〕と並行して運営されるように設立された。両制度とも所得と年齢に応じた受給資格があるため、今回の上限設定により、Medi-Calに加入している特定の子どもたちが保険資格を失う危険性がある。具体的には、1歳と6歳の誕生日を迎えると、従来は家族の収入によってMedi-Calの受給資格がなくなり、健康家族プログラムへ移行していた子どもたちが、代わりに保険加入待ちリストに載ることになる。

政策立案者の提言

他の選択肢は？

健康家族プログラムへの加入上限を設けることの利点と問題点を上述

のとおり比較検討した結果、健康家族プログラムのコストを抑えるために、立法府には他の選択肢があるため、知事の提案に反対することを提言する。この分析で後述するように、プログラム支出を削減するために、受益者にとってより公平で、無保険者を支援するための州の他の取り組みと整合性があり、利用可能な連邦SCHIP資金をより有効に活用できる他の戦略が採用できると考えるからである。

しかし、もしこの案が採用された場合……

もし立法府が知事の提案を採用することになれば、われわれが概説した複数の問題点に対処するために、いくつかのステップを踏むことができるだろう。その場合、われわれは、立法府が以下の措置を検討することを推奨する。

- 先着順のアプローチを修正し、最も貧しい子どもたち、あるいは最も大きな医療ニーズを持つ子どもたちを優先的に健康家族の保険に加入させる。これらの措置により、節約額は一部減少するが、最も必要としている人々に州の資金が使われることが保証される。
- CHIM(County Health Initiative Matching Fund) プログラムを修正し、健康家族を受ける資格がないにもかかわらず、待機リストに載っている人の保険適用を認める。これにより、所得の高い家庭のCHIMの子どもたちはすぐに適用を受けることができるが、所得の低い家庭の子どもたちは待機リストに載ったままという不公平に対処することができる。
- MRMIB（Managed Risk Medical Insurance Board）に対し、待機児童数、申請者が保険加入まで待たなければならない期間、待機児童がプログラム加入率に及ぼす影響などの統計的概要を四半期ごとに立法府に提供するよう指示する補足報告条項を盛り込む。この情報により、立法府は、加入上限を導入した際の影響を評価することができる。
- MRMIBに対し、CHDP（Child Health and Disability Prevention

Program）の登録要件、健康家族保険の親の拡大、Senate Bill No.2（Bill法案 No.2）（Chapter 673, Statutes of 2003）との矛盾にどう対処すべきかを予算公聴会で報告するよう指示する。

STEP 8

ストーリーを語る

このPART Iで説明してきた内容（主として、問題の定義、政策オプションや評価軸の検討、予測の評価、トレードオフの吟味）を何度も繰り返した結果、聞き手に向けてストーリーを伝える準備ができた。聞き手は仕事の依頼者であることもあるし、もっと幅広い関係者や利益団体も含みうる。聞き手は敵対的であることも、友好的であることもある。説明は一度きりの説明のときもあれば、制度や運用の改正に向けて支援を集めるための長期キャンペーンの最初の取り組みとして行われることもある（このようなキャンペーンにまつわる問題については、付録C「政治的支援を勝ち取るための戦略的アドバイス」を参照）。

ベッシーばあさんのテスト

先に進む前に、もう1つだけ政策案が現実的かどうかのテストが必要だ。あなたには、頭が良いが政治に疎いおばあさん（ベッシーさん）がいて、あなたの仕事に関する質問をしてきたとしよう。あなたは「……に関する政策立案をしている」と話す。彼女は「それは何なの？」と聞く。あなたは「……という問題に取り組んでいるんだ」と答える。おばあさんは「どうやって解決するの？」と聞く。あなたは、おばあさんの興味が失われる前に、一貫した地に足のついた言葉遣いで1分以内に説明しなければいけない。もしそこで説明に詰まってしまうようなら、人に説明できるほど十分深く問題解決策を理解できていないということだ。ホワイトボードに戻って整理をし直そう。

ここで、誰かがあなたの政策立案にもとづいて現実の決定や政策提案をしようとしている場面を考えてみよう。あなたがベッシーばあさんや親戚（もちろんマックスじいさんもだ）のような手強い聞き手を理解させられなかったとしても、別の誰かが一般の人に対してわかりやすく説明する必要があるのであれば、少なくともあなたはその人に対して、十分簡潔で地に足のついた言葉遣いで基本的な説明ができるようにしておくべきだ[45]。

聞き手を正確に理解する

ベッシーばあさんのテストをクリアしたら、ベッシーばあさんよりも事情に詳しく、直接関与しているであろう本来の聞き手を特定し、対策を立てよう。

まず第1に想定されるのは、仕事の依頼者、つまりあなたが最も承認を必要とする人・人々だろう。階層上の上司、あるいは資金提供者の場合もある。あなたと依頼者の関係者はどのようなものだろうか？　あなたが何をどのように依頼者に伝えるかは、自分と依頼者との関係が長期にわたるか、対面で説明をするかに大きく依存する。特に、依頼者の側に誤解が生じたときに、その誤解を正すのがどれくらい簡単だろうか？

次に、より大きな政治環境を考えよう。誰が、どういう目的で、その政策立案を「使う」のだろうか？　何かを支援する中であなたの分析結果を取り上げるのか？　その使われ方は望ましいか。ある特定の支援団体が利用するのは望ましく、その他の団体が利用する場合には望ましくないか？　あなたが届けたい、あるいは届けたくない聞き手のタイプごとに、分析の要素を使い分けるか？　あなたの政策立案に好意的かもしれない人々に、不注意でとげの

45 「エレベータースピーチ」と言われることもある。あなたは上司と同じエレベーターに乗って、簡単な挨拶だけで済ますには長すぎる時間を共にしなければならない。上司があなたの仕事について聞いてきた。あなたは、自分が今何をしていて、それが面白くて、そしておそらく説得力があるということをわずかな時間で説明しなければならない。だから、「エレベータースピーチ」のことを頭の片隅に置いておき、それをすぐにでも始められるよう準備をしておかなければならないのだ。

ある言葉を遣い、疎外感を感じさせてはいないか？

もし、あなたのゴールの1つが聞き手の関心を引くことであるなら、普通の人は統計だけで心を動かされることはめったにないことを心に留めておいてほしい。実際、問題に取り組む重要性を示すときに数字に頼ると、聞き手の反応を促すのに必要な心理的プロセスを弱いものにしてしまう。聞き手が統計的な情報を理解できないばかりか、無反応になってしまうことにもなりかねない[46]。データや統計は分析に不可欠なものではあるが、一般の聞き手にストーリーを伝えるときは、感情が通った形で問題を表現することを心がけよう。そして、その解決策が実際の人々の生活をどのように向上させることができるかを示すようにしよう。

明確な提言を打ち出そうとしているのであれば、重要な聞き手が抱くであろう予想される反論を分析の中で提起し、反駁することを忘れてはいけない。また、あなたの提言が優れている理由を示すために、次善の策と考えられるものと自らの提言を比較することも忘れてはいけない。

どの媒体を使うか考える

説明は文書でも口頭でも可能であるが、どちらの方法にしても、簡潔に、わかりやすく伝えなければいけない。その際に従うべき原則は、他の条件が同じであれば、短い方が常に望ましいということだ。文書での説明であれば、わかりやすい小見出しと図を使うことによって読みやすく理解しやすくなる。

口頭発表では練習、自己鍛錬、そしていくつかの基本原則を知っておくことが必要だ。最も基本的な原則は次のとおりである。

- **とてもゆっくり、はっきり話すこと。**
- 注意をそらす騒音がある中でも部屋全体に聞こえるように大きな声で話すこと。

46　Slovic（2007）参照。

- 低い声で話すと、信用、信頼されやすくなる。
- そわそわしないこと。ただし、棒立ちになってもいけない。
- 聞き手とできるだけ多くアイコンタクトを取ること。そしてその間、部屋の一部の方向だけを見ないようにすること。

ゆっくり、はっきり話すことは、思っているより難しく、そして重要だ。また、パワーポイントのような視覚に訴えるものは、口頭のプレゼンテーションの助けになることが多い。

「ストーリーを語る」に関し、最近ますます一般的になっている媒体は、イシュー・ブリーフである。イシュー・ブリーフは、短く、簡潔で、視覚的にも目を引くものになっている。イシュー・ブリーフはそれ自体、一個の文書として準備されることもあるし、伝統的な文書や口頭での発表に追加して用意されることもある。BoxI−10は、Research Improving People's Lives (RIPL) によるイシュー・ブリーフの例を示している。このイシュー・ブリーフでは、政策効果及び政策の有効性を計測するための強固な科学的手法であるランダム化比較試験（RCT）の実施を提案している（付録Eを参照）。また、このイシュー・ブリーフは、本PARTの前半で議論した多段階での分析の一種である「実践による学習」の一例ともなっている。

BoxI-10 政策立案レポートに見る「ストーリーを語る」の実例

出 所：Research Improving Peoples's Lives, https://www.ripl.org/wp-content/uploads/2018/08/RIPL_I3_Reducing-Recidivism-by-Connecting-Releasees-with-Social-Services.pdf

RIPL

RESEARCH IMPROVING PEOPLES'S LIVES

特別レポート3
刑事司法

ロードアイランド州の受刑者の30%は、1年で刑務所に戻ってきます。栄養補助プログラム（SNAP）は再犯を減らすことにつながるでしょうか？

目標

ジーナ・ライモンド知事は、3年以内の再犯率を2020年までに52%から44%まで減らしたいと考えています。この目標を達成するための比較的費用のかからない方法は何でしょうか？

事実

RIPLの分析によると、出所後にSNAPプログラムに登録した元受刑者は、登録しなかった元受刑者よりも、最初の6カ月における再犯率は7.4ポイント低いことが分かりました。しかし、ほぼ全員が登録資格を持っているにもかかわらず、出所後にSNAPプログラムに登録する元受刑者は40%に過ぎません。

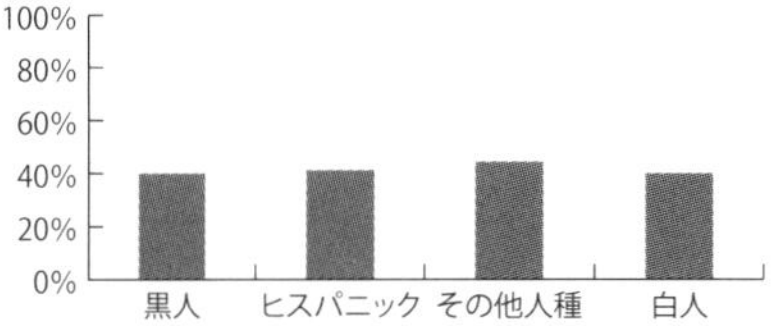

図1　元受刑者が出所後3カ月でSNAPプログラムに登録した比率

問題の所在

現在、受刑者は服役中にSNAP申請を完了するための支援を受けることができます。しかし、出所後にロードアイランドの社会福祉省（DHS）の事務所で登録を完了させ、特典カード（EBTカード）を受け取る必要があります。しかし、元受刑者が出所直後に直面する様々な課題や、事務所への公共交通手段の欠如、待ち時間は、登録を遅らせ、諦めさせる可能性があります。

RIPLは、ロードアイランド州矯正局（DOC）及びDHSと協力し、Connect for Successプログラムを開発しました。これにより、受刑者が出所後に有効なSNAP特典カードを確実に受け取ることができます。

RIPLは、最初に実地調査を実施し、この有望なプログラムを設計しました。

- SNAPプログラムへの登録と特典の効果を擬似的に生み出すため、試行計画を設計しました。
- 出所を目前にしている100人以上の受刑者について、疑似EBTカードとしてギフトカードを配布し、調査しました。
- 調査結果によると、受刑者の70%が出所し次第SNAPプログラムに登録するとしており、最終的な登録率の倍に近い数字でした。
- 私たちの調査では、受刑者は出所に伴う不安を抱えており、出所に伴う物資として配布されなければ、カードを失う可能性があることも分かりました。
- 出所後、近くのビルで5ドルのギフトカードが受け取られると伝えましたが、実際に受け取ったのはたったの4%でした。

設計と試行方法の改善

実地調査に基づき、Connect for Successプログラムは、出所後に特典登録を行う可能性を最大化するために、以下の方法をとります。

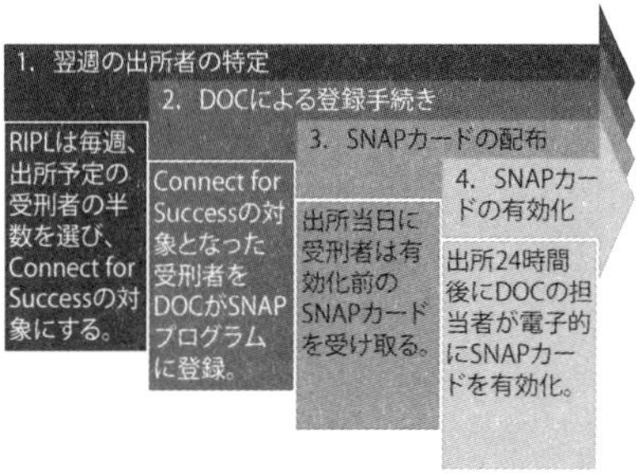

図2　Connect for Success実施手順

DOCは2017年秋に、RIPLが設計したランダム化比較試験（RCT）をConnect for Successプログラムについて実施しました。なぜRCTを実施したのでしょうか？　RCTは、施策の影響を実証し、効果を測定します。また、RCTを行うことで、プログラムが全面的に施行される前に、意図せざる望ましくない結果がもたらされる可能性を排除できます。さらに、成功する可能性が高い施策であるか確認することで、他の州において同様の施策を導入するか判断する際に役立ちます。

結論

Connect for Successを通じ、ほとんど費用をかけることなく、再犯率を3%下げることが期待されます。これは、知事が目標として掲げる数字の30%に相当します。事実に基づいた政策は、貧困を緩和し政策効果を効率的に改善するための強力なツールとなります。

WWW.RIPL.ORG

論理的な語り口にする

説明の流れは、読み手（聞き手）のニーズや興味、能力に合わせて組み立てなければならない。文書・口頭いずれの発表であっても、政策立案がなぜ行われたのかを明確にする必要がある。したがって、発表の冒頭で、分析が扱っている問題を説明するのがベストだ[47]。

また、分析の流れの中で、章・段落・文といったより細かいステップに沿って**必要性**を説明していくことも重要だ。読者の多くは、どの要素の必要性についてもその直前の内容に求めるので、長い脱線は避けることが重要である。これらの理由から、ある章に「背景」という名前を付けたくなるときは注意が必要だ。同様に、「……に移る前に」とか「まず……の歴史を説明／理解する必要がある」といったフレーズは、消化不良を起こしているサインだ。多くの読者はこのような危険なサインに注意を払っているはずで、書き手も注意すべきだ。政策分析は将来に関するものであることを忘れてはならない。驚くべきことかもしれないが、歴史が将来にどのように影響を与えるのか、あるいはそもそも影響を与えるのかは明らかではないことが多い。一方で、影響がどのように生じるかの説明責任は、説明者が負うことになる。

いつも使えるわけではないが、一般的な構成は、まず優れた問題定義から始め、検討したそれぞれの政策オプションを本論で論じる方法である。それぞれの章において、政策オプションを実施することによる成果を予測し、その成果が因果関係モデルや関連するエビデンスを踏まえてどの程度確からしいかを評価する。続いて、政策オプションの成果をとりまとめ、政策オプション間のトレードオフを議論する。この構成では、評価基準について特に議論をしていない。しかし、時にはどの評価基準が重要かを明示的に議論す

47　スライドを使った口頭説明の方法については、ランド研究所から非常に優れたマニュアルが出版されている（RAND Corporation 1994）。

る場合もある。この場合、対策とその成果の説明の前か後にそのような議論を提示するのがよい。

提言（それを提示する意思があるなら）を冒頭で述べることを恐れてはいけないし、そうするのであれば、提言を正当化するのに必要なステップをすべて提示する用意があることに冒頭で触れるべきだ。あるトピックについて、シンプルで定型的な説明を行い、その後、細部を説明していくことで読者の理解を助けることができる場合が多い。

あなたはこうした文章を書いてもよいだろう。「完璧に機能する場合の補助金戦略は以上のとおりである。しかし、ここで少なくとも2つの問題点を指摘しておきたい。1つは、申請者の5～10%はおそらく無資格者であり、そのうちの大多数は不正な申請である可能性があることだ。もう1つは、非政府組織（NGO）のコミュニティから、支援活動を手伝ってくれる有能で意欲的なパートナーを見つけなければならない点だ」。これらの文章を挿入することで、「完璧に」機能するという前提でのシナリオに関して無資格問題、不正が大きな問題となった場合の政治的反発、NGOとの提携の複雑さについての議論が展開されることを読者にあらかじめ伝えることができる。

よくある失敗

8つのステップを厳密に守りすぎる

説明の展開を作る際に、8つのステップに忠実に従うことが有効なこともある。しかし、多くの場合、この方法はうまくいかない。冗長で、無機質な説明になり、読者の関心を失わせてしまう。8つのステップの目的は、複雑な問題を**とことんまで考え抜く**のを助けるためであることを覚えておいてほしい。採用されない政策オプションのすべてを説明したり、その理由を述べたりしないこと。そんなことを読者は知りたい**のではない**。読者は、1つか2つの次善の政策オプションが採用されなかった最も大きな理由を知りたいと思うかもしれないが、それ以上の説明はおそらく不要だ。

神経質にすべてを正当化する

議論の一部分に関する妥当性や不確実性についてすべて説明することで、議論の流れを中断してはいけない。こうした失敗を回避する論述の方法としては、「**大部分の**」「**平均的な**」「**大抵の**」といった形容詞や形容詞句を使ってまず一般性を説明し、その例外を次の章で説明することである（あるいは、例外や適格性の説明をすぐにしないといけない場合、括弧や脚注を用いて説明するとよい）。

すべての作業を示す

調査の過程で得られた事実をすべて盛り込もうとしてはいけない。どんなに優れた調査と分析をしたとしても、最後には、調査したことの多くは結論には関係がないとわかるものだ。すなわち、真に大切なものに集中し、当初重要に思えたものであっても重視しないことだ。一般的には、自分がたどらざるをえなかった道を相手にたどらせる必要はない。

説明することなく列挙する

分析しようとした政策オプションを説明する前に、すべての政策オプションを列挙するべきだろうか。政策オプションの数が多くなく、自分や相手がすべての政策オプションを重要であると考え、その後の詳細な評価を読むための心の準備として役立つのであれば、列挙してもよいだろう。しかし、政策オプションの数が多いのであれば、相手はそのリストにどのようなオプションがあったかを忘れるだろうし、いくつかの政策オプションが詳細な検討によって簡単に却下できるのであれば、余計な注意を引いて、精神的なエネルギーを無駄にさせてしまうだけだ。

同様に、すべての評価基準を政策オプションの評価の前に列挙しないよう気をつけるべきである。常にというわけではないものの、通常、政策オプションの評価を行う章以外で、評価基準について特別に章を設ける必要はない。

推理小説を長々と語る

結論、肝心な点、間違いなく最も興味深いと考える点を最初に書くこと。その後で、相手が自分と同じ結論に至ることができるように、理由と証拠をすべて示すこと。簡潔に言えば、小説家が行う戦略と真逆の戦略を取ること。

誇張表現を使う

尊大で回りくどい官僚的・学術的文体を避けること（必須文献：George Orwell, “Politics and the English Language”）。また、くだけた、内輪でしか通用しない文体を避けること。

分析が説得力を持つのではなく、分析者が説得力を持つことを忘れている

どんなに優れた分析でも、それを作成し伝える人や組織が持つ、説得力や信頼性を上回ることはない。口頭発表では、スピーチの質が重要である。もし、スピーチの授業を取ったことがないのであれば、取ることを検討してほしい。テレビ放映やウェブキャストで行われるプレゼンテーションでは、カメラに向かってプロフェッショナルに見えるための（目立たない）注意事項がある。

最後に、分析結果の説得力と信頼性は、それを作成した政策立案者の個人的・組織的評価に少なからず左右されることを忘れないでほしい。もしあなたやあなたの組織が粗悪な研究を行い、その結果を発表する際にプロらしくないと思われたら、あなたにとっての風評被害は長期にわたる可能性がある。分析結果を伝えるときには、単に現在話している、あるいはやりとりしている相手と解決策を共有しているだけではなく、将来、他の解決策、もしかしたらもっと重要な解決策を伝える立場に立つために、個人、政治、組織の信頼を積み上げているのだということを忘れてはならない。BoxI−9で抜粋した健康家族プログラムに関するLAOの報告書は、反対を推奨する提案に長所があることを認めることで、信頼性を高めている。このような信頼性があれば、なぜ望ましい政策オプションが実際に優れているのかという政策立案者の話

を、聞き手が受け入れる可能性が高くなる。

報告書を作成する

報告書が短くないなら、まずは要旨から始めること。

もし報告書が15～20ページの長さであれば、目次をつけるのも有効だ。もし図表が多いのであれば、本文か付録として図表のリストをつけてもよい。詳細な技術情報や計算は本文ではなく付録にまとめるべきだ。しかし、自分が内容について十分理解し、議論が信頼に足るものであると読者に納得させられるような技術情報と論拠は、本文に書き込むべきである。

読者を導き、長文を分割するため、大見出しと小見出しを使おう。書式（大文字、イタリック、太字、インデント）は議論の論理的な階層と合っていることを確認すること。

表形式の書式

現在、表形式の書式は、政策実務において非常にいい加減に扱われている。それを真似してはいけない。改善するよう努力してほしい。すべての表（あるいは図）は、数字（例えば表1、表3–A）と題名をつけるべきである。題名は知的であるべきであり、その表から得られる結論をまとめたものであればわかりやすい（例えば、「飲酒運転による実際のリスクは飲酒量の増加とともに急上昇する――しかし大学生には過小評価されている」）。表の各行・列にはすべて項目名をつけなければいけない。また、項目名はわかりやすいものでなければいけない。

通常、表は何かをあるがままに描写したものか、何らかの因果関係を立証するものである。後者の場合、言いたいことが1つ（あるいは多くても2つ）で、多くの説明が必要ないように、表だけで理解ができるものであることが望ましい。2つか3つのことを言いたいのであれば、大きな表を1つ作って内容を文章で説明しようとするよりは、小さな表を2つか3つ用いた方がよい。

表は普通は脚注が必要であり、出典を最後に示す。時には脚注にも出典が必要であったり、短縮形で書かざるをえなかった行・列の項目名を説明する脚注が必要であったりする。

どうか学術論文のやり方を真似しないでほしい。学術論文における表は、あらゆる数値が詰め込まれているし、わかりにくい項目名を使っているものだ。学術論文では、すべてのデータは「科学的」に集められており、深刻なバイアスを含んでいないことを前提としている。そのため、見せ方はこうした事実を伝えようとするものになる。学術論文の表で、重要でないデータが重要なデータとともにスペースを占めているのには理由がある。完全な真実が語られているのか、筆者が関心があることだけを伝えるためデータのつまみ食いをせずに統計的に有意な事実もそうでない事実もすべて伝えているかを、読み手が判断できるようにするためなのだ。もしこうした問題があなたにも読み手にも重要であるならば、すべての情報を表に盛り込めばいいが、それは付録でやるべきだ。いずれにしても、多くの場合において、1つの表で伝えるべき情報は最小限にすべきだ。

統計

聞き手は、政策立案者ほど統計学を理解していないと思われるため、統計は少なく、シンプルにまとめよう。例えば、「男子（女子）施設の食費は、女子（男子）施設のそれよりも一人当たり10％高い」というように、パーセンテージで示した方がよく、パーセンテージの差で示すとさらによい。回帰係数を使わなければならない場合は、その係数が、研究者が有用と判断した単なる指標数値ではなく、理解しやすい現実の現象に対応していることを確認する必要がある。さらに、わかりやすいということは、常に読者にとって意味のある指標を使うということだ。例えば、「高糖分食品に10セントの税金をかければ、おそらく一人当たりの消費量を週に6～10オンス減らせるだろう」という表現は、ほとんどの人にとって年間消費量は関心の外にある一方で、毎日の消費量は大きく変動し、1週間当たりの数値であれば日ごとのバラつきを平準化できるという点を踏まえており、優れていると言える[48]。

引用文献と出典

発表の最後に引用文献と出典のリストを含めること。本や雑誌の記事は、学術的な形式（著者をアルファベット順に）で引用されるべきである。重要なことは、興味あるいは疑いを持ち、自分で原典に当たろうとする読者が文献にアクセスしやすくすることである。いくつかの方法が認められているが、*Journal of Policy Analysis and Management*の書評で使われている方法は単純で直接的であるため、よいモデルと言える。

現在の風潮としては、本文の脚注引用の代わりに「科学的引用」が主流になりつつある。これは、著者の苗字と出版年を括弧に書くものである。そうすると、読者は末尾の引用文献の章に行き、引用文献のすべての情報を得ることができる。もしこの方法を取るのであれば、引用文献の章には、著者の名前を題名や出版年とその他の情報の前に書く。ページ番号をその括弧内に書くこともある。

法律文書の書き方は大きく異なる。もし多くの引用文献が法律文書であれば、すべての文献をページ下部の脚注に書くのが賢明だ。科学的引用であっても脚注を使うこともできる。

注釈は、同じページにあれば読みやすい。このため、説明は巻末ではなくページ下の脚注に載せるべきである。

メモの様式を用いる

分析がメモとして届けられるのであれば、以下に示すような標準的なメモの様式で書くべきだ。

---

48 Browner (2012) を参照。これは医学の学術研究者を対象にしているが、アドバイスの多くは政策立案に容易に応用することができる。

（日付）
受信者：（メモの受け手、役職名）

発信者：（メモの差出人、役職名）

件名：（簡潔かつ文法的に正しい表現で記述する。）
本文：（最初の1～2文で受け手がこのテーマについてメモの作成を求めた事実とその理由を指摘する。あるいは、なぜこのメモをこのタイミングで受け手に提出しているのかを説明してもよい。）
（メモが長くなる場合は、メモの冒頭と末尾に1～2段落の要旨を入れてもよい。もし冒頭の要旨が長くなる場合は末尾のものは短いものでよい。）
（メモが長くなる場合は、小見出しを付けて分けることも検討すること。）

記者発表資料を作成する

政策立案者が記者発表、あるいはラジオやテレビのニュースの対象になることは多くないが、そういう場合もある。また、誰かがそれをしなければならないこともあるだろう。そうでなくても、政策立案者として肝心なメッセージをどのように凝縮するかを示すことは、すべての人にとって役に立つ。このため、分析のためにも、時には政治的な目的のためにも、記者発表資料を作成したり、コメントを求められたときの考えをまとめておいたりすることには意味があるだろう。また、記者発表資料やコメントを見て敵陣営があなたの仕事をどのように理解するかも、戦略的、防衛的に考えておくべきである。

パワーポイント

パワーポイントのスライドは口頭での発表の補足として用いられ、文書での報告書の代わりになることもある。本格的なマニュアルが多数存在するので、パワーポイントに対する筆者のコメントは、それらの補足として短く、個人的なものにする。

- 簡潔なものにすること。それぞれのスライドは個別の論点を示すようにすること。文章ではなく語句を用いること。2色か多くても3色しか用いないこと。
- 見やすい文字色や背景色を用いること。
- 気取ったアイコンを使わないこと。
- 見る側のニーズを考えること。離れたところからも文字や数字が見えるようにすること。スクリーン上の文字を棒読みして退屈させないこと。
- 見る側が内容を理解できる程度の時間、スライドを表示すること。
- これまで述べてきたことを要約し、これから述べようとすることの方向性を示すスライドを適度な間隔をおいて入れること。
- 発表後（気がそれるため発表中でない方がいい）に、スライドのハードコピー（1ページ当たり6スライド）を入手できるようにすること。

写真のような視覚資料は、入念に選ばれ表示されるのであれば、口頭での説明を立派に助けてくれる。

PART Ⅱ

エビデンス（証拠）を集める

作業を開始する

関連資料を見つける

接触機会を得て協力を取り付ける

政策立案のためのインタビューを実施する

特徴や程度を表す言葉を使う

信用を守る

政策立案の戦略についてのジレンマ

これから述べる事例について、あなた自身が政策立案に取り組んでいると思って考えてほしい。あなたは、ブルー・レイクという湖の水質汚染管理プログラムの分析を依頼されているとしよう。あなたが知っていることは次のようなことである。ある汚れた湖が存在すること、その湖を浄化するための（あるいは、さらなる汚染を防ぐための）連邦、州、地方レベルの法令が存在すること、当該地域を所管する州の環境保全当局が、汚染防止のための政策やプログラムの執行に何らかの関わりをもっていることなどである。

しかし、この問題を分析するためには、さらに多くのことを把握する必要がある。例えば、現在の政策、それを取り巻く政治環境、政策を執行するために行政組織を機能させる方法、専門家や専門家ではない人たちが政策を評価する基準など。また、あなた自身が、それらの政策をどのように評価するかの基準も、決めていく必要がある。どのデータが評価基準に関係し、どうすればそのデータを入手できるかも、把握していかなければならない。もし、既存のプログラムを変更することを提言しようとしているのであれば、どのような結果が合理的に予測されるのか、エビデンスを積み重ねていかなければならない。さらに、現在の関係者が、どのような変化に耐えられるのか、そもそもどのような変化を起こすことが可能なのか、探る必要がある。

これらは簡単なことではない。一方で、この難題に立ち向かうために、自分に与えられている時間、エネルギー、資金、自分が接触可能な情報提供者やヒアリング対象者は、わずかなものだ。調査期間は6カ月以内とされているとしよう。最初の5カ月間を自分の立ち位置を知るための時間に費やしたいとは思わない。どこから着手するべきであろうか。いったん着手したとして、効率的に作業を進めていくためには、どうすればよいであろうか。

作業を開始する

最初に行うべきことは簡単なことで、自分が知っていることを手がかりに作業を開始することだ。このアドバイスは、自明のことで、取るに足らないことのように聞こえるかもしれない。しかし、実際のところ、人は逆のことをしてしまいがちである。新しくて困難な課題に出会ったとき、その後何週間、何カ月もの間、不安な気持ちを抱えながら、もがき苦しんでしまう。万事控えめになり、自分の能力が足りないからそうなるのではないかなどと考えてしまう。しかし、そんな風になる必要はない。わずかな事実、曖昧な記憶であっても、そこから合理的に推論することができれば、驚くほど素早く、プロジェクトについて確固たる足場を組み立てることができる。

例えば、「ウィカヒシックの瀝青炭産業の将来」についての政策立案を依頼されたとしよう。依頼された案件は、「銀河のスペクトル観測」といったテーマと同じぐらい、自分の関心や過去の経験の外にあるものであるとしよう。そうした場合、自分に対して以下のようなメモを書くことにより、自分の知識の棚卸しを行うことができる。

- 私がこの調査を頼まれた理由は、おそらく誰かがウィカヒシックの瀝青炭産業の将来が極めて暗いと考えたか、あるいは逆に上向きつつあると考えたからであろう。もし、前者の理由からであれば、調査結果はおそらく、政府からの何らかの補助金を正当化するために使われるのであろう。もし、後者の理由からであれば、当該地域の石炭産業か、あるいは当該産業に経済的に大きく依存している地域の商工会が、広報活動のために調査結果を用いるのであろう。
- いかなる産業も、その将来性は、市場の需要次第という側面がある。石炭需要は、おそらく減少傾向にあるだろう。代替となるエネルギーが利用可能になっていることも、その背景の1つであろう。
- 生産コストが高いことが、産業の健全性を脅かしているのかもしれない。石炭採掘技術が開発途上である、などということはあり得るだろうか？　もしそうだとしたら、なぜなのか？　炭鉱が底をつきかけていて、現在の採掘技術では、鉱物が豊富に含まれる鉱床を採掘することはできても、鉱物がわずかにしか含まれない鉱床を採掘することはできないのかもしれない。

- 数年前に、炭鉱労働者のストライキが何度もあった。労使関係は、今では改善しているだろうか。それとも、悪化しているだろうか。賃上げ要求が、会社を行き詰まらせているのだろうか。
- 石炭の運搬は、鉄道に依存している。したがって、鉄道に問題があれば、石炭産業にも影を落とすのではないか。
- 石炭は、多くの煤煙を出し、二酸化炭素の排出量も多い。これは生態系への脅威となり得る。この問題に関心を持つような団体はないか。一方で、これは本当に問題となり得るものなのか。石炭採掘が、田舎の風景や生態系を破壊するという主張は妥当か。シエラクラブはこうした論点について、有用なデータを持っているのではないか。
- 石炭の問題ではなく、瀝青炭だけの問題なのかもしれない。無煙炭産業は発展しているのかもしれない。こうした点についてデータを持っている石炭関係の業界団体があるに違いない。よく知られた大きな石炭採掘会社に電話して、その会社の広報部門から、業界団体の名前と住所を教えてもらおう。
- 石炭産業の問題ではなく、ウィカヒシックという地域固有の問題なのかもしれない。ポカノカという地域は、「不景気地域」の典型のように報じられている。ウィカヒシックの問題はそれほど報じられていない。労働統計局の失業率の数字を調べてみよう。

この種のメモを自分に対して書くことは、プロジェクトの最初だけでなく、プロジェクトの途中でパニックに陥ったり、プロジェクトが漂流し混乱に陥りそうになったりしたときにも有効だ。最初の棚卸し作業に続けて、自分自身で調査戦略を設計し、実行し、定期的に見直すべきである。そうすることによって、自分自身の情報収集能力や情報活用能力に、一定の変化をもたらすことが見込まれる。具体的には、以下のようになる。

- **関連する情報源を見つける**：時間の経過とともに、何を調べるべきか、どうやって調べるかについて、確信を持てるようになってくる。

- **情報源を獲得し、維持する**：(1) 多忙で敵対的な人物へのヒアリングを実現する能力を徐々に高めていく。また、一般には公開されていないデータを入手する能力を高めていく。(2) 時間の経過とともに、情報源に接近できる機会を使い切ってしまうことがある。1回しか得られない機会については、適切なタイミングが来るまで、使わないようにしておかなければならない。
- **背景情報を積み上げ、自分の力にする**：データを解釈する能力を高めるとともに、情報の提供を出し渋る情報源からデータを引き出す能力を高めていく。これによって、背景知識を増やしていく。
- **政治的な信用を守る**：調査プロセスそのものが、最終的に立案された政策の採択やその実施に役立つ、あるいは、妨げになる環境を作り出すことにつながる。

こうした問題のどれかに対応するために最適な戦略は、他の問題に対応する戦略として最適なものとは限らない。このため、以降の節においてはこれらの問題を1つずつ個別に議論し、本章の最後の節において、すべての要求事項に同時に対応しようとした際に生じるトレードオフについて簡単に触れる。本書は全体を通じて、政策立案の経験はほとんどないが、大学で社会科学を学んだことがある読者を想定して書かれている。このため、本書はさまざまな箇所で、社会科学研究の方法論と、政策立案で用いられる手法の違いに触れている。この議論は、すでに政策立案に携わっている人にとっても、これまで直感的に行ってきたことを概念的に理解する上で有益なものと考えている。

少し別の視点で、本書が対象としている読者像を明示しておくことも必要であろう。分析を開始するにあたって、政策立案者は何らかのリソースと制約条件を有している。自分の経験や性格に由来するものもあれば、所属組織に由来するものもあろう。組織内での立場は、最適な調査戦略を考えていく上では重要な問題であるが、この本では触れない。端的に言えば、議会事務局のスタッフと、行政組織の職員はまったく違ったリソースと制約条件を有しているし、大学の政策研究グループに所属している学生は、さらに違ったリソースと制約条件を有している。本書に書かれている戦略的なアドバイスは、どのような環境の人に対しても有用となるよう、ある程度一般化して書かれている。

関連資料を見つける

社会科学研究と異なり、ほとんどの政策立案は、新たな発見を行うというよりも、発見された知見から派生物を作り出す作業である。他人によって過去に生み出されたアイデアやデータを創造的に組み合わせることによって、政策が生み出されるのである。自らデータを集めたり、何もないところから驚くほど斬新な政策を生み出したりすることは、滅多に求められない。政策立案者の役割の中で最も重要なことは、他人が過去に生み出したアイデアやデータを発見し、整理し、解釈し、批判し、統合することである。社会科学の学術研究の方法論にも同様の部分はある。

一方で、社会科学研究は、新たな発見を行うという点に、政策立案よりもはるかに重きを置いている。ある意味で、政策立案者は、専門家という人々についての専門家である。当該政策分野について比較的造詣が深いとされている学者や有識者についての専門家なのである（付録E「ビッグデータや強固な科学的エビデンスを政策立案に取り込むための提案」も参照されたい）。

資料と人の両方を参考にする

政策立案では、情報、データ、アイデアのいずれについても、資料と人が情報源として活用できる。ここで言う**資料**には、読むことができるすべてのものが含まれる。ウェブサイト、専門誌の記事、書籍、新聞、雑誌、政府報告書、統計アーカイブ、部署間でやりとりされたメモ、ポジションペーパー、紀要その他が含まれる。**人**には、個人であれグループであれ、対面で相談できる人が含まれる。いかなる政策課題の調査でも、通常は、両方の情報源について見取り図を描くことが必要となる。

一方のタイプの情報源を過度に強調することで、他のタイプの情報源を犠牲にするという落とし穴に陥ることは避けなければならない。往々にして、人は気づかないうちに、そういう落とし穴に陥ってしまうものだ。専門家や経験ある行政官、事情通の人のインタビューから開始したら、そのまま次々とインタビューを続けてしまい、ついには、自分の仕事はヒアリングをすることだけだと思ってしまうかもしれない。専門家はさまざまな資料に目を通すことで専門知識を身につけていること、行政官の話すことの多くは、行政機関の報告書や議会の公聴会、公表されている法律や規則にも書かれていることを忘れてしまいがちだ。

ある媒体だけにとらわれてしまい、他の媒体を無視してしまう別の理由は、人と人との接触を個人的に好むかどうか、という点にも関係している。インターネットや図書館（組織に所属しているのであれば、関連ファイルの山）を活用して調査を行うことを選ぶか、あるいは現地調査に集中するかという点についての好みの問題である。通常は、両方の情報源（資料と人）を参考にするだけでなく、交互に参照していくことが望ましい。大量にヒアリングを行ったら、その後はインターネットで情報収集したり図書館に引きこもったりし、その後にインタビューを一回り行う、といったことが望ましい方法である。特段の事情がない限り、現地調査の段取りをつけて実施に移すまでを一定期間の間に行うことと、資料を一気に収集して調べることには、心理的には同じような経済性があるように思われる。

より一般化した概念として、次のことを覚えておいてほしい。1つの情報源は別の情報源を見つけるために使われるべきであり、そうやって情報源を広げていくうちに、1つの形式の情報源が別の形式の情報源につながることもあれば、同じ形式の情報源につながることもある。より端的に言えば、人は人だけではなく資料につながることもあり、資料は資料だけでなく人につながることがある。情報の木には4つの大きな枝が伸びている。以下、順々に述べていきたい。

人を人につなげる

ヒアリングや会話の中で、情報提供者が「Xさんに会いましたか？　彼女は……に非常に詳しいですよ」といった話をすることで、インタビューの対象となる候補者が自然に増えていくことはよくある話だ。「他に話を聞いた方がよい人はいますか？」とか、より具体的には「Y省の人で、会った方がよい人はいますか？」と質問することで、そうした情報を引き出すことができるかもしれない。

機転を利かせて、こんな風にさりげなく質問することもできる。「Xさんにも話を聞いた方がよいと思いますか？　それとも、やめておいた方がよいと思いますか？」。会話の中で出てきた人と会う約束を取り付ける上で、情報提供者の名前を出してよいかどうか、明示的に聞いた方がよいときもある。そうすることで、情報提供者の意図に反して名前を出してしまうといった過ちを犯さなくて済むようになるし、情報提供者側が自らの名前を出さないことを希望するかどうか、明示的に意思を確認することもできる（そうすることで、情報提供者としても、会話の相手に対して「その話題に詳しい人」という趣旨で当該人物について話していることを、はっきりさせることができる)。なお、情報提供者が誰かと会うことを勧めた場合には、当該人物に連絡を取る上で十分な情報が提供されているか、よく確認する必要がある。

会わないでおくべき人を知ることも、こうした問いかけを行う中で副次的に得られる重要な情報である。もし、情報提供者が自分に信頼を寄せていて、少しでも役立とうとしてくれているのであれば、こんな注意喚起をしてくれるかもしれない。「もし、Xさんに話を聞きに行ったら、無愛想とは言わないまでも、かなり口数が少ない人だと感じるかもしれませんね」。こうした発言を聞いた場合、調査を進めていくにあたってその時点でX氏と会うことが非常に重要であるということでもない限り、きちんと基礎固めができるまでは会わない方がよい。そのほかに、情報提供者から副次的に得られる重要な情報として、誰と誰が友好的で、敵対的かといった情報がある。そうした情報は、最終的に提案される政策の政治的、実務的な実現可能性を検討していく上で役立つものである。

人を資料につなげる

情報提供者には、話を聞くべき人を尋ねるだけでなく、どんな資料を、読んだり入手したりすべきか尋ねることもできる。情報提供者のオフィスに行って、棚に並んでいる本や、机やテーブルの上に置かれている書類のタイトル、著者、関係する機関の名前に目を走らせることで、役立つヒントを得ることもできる。ヒアリングの最中に情報提供者からもらった資料は、その時点ではどの程度役に立つものかわからなかったとしても、すべてもらっておくべきだ。関連資料をすべて収集し終えた後に、新たに注目すべき資料として活用する可能性は十分ある。後になってその資料を引用したり文献目録を作りたくなったりしたときに、改めて図書館に足を運ぶようなことを避けることができる。

また、自分をメーリングリストに追加してもらって、レポートや会報、ニュースレター、ビラといった、当該政策分野で活動している団体が配信している情報を自動的に受信できるようにしておくとよい。多くの機関は予算などの数字を、表計算シートで電子的に保存しているので、オフィスを去る前にその場でデータをコピーさせてもらえるか、あるいはファイルを送ってもらえるか尋ねるとよい。

資料を資料につなげる

歴史や社会科学の分野で学術的なペーパーを書いたことがある人ならば、ウェブサイトのリンク、脚注、参考文献一覧から、ほかの資料をたどっていく方法を身につけているであろう。政策立案においても、同じ方法が役立つ。加えて、学術研究の観点からは完全な資料とはみなされないものであっても、政策立案の観点からは有用性が認められる資料も少なくない。こうした資料には、当該政策分野で責任や利害関係を有している組織・団体（時には個人も）が作成している調査報告書、ポジションペーパーなどが含まれる。中には、非常に有用なものもある。

調査が順調に進み始めれば、資料から資料へは比較的簡単につながっていき、さほど苦労はしないであろう。問題は、調査が始まったばかりのときには、どこから手をつけてよいかわからない、ということにある。一番簡単な方法は、インターネットを利用することだろう。グーグルなどの検索エンジンを使えば、政策の支持団体が作ったウェブサイトで、彼らの問題意識や提言案を探すことも容易であろう。こうしたウェブサイトは、貴重な情報を掲載していることが多く、政策立案のアイデアやさらなる調査の手がかりを得る上で有用な情報源である。ただし、そうした団体の主張は偏っていることも多いので、反対の見解を持つ団体のウェブサイトを探す努力も行うべきだ。

支持団体のウェブサイトは、最初の手がかりにすぎない。米国のブルッキングス研究所や、アメリカン・エンタープライズ研究所（AEI）などの政策シンクタンクのウェブサイトは、もっと有用である。これらの研究所は評価も高く、ほとんどの政策分野において、政策に関するペーパーを毎年作成している。そうしたペーパーの中には、社会科学の考え方を、（しばしば著名な学者が）現実の問題に当てはめて議論しているものもあり、当該政策分野を概観するような説明を含んでいることも多い。

米国において、ブルッキングス研究所はリベラル、アメリカン・エンタープライズ研究所は保守的と言われることがある。こうした色分けが一定程度正しいことも事実である。しかも、こうしたシンクタンクが、リベラル主流派、保守主流派に対して行う政策提言は、近年の政治の二極化を反映して、その差異がむしろ広がっていく傾向にある。しかし、両研究所とも、その健全な分析作業への社会的評価を維持することを重視しているという事実が、政策シンクタンクの色分けの議論よりも重要である。2つの研究所には、それぞれ異なった「政治的な方向性」があるものの、「政治的に偏った分析」が行われているわけではないというのが妥当な見方であろう。

同じことは、「リベラル」とされる、予算・政策プライオリティセンター（CBPP）や、「保守的」とされるフーヴァー研究所、「中道左派」と言われるケイトー研究所についても一般的に当てはまる。環境分野においては、リソース・フォー・ザ・フューチャー（RFF）が著名なシンクタンクであり、同シンクタンクについては、費用便益分析を環境政策に適用することを好むという傾向がある。ランド研究所やMDRCは、さまざまな政策分野において高い品質の政策分析レポートやプログラム評価を提供している研究機関である。

政府系機関のウェブサイトは、特定の法律や規制について調べようと思った場合に、非常に役に立つ。米国の議会予算局（www.cbo.gov）は、年間に何百もの調査を行い、多くをインターネット上で公開している。米国会計検査院（www.gao.gov）も同様である。

また、一般的な検索エンジンによって検索可能なウェブサイトだけに満足すべきではない。大学（あるいは政府）の図書館が提供しているオンライン上のデータベースを利用可能であれば、利用すべきである。大学や政府レベルの図書館は、しばしばデータベースと契約しており、新聞全文や雑誌記事(LexisNexis)、学術雑誌の掲載論文の要約及び全文（特にJSTOR）を閲覧することができる。CQ Pressから発行されているCQ Researcher Onlineでは、1991年以降に発行された、新聞・雑誌の特集記事を読むことができる。National Journalも、CQ Researcherと類似のサービスである。

インターネットの情報は非常に入手しやすいため、書籍の存在を忘れがちである（もちろん、すべての書籍がすべてオンライン上で公開される日が来れば話は別であるが)。残念ながら、電子的な検索方法では、良質で適切な書籍を見つけることは難しい。電子的な検索は、記事や、どちらかと言うとそのとき限りで作った資料を検索することに向いている。適切な書籍を見つける最良の方法は、専門家や運動家が推薦するものを探し出すことである。雑誌記事の参考文献を見たり、「人を資料につなげる」作戦に従って、直接聞いたりすることもできるだろう。

資料を人につなげる

専門家や研究者、行政官などの手による資料を読んだとき、あるいは、そうした人の名が資料の中で言及されていたときに、その人に会いたい、電話をしたいと思うことがあるかもしれない。ただし、そうした場合に、名目上の著者を本当の著者と間違えないように注意する必要がある。特に、著者が公的機関の中の個人やグループであったときは、そうした注意が必要である。極端なところでは、連邦最高裁判決の名目上の著者は連邦最高裁判事であるが、実際の執筆者は通常、判事付の調査官であるし、調査官はおそらく、ほとんどの立論を裁判で代理人から提出された弁論趣意書から抽出しているであろう。同様に、報告書の表紙に名前が載っている行政官については、実際に作業を行ったスタッフが本文中に記されていたり、あるいは序文で言及されていたりするので、行政官の背後に存在するそうしたスタッフを探し出す必要がある。

間接的な情報を探す

ある上院議員が、特定の政策課題について過去にどのような行動を行い、どのような考えを持っているか知るために、本人に直接質問する必要はない。何十人、何百人が、その答えを知っているかもしれないし、少なくとも、何らかの答えを知っている可能性が高い。そうした情報は二次情報となるため、バイアスや間違いが含まれていないか、常に確かめながら注意深く活用することが求められる。

しかし、そうした二次情報が、直接入手した一次情報と比較して、本質的に劣っているということでは決してない。一次情報にも、固有のバイアスや事実関係の誤りが含まれているかもしれないからだ。裁判にたとえて言うならば、自己に不利益な証言を述べることが強要されない被告人の証言よりも、事件の目撃者の証言に重きを置くことも、「真実」を発見しようとする上では自然なことである。ときとして、二次的な情報を補完するために一次的な情報を入手することが理にかなっている場合もある。特に、そうした一次的な情報を入手しなければ最終報告の信憑性に欠ける可能性がある場合、重要になってくる。

二次的な情報源を活用することは、政治的実現可能性に関する情報を収集するときに、特に重要となる。例えば、救急車の管理を一元的に市の警察組織に移管させるという政策提言を考えているときに、そうした提言に対する消防組織トップの反応を予想したいとしよう。消防組織のトップ自身に直接質問することもできるだろうが、本当のことを言ってくれるかどうかわからない。その問題に沈黙を守ることが、その人物の出世や将来的な利益につながりそうな場合には、特にそうなる。

内心はそうした改革に賛成し、むしろ熱心に取り組みたいと考えていたとしても、今後の展開において有利に振る舞うことができるよう、自分からはそうした必要性を口に出さないでおきたいと考えるかもしれない。あるいは、心の中では断固反対しているが、周囲から抵抗勢力と言われることを恐れて、反対していることを認めたがらないかもしれない。いずれにせよ、こうした議論をしている際に、消防組織のトップは、信頼のおける情報源にはならないであろう。最終的には本人の意見を直接求めることが望ましいかもしれないが、ベテランの市政担当の記者、現場の消防員、市政管理室の職員、あるいは警察組織に所属する人物など、さまざまな二次的な情報源を活用することで、本人からの意見と同じぐらい、あるいはそれ以上の情報を得ることができるであろう。

複数の一次情報の情報源を見つける

警察組織と消防組織の長年の関係について知りたいとしよう。2つの組織がこれまで協力的だったのか、反目し合ってきたのか、あるいは互いに無関心であったのか？　もし、何らかの理由で消防組織のトップに質問したくなかったとしても、警察組織のトップに話を聞くことはできるはずだ。警察組織から見た両組織間の関係は、消防組織からの見方とは異なるかもしれないが、両組織の関係という意味では、警察組織のトップも本件の関係者であり、直接的な情報に接しているはずだ。

この原理は、さまざまな応用方法がある。参加を拒否された（あるいは、何らかの理由で参加できなかった）会議の様子を知りたいときに、情報源となり得る人物はたくさんいる。ある参加者がその会議でどういう発言をしたのか知りたいときに、その参加者本人に尋ねる必要はない。その会議の他の参加者に聞くことができる。別の例を挙げれば、スミスさんからジョーンズさんに送ったメモを読みたいときには、スミスさん、ジョーンズさんのうち、自分にとって頼みやすい方の人に頼めばよい。あるいは、第三者からコピーを入手することもできるだろう[49]。

情報源を探し、情報を探す

政策立案プロジェクトの初期には、二段階の不確実性に向き合うことにな

49　二次情報を体系的に利用することや一次情報の情報源を複数見つけるという考え方は、ほとんどの社会科学研究分野の方法論において、見られないものである。多くの社会科学研究分野では、ある人物の心理状態や行動を知りたい場合、その本人自身に質問することが最良の情報源であると考えられている。社会科学研究では、最もバイアスが少ない方法で本人に関する情報を得るための調査方法やインタビューを設計することに苦心している。こうした考え方は、研究テーマに関し、純粋にデータを取得して純粋に理解を深めることが目的であるような、基礎研究を行う際にあたっては適切な態度である。一方で、政策立案においては、ある政策をとったときの帰結を予測するために、現実世界の必要十分な理解が求められるにすぎない。未来については多くの不確実性があり、コントロールできないさまざまな変数が未来の行動に関係してくる。過去や現在について、過度に正確性を求めることは、しばしば、政策立案の妨げとなる。

る。どのような情報を知っておくべきかという点と、どうやってその情報を入手するかという点である。この2つは相互に関連しており、1つの不確実性が減少することが、もう一方の不確実性を減らすことにつながるし、そのための条件にもなり得る。

まず、何を知っておくべきか、という点を突き詰めて考えてみよう。情報収集の目的がはっきりするにつれて、関係する情報源を絞り込むことができ、接触しようとしていた情報源についても対象にする必要がないと判断できる。これは古典的な調査研究のモデルであり、情報入手の目的が手段を決めるという考え方である。情報を得る目的がはっきりするにつれて、情報源の取捨選択や接触方法の戦略が形作られていく。こうしたことは、すべての社会調査に当てはまることであり、政策立案においても当てはまることである。

そのまったく逆の方向のことも、同時に当てはまる。新たに適切な情報源を見つけ出すための時間やエネルギーといったコストを考えると、もともとの情報収集の目的とは少し離れたものであったとしても、濃い内容を含む情報源を見つけた場合には、掘り下げて調べることが賢明であろう。例えば、ある州の立法当局に対して刑事常習犯の数を減らすための提案をしようとしているときに、他の州の犯罪統計局が極めて優れた関連統計を公開しているのであれば、（その州の常習犯に関しての情報という意味でも）そうしたデータが最も情報量の多いデータとなり得る。

この実用的な考え方に危険性が潜んでいるとすれば、内容が濃いと思われる情報源に多くの時間を割きすぎてしまい、もっと内容が濃い情報源がすぐそばに存在することに気がつかないことであろう。したがって、最初に相当の時間を割いて、さまざまな情報源を書き出し、政策分野や、関係する情報源について大まかなイメージを持つことが賢明な方法である。こうした最初の調査を行うことで、非常に内容が濃いと思われる情報源に没頭することも可能になる。また、こうした作業を行うことで、より大きな第2の危険性から身を守ることができる。それは、より望ましい、より実現可能な情報収集の目的を見失ってしまうという危険性である。最終的には、目的（情報）が手段（情報源）を規定するという古典的なモデルと、利用可能な手段が情報収集の目的を進化させていくという現実的なモデルの間で、バランスをとっていく必要がある。

接触機会を得て協力を取り付ける

情報源への接触機会を得ることは、時として、簡単なことではない。ジョーンズ議員にインタビューを申し込みたいのであれば、ジョーンズ議員のスケジュールを管理している秘書に対して、重要な案件に関するものであり、自分との面会を後回しにすべきではないと説得する必要がある。面会の期日は、それほど遠くない将来に設定する必要があるだろう。ジョーンズ議員が面会の約束を破っても、さらにその代わりに設定された面会の時間に現れなかったとしても、面会を強く申し込み続けなければならない。もし、ジョーンズ議員に2回のインタビューを申し込みたい場合には、その可能性を残しておく努力をする必要がある。1回目のインタビューで適切に振る舞うことで、その可能性を高めておくことも重要であろう。

情報提供者から、積極的な協力を取り付けたいときもある。例えば、ある機関の運営状況や予算に関わるデータについて、その人物を通じてしか入手できないような場合である。そうしたデータは生データになっていることが多く、ファイルの中のデータは並び替えや表にする作業が必要であることも多い。時には、データが加工途中となっているものもあり、並び替えや表にする作業は一応終わっていても、外部の人間には判別できない形式になっていることもある（担当者にとっては判別可能であっても、外部者である政策立案者にとっては、理解できない形式になっている場合など）。そうした場合、一見整合性を欠いているように見える分類区分や、担当者が自分の意思決定のためだけに使ってきたデータの意味について聞く必要が出てくるかもしれない。

最後に、データの中には、一般に公開されているけれども、自分が行おうとしている政策立案の目的にはまったく使えない、あるいは、少なくとも適切な形では使えないような形式のデータがある。例えば、州の刑務所の内部評価を行う職員が、釈放件数と再犯件数についてまとめた年次報告書を公表しているとしよう。一方で、報告書において初犯とされている人たちの過去の逮捕歴の有無や有罪判決を受けた記録について、執筆者がどれほど正確な情報を持っていたのか、報告書からは読み取れなかったとしよう。保護観察官の報告に基づいているのか、刑務所での記録に基づいているのか、あるいは他の州の記録を参考にしたのか、よくわからなかったとしよう。

行政機関が自らのデータのバイアスの構造について把握していないことはよくあることだし、仮に把握していたとしても、一般には公表していないことがほとんどである。こうした場合にも、加工中のデータのケースと同様、当該機関からデータの解釈を手伝ってもらうことが必要になる。その場合、当該機関やその職員との関係をどの程度良好に保ってきたかによって、当該機関がどの程度手伝ってくれるかが変わってくる。

面会の約束を取り付ける

情報提供者は、政策立案者からのインタビュー依頼に、なぜ応じなければならないのであろうか？　社会における礼節の一部、より具体的には礼儀作法や社会規範といった観点から説明することが妥当かもしれない。米国においては、誰かが話しかけてきた場合、それが秘書を介してのものであったとしても、何らかの返事をすべきだと考えられている。もちろん、権力があり、忙しく、政治的に慎重に振る舞う必要がある相手であるほど、単に礼節に訴えかけるだけのやり方は効き目が薄いだろう。そうした場合には、相手の社会的地位に応じた責任感に訴えかけてみたり、もし自分自身が有名な組織に所属しているのであれば、そうした組織の一員である立場を利用してみたりするのもよい。加えて、多くの人は、たとえ相手が政策立案者だったとしても、外部の人から興味を持たれ話を聞いてくれるとうれしく思うものだ。

しかし、こうした礼儀や虚栄心への訴えかけよりも、本人の政治的利害関心への訴えかけの方が、うまくいくことが多い。自分が行っている調査が、情報提供者（またはその組織）にとって、政治的に好ましいものになり、政治目的の達成に役立つ成果を生み出しそうであることを示唆してみよう。そうすれば、情報提供者としても調査に協力し、自ら（またはその組織）の見解を伝えた方が安全だと考えるだろうし、インタビューを受ける機会を通じて、調査がどのような政治的意味合いを持つのか把握しようとするであろう。もちろん、面会約束を取り付ける際に、電話口でうまく説得し、情報提供者がそういう風に考えるように仕向けることも必要である。スケジュール管理を担当している秘書と話をしているときは、先方が政治的なささやきに気づかないかもしれないので、かなりはっきりとあからさまに、自分の意図するところを伝えなければならないかもしれない。電話口での会話や秘書とのやりとりに終わらせないためにも、電話が終わったあとで、インタビューを申し込むための手紙を送るのも有効であろう。

自分が接触しようとしている複数の情報提供者が知り合い同士である可能性もあり、その場合、どんな人が接触してきて、どんな調査をしようとしているかを知り合い同士で話し合うこともあるかもしれない。そうした会話が行われたときに自分に有利に働くよう、あなたは有能で知識があり、エネルギッシュで、知的で、政治的に重要な何かを生み出しそうな人物だという評価がされるように努力すべきだろう。

そうした評価を得るためには、実際にそうした人物になることが最良の方法であることは言うまでもないが、いくつかの策を講じることも有効である。例えば、情報提供者になりそうな人が参加する打ち合わせや会議に出席し、会場の飲み物置き場や、参加者が会議後に立ち寄りそうな場所をぶらつき、見覚えがある顔になるのも一案だ。半ば誰でも出席できるような打ち合わせであっても、参加資格を得て、多くの人が見ている場で重要な出席者に話しかけるなどして、自分の能力を印象づけてみよう。ただし、こうした図々しさは、反感を招いたり、かえって能力が低く見られる原因になったりする場合には逆効果なので、思慮深く行うことが必要である。

こうした集まりに参加した場合、単にぼんやりと座っている人物という印象を他の人に与えるよりも、飲み込みが早く注意深いという印象を与えた方がよい。ノートやパソコンにメモを猛烈な速さで必死に書き込んでいる姿は、良い芝居になるし、また、そのこと自体役に立つ。会話を聞かれるよりも単に目撃されることの方が好ましいが、楽しげに会話している姿は、周囲からの印象をよくすることにつながるであろう。なお、そうしたときであっても、ある情報提供者から得た秘密の情報を他の人に伝えるような、口の軽さを疑われるような振る舞いをしてはならない。

実地調査は、なかなか進まないし、実際に実地調査ができたとしても、予想どおりの成果を得られないことも多い。プロジェクトを実施している間は、自分のスケジュールが他人のスケジュールの人質になっているかのように拘束されてしまう。自分が面会を申し込んでから面会日として指定される日まで、数日〜数週間かかることは覚悟しなければならないし、もし情報提供者が約束を守れず、さらに数週間後ろに日程をずらした場合、調査に要する時間はさらに長くなる（研究活動とは、何もせずに待つことに近いと思うようになるかもしれない）。この問題は、ある情報提供者に会ってから他の情報提供者に会おうとしているときなど、ボトルネックが発生するときに特に深刻な問題となる。無駄となる時間を最小限にするためには、インタビューについて2つか3つの独立した流れを作っておき、1つの流れが止まったとしても作業全体が止まったりしないよう、同時並行的に行うとよい。

情報提供者への接触機会を増やす

個人や組織に一回限りの面会約束を取り付けるのではなく、複数回の接触を行う必要がある場合、異なった問題が生じる。礼節に訴えかけることはほとんど意味がなく、政治的な動機に訴えかけることが必須となる。接触しようとしている個人や組織にとって、実施しようとしている調査が政治的に不利に働きそうな場合、いくつかのドアが閉じられてしまうことはやむを得ない。こうした事態を究極的に回避する方法はないので、対応策としては、ほかの接触手段を開拓するしかない。政治的に立場が近いと示すことは、多少は役に立つかもしれないが、多くは期待できない。むしろ、繰り返し接触できるかどうかは、個人的な関係を築けるかどうかにかかっている。これには時間がかかるし、特に、内心で思っているよりも親しげに、話が合うように振る舞うことが苦手な性格の持ち主にとっては、より時間がかかるであろう。

親しい関係は、結局のところ、何回も会うことから作られる。人類学者は、自分が研究している部族の神聖な儀式や慣習を見せてもらうまで、部族の人たちと何カ月も一緒に生活する。自分も人類学者になったと思えばよい。

少し説教がましく聞こえるかもしれないが、仕事を行う上では、基本的な礼儀を守ることも重要だ。時間は厳守すること。きちんとした服装でヒアリングに臨むこと。一般的には、ヒアリングの相手と同じか、若干カジュアルな服装をするとよい。馴れ馴れしすぎたり図々しすぎたりしない程度に、親しげに振る舞うこと。もし、インタビューを録音するのであれば（記録を残すためにインタビューを録音することは常に良いことである）、機器を手際よく準備し、録音内容は自分の備忘としてのみ使うことを説明すること。また、情報提供者が望んだときにはいつでも録音を止めると明確に伝えるべきだ[50]。

組織のデータを整理したり解釈を手伝ったりしてくれる人物は、その人物の上司がそうした便宜を図るように何度も指示していたとしても、あなたに対して「特別な便宜を図ってあげている」と思っているものだ。そうした「便宜」を受けた際には、協力者が「余分に仕事をしてくれている」ことに対する感謝の気持ちを伝えることも礼儀である。より協力的な情報提供者は、自分が行った講演の原稿を、関心があるだろうと思って送ってくれることもあ

50　インタビューの中で、機微な話になったときには、最初に言ったとおり録音を止めてほしいかどうか、相手の確認をとった方がよい。

る。打ち解けた雰囲気の食事会に招いて、くつろいだ雰囲気の中で情報提供者になりそうな人たちに会えるよう、取り計らってくれるかもしれない。そうしてもらえればありがたい旨を伝えるだけでも、ある程度こうした協力を促すことはできる。

また、自分の連絡先となる電話やファックス番号、メールアドレスや住所を伝えることも、そうした可能性を高めることになるだろう。この種の情報を伝えるために名刺を作っておくことは、大いに役立つ。仕事のために必要な他の支出に比べれば、名刺のコストは小さいし、得られる効果は大きい。

情報提供者との接触機会を使い果たす

情報提供者への接触機会は、増えたり、新しく生まれたりするだけではなく、使い果たすこともある。何度も繰り返し接触することで、個人的関係を築くことができる場合もあるが、そうならない場合もある。極端な場合には、1回会うだけで関係が終わってしまうこともある。これは、情報提供者が身構えていたり、敵対的であったり、極めて多忙で容易に物事を頼むことができない場合などにしばしば生じることである。大抵の場合はそこまで極端ではなく、情報提供者が2回目のインタビューには応じるが3回目には応じない、あるいは3回目は応じるが4回目は応じない、というようなことになろう。情報提供者への接触機会を比較的早く使い果たしてしまいそうだと考えるのであれば、当該人物へのインタビューは、調査過程の後ろの方に延期した方がよい。大抵の場合、知識を蓄えることで、より生産的なインタビューが可能になるからである。

通常、そうした情報提供者とのインタビューを後ろ倒しすることは、政策立案者にとって難しい問題を生じさせない。なぜなら、調査の初期の段階では、より低い役職の職員、事務補助員、広報担当者といった人々と話をすることで調査が行われるからである。有用な情報源となる可能性があるのは、退職した公務員や当該機関に勤めている非主流派の職員である[51]。こうした人物は、調査のどの段階でも豊富な情報を提供してくれるが、とりわけ調査の初期の段階において、高い政治レベルの人物に接触することを後回しにしたいときには貴重となる。

政策立案者に対する評価も、なくなりやすいものである。厳密に言えば、なくなる危険性があるのではなくて、悪評に転じる可能性があると言うべきかもしれない。公平で、慎重で、知的で冷静であると思われるのではなく、党派的で、ほら吹きで、鈍感で、だまされやすい性格だと見られ始めるかもしれない。そうした好ましくない評価を得ないようにするには、党派的になることを避け、分別を持つとともに、これはすでに指摘したことでもあるが、実際に知的かつ冷静な人物になることが最良の方法である。

政策立案のためのインタビューを実施する

政策立案は、完成した際には、政治的に利用される資料となる。合理的に分析した結果として導き出されるメリット・デメリットは、いかなるものであっても、大きな意味を持つ可能性がある。あるグループにとって、他のグループを攻撃する口実になったり、他のグループから攻撃された場合の反論材料になったりすることもある。そうしたグループ間の宣伝合戦において、政策立案で得られた分析結果が、一種の武器として機能することがあり得るのである。公表される政策立案レポートの言葉遣いや外見は、中立的で政治的に偏りのないものであるとしても、そうしたレポートが、著者やそれ以外の人々によって、政治的な目的のために使われる可能性が十分にあることは、誰もが認識することである。

このため、情報提供者は自分がインタビューで話すことの政治的影響につ

51　私の元同僚であるWilliam Niskanenは、彼のような民間の政策立案者にとって、将官への昇進を二度逃した大佐クラスの人物が、米国国防総省における好ましい情報源となると言っていた。

いて、非常に敏感になる。行われようとしている調査が情報提供者の個人的、政治的利害にどのような影響を与えると考えるかによって、情報提供者の政策立案者に対する接し方も変わってくる。

自分がインタビューで話す内容の政治的影響を懸念して、情報提供者は思ったことを正直に話したがらないかもしれない。どの程度こうした状況が生じているかはわからないだろうが、インタビューを受ける相手は、誰もがこうした問題に直面しているものと考えた方がよい。より極端な場合には、インタビューの相手に対してさまざまな働きかけを行うことが必要になる。この最も難しい問題に触れる前に、政策立案のためのインタビューを実施する上での基本戦略を示したい。

会話を活気づけ、誘導する

インタビューは、情報提供者と政策立案者の間で行われる相互作用のプロセスである。このプロセスにおいて、主な推進力は、情報提供者の側にあるべきだ。聞き手としては、情報提供者が話をし続けるように促し、ある程度話が弾むようになったならば、会話を誘導したり、話題を変えたり、テンポを遅らせたり、趣旨を確認する、といったことを行うことになる。

政治的動機に加えて、情報提供者は、伝えたい内容があるから話をしている。多くの政治家、行政府の長、重要なスタッフは（実際にそのとおりであるが）、自分たちが行った仕事の中で最も素晴らしく価値のある部分が、表向きにされていないところで行われ、世の中から気づかれず評価されていないと考えているものだ。そうした人たちはしばしば、驚くほど熱心に、インタビューを通じて彼らの行いを世間に知らしめようとする。中には、自分が関わった「サイドストーリー」をより良く理解させようとする人もいるだろう。そうした話を初めて聞くと、驚くほど面白い話であったりする。

インタビューを伴う社会科学研究では、通常、質問者はできるだけ中立的な存在となり、回答者から発せられるデータを記録しようとする。しかしながら、政策立案のためのインタビューにおいては、こうした方法は概して不適切だと思われる。情報提供者は、質問者を中立的な存在とは見なさない。また、インタビューを行う側としても、無理なごまかしを行おうとするのは賢明ではない。なぜなら、現在行っている調査は、最終的には政策提言を導き出すためのものであるからだ。

したがって、インタビューを行う側としても、刺激的で論争的な質問やコメントを行って情報提供者の反応を探ることを躊躇する必要はない。また、時には、自らそうした質問に対しての自分の考え方を述べてもよい。こうしたやりとりを通じて、情報提供者は考え方を整理することができるかもしれないし、記憶を呼び覚ますかもしれない。精神活動が活発化し、インタビューに活気をもたらすかもしれない。上手に行えば、情報提供者としても、刺激的な経験をしたことに感謝するであろう。

インタビューを行う人間として重要な資質は、心の狭い人間と思われたり、攻撃的な人間だと思われたりしない（あるいは実際にそうならない）方法で、活発に議論を行うことができる能力にある。例えば、議論を呼ぶようなことを言ったあとで、情報提供者がその話題を避けたいと思った場合には別の話題にさりげなく変えられるようにし、気まずい思いをさせて沈黙させるのではなく、むしろ活発に話を続けさせるような行動を取るのも良い方法だ。

ほとんどのインタビューは、情報提供者の職場で行われる。しかし、レストランやカフェなど、より打ち解けたオープンスペースでインタビューを行うべき場合もある。そうした場合にメモを取る方法は、くつろいだ環境に合ったものにすべきだ。前もってポケットに封筒を入れておき、その封筒の裏にメモを取る、といったこともできるだろう。

情報提供者を活気づかせるということのほかに、インタビューにおいては、自分が関心を持っている話題に情報提供者を誘導するということも重要になる。これにはいくつか方法がある。

自分も発言できることを再確認するために、情報提供者の会話の流れに割って入ることも、時には必要だ。そうすることで、会話の勢いを大きく削がない形で、情報提供者の話のペースを落とすことができる。情報提供者が話している話題に関係する、簡単な事実関係についての質問をいくつか発するというやり方でもよい。こうした質問は、少なくとも最後の質問については、次に聞きたいと考えている話題に移るためにふさわしいものにすべきである。例えば、郡の総合福祉サービスの調整担当者にインタビューしているとしよう。彼女は、総合福祉サービスの実施組織と、郡の行政組織のトップとの関係について話しているとしよう。この話題については十分に話を聞いたので、総合福祉サービスの実施組織が、連邦政府の住宅都市開発省にどのような予算要求をしているかという話題に誘導したいとする。このときの会話は、次のようになるだろう。

情報提供者：……ということで、これまで私たちの組織は、郡の行政組織のトップと数え切れないほどの戦いをしてきました。もちろん、彼女の問題ではないかもしれません。郡の議会はとても保守的ですし、彼女は再任のために議会の支持を必要としていますから……。

政策立案者：〈遮って〉そう言えば、彼女は今年が再任の年でしたね？

情報提供者：そうです。

政策立案者：いずれにしても、彼女が総合福祉サービス組織の予算を管理しているわけではないですよね。

情報提供者：それはそのとおりです。

政策立案者：一方で、連邦住宅都市開発省は、総合福祉サービス組織の予算を管理しています。連邦住宅都市開発省との関係はどうですか？　要求はすぐに認めてくれますか？　例えば、予算要求についてはどうでしょうか？

ここで重要なことは、自分が話題を変えたがっていることを情報提供者に気づかれないようにすることではない。もちろん、そうできた方がよいし、それを試すことは重要である。しかし、重要なことは、会話の勢いを削いだり、気分を害したりすることなく、情報提供者の話題を転換することである。情報提供者自身、話題を変えたいと思っているのに話題を変えられないでいるときもある。インタビューする側の役割は、そういった瞬間に、情報提供者がその話題から抜け出せるように手伝うことだ。どの話題に導けばよいのかわからないときは、当たり障りがない話題で、感情的になりすぎたり難しすぎたりしないような話題を考えるとよい。そうした話題でペースを落としている間に、あなたと情報提供者の双方が、より重要な関心事項に移っていくために考えをまとめたり、気持ちの準備をしたりすることができるだろう。

情報提供者から特定の人物について聞き出すことは、微妙な問題をはらむ。インタビューが、そうした風評について話し合う場にならないように安心させなければならないし、情報提供者がそうした風評を話す人だと思われているわけでないこと、あなた自身がそうしたものを求めていないことを、はっきりさせる必要がある。初めて当該人物の名前に言及するときには、中立的で事実関係を議論している文脈の中で行うことが1つの方法である。

政策立案者：先ほど、サウスサイド地域健康組合について話していただきました。グリーン博士は、組合長に就任して1年ぐらいですか、それとも、2年ぐらいですか？

情報提供者：おそらく、ほぼ2年だと思います。

政策立案者：もっと短いように感じますね。前任のブラック博士のことは、とてもよく覚えています。

情報提供者：ブラック博士は立派なリーダーでした。

政策立案者：多くの人は、グリーン博士について厳しく見ているようですね。一部の人からは、非常によい評判を聞いたこともありますが。

情報提供者：そうです。グリーン博士の評価については、大変議論のあるところです。彼は、間違いなく有能な上司ですし、われわれにも大変良くしてくれています。ただ、私たちは、彼の部下であるホワイト氏と仕事をすることが多いですね。

政策立案者：それはなぜですか？

このように、風評的な要素が入り込む危険性に十分注意しつつ、聞き手と話し手の双方が相応の責任を持って、小さなステップを少しずつ踏みながら、特定人物についての会話を進めていくことになる。人物についての話題は非常に注意を要するものであるため、情報提供者に訊きたがっていると受け取られないような方法で、会話の中に人物名をさりげなく滑り込ませるようなやり方でもよいかもしれない。また、特定の人物についての議論をどうしても行いたい場合に、こうした手続きを踏んでおくことで、通常の会話の流れから逸脱しているという印象を小さくすることができる。

もし、議論の対象となっている人物について情報提供者が好ましくないことを言う場合には、あなた自身は当該人物から、社会的、個人的、政治的に距離を置いているように振る舞う必要がある。上述の例では、政策立案者は「ビル・グリーン」と呼ばずに「グリーン博士」と呼んでいる。グリーン氏の個々の経歴についてよく知らないことをほのめかし、自分としては距離を置いていることを示唆しているのである。もし、情報提供者が、議論の対象となっている人を褒めようとしているのであれば、逆の方法を取ることもできる。ただし、誰かと非常に近い関係にあるように見えることは、中立性を疑わせる可能性もあり、常に若干のリスクを伴う。

身構えた情報提供者を動かす

それほど多くはないが、頑なに防御的な態度を取る情報提供者に出会うことがある。そうした情報提供者は、「ノーコメント」を繰り返すことが主たる防御方法で、うまく言い逃れをすることは次善の策と考えている。こうした問題に直面した場合は、インタビュー開始後の早い段階で対応策を検討し、それを踏まえてインタビューの目標を再設定するべきである。他の人からは得られない情報で、目の前の情報提供者にしか答えられないような情報について質問を行うことに集中すべきである。あなたは情報提供者の防御的な姿勢を突き崩すことに多くのエネルギーを注がなければならないため、非常に具体的な目標に関心を集中させ、調査を開始すべきである。

こうした初期評価を行い、インタビューの目的を具体的な情報の取得に絞ったあとで、次に行うことは情報提供者に対する働きかけである。最初に行うべきことは、相手が防御的姿勢を取っていることに自分が気づいていることを理解させ、それによって自分が気分を害しているわけではないことを伝えることだ。

すでに多くの情報を入手し手がかりをつかんでいること、他の情報源に接触しさまざまなことを聞かされていること、他にも協力してくれそうな情報源があることなどを伝えて、情報提供者が防御的な姿勢を取っていることは本人のためにならないことを伝えよう。そして、こうした情報源からの情報は、情報提供者の立場からすると、自分自身で説明する場合よりも偏見を含んだものになっており、その結果、情報提供者が率直に説明したとしても情報提供者本人にとって失うものは何もなく、むしろ得るものが多くなることを示唆してみよう。多少の「ハッタリ」は必要かもしれないが、もちろん、そうした戦術を採ることには明らかにリスクがある。知ったかぶりをするよりも実際に多くの情報を得ている方がよいし、自分がつながっていると指摘する情報源と実際につながっていた方が、単なる「ハッタリ」を繰り出すよりも望ましい。

以下は、そうしたインタビューの例であり、地元の保険会社の責任者に政策立案者がプレッシャーをかけようとしているところである。

政策立案者：もう1つ掘り下げてお伺いしたいのは、保険会社がいわゆるゲットー地域の商店主に保険を販売しているのか、という問題です。

情報提供者：(沈黙)

政策立案者：そうした保険が、ビジネス上リスクの高いものになるので問題となるのですよね？

情報提供者：（沈黙）

政策立案者：そうした契約はリスクが大きい、と言う人もいます。この地域の保険引受人は、彼らと契約を結ぶことはリスクがあると考えているのでしょうか？

情報提供者：よくわかりません。

政策立案者：ブラック商店組合の人は、保険会社が保険をまったく販売してくれないと言っています。彼らは、「許容範囲外のリスク」と分類されているとも言っています。

情報提供者：よく知りません。保険というものは、さまざまなリスクを科学的に分析して引き受けるものではないでしょうか。

政策立案者：*〈情報提供者は、保険業界の方針や一般的慣行、特に当該地域の保険会社について何の情報も提供しそうにないと判断する。情報提供者はおそらく、自分の会社の方針やルールについても議論をしたがらないだろうから、情報提供者の会社が行っている慣行についての情報を集めることに集中することにする〉*多分、もっと具体的にこう質問することもできます。貴社、ベッドロック火災では、許容範囲外のリスクが存在するという理由で契約を拒絶したケースはあるのでしょうか？

情報提供者：よくわかりません。当社はとても大きな会社ですし、営業活動の詳細まで私は詳しく知らないのです。

政策立案者：もちろんです。*〈自分が怒らないことを伝える〉*ただ、秘書の方を通じてでも結構ですので、担当している方と話をする機会を設けていただけませんでしょうか？*〈相手を動かすための別の材料を探す〉*一方で、「許容範囲外のリスク」というカテゴリーについて教えていただけませんか？　ベッドロック火災は、販売員に対して、保証を受ける人が十分に高い保険料を支払った場合には、どんな土地や建物であっても保険を販売すると言っているのですか？*〈情報提供者の警戒を解くた*

めに、質問の条件を変える〉それとも、会社としては、保険料に上限を設定しているのでしょうか。

情報提供者：まあ、われわれとしても、当然、法外な保険料を課したくはないですからね……。

政策立案者：〈遮って〉ということは、保険料の上限の範囲内では、保険を引き受けるにはリスクが大きすぎる案件があるかもしれない、したがって「許容範囲外」となる、ということでしょうか？ 〈引き続き攻撃的に出る〉契約解除についてはどうでしょうか？　過去に保険請求があったというわけでもないのに、ベッドロック社がゲットー地域の商店主との契約を解除したり、更新を拒絶したりしたことはありませんか？　これも、ブラック商店組合が不満に思っていることなんです。

情報提供者：〈政策立案者が思っていたよりも事情を知っているため、ブラック商店組合の主張に予防線を張っておくことにする〉確かに、いくつかの契約解除は行いました。特に暴動が発生しやすい地区でのことです。同じ地区で、契約の更新を拒絶したこともあります。われわれとしては、致し方のないことでした。何か問題が発生すれば、われわれは多額の資金を失う立場にありますから。

政策立案者：〈この「告白」をさらりと受け流し、情報提供者に自分の立場からの主張を話させようと試みる〉もちろん、とてもよくわかります。ほとんどの人が、その問題をわかっていると思います。〈ここから、1つの数字を得ることに目的を定める。その数字とは、ゲットー地区周辺のベッドロック社の契約のうち、過去2年間に契約解除または更新拒絶したものの割合である〉過去、ベッドロック社は、あの地区でたくさんの保険を販売してきましたよね？

情報提供者：そうです。かなりたくさんの数です。

政策立案者：あの地区では、まだ一定数の保険契約が残っていますよね？

情報提供者：そうだと思います。ただ、先ほど言ったように、私自身、営業活動の詳細までは詳しく知る立場にないので……。

政策立案者：*〈遮って〉*どれぐらいの契約が継続されているか、比率はわかりますか？　例えば、2年前の契約者のうち、どの程度の契約者が現在も契約を継続しているのか。80％なのか20％なのか、ざっくりとした数字でも教えていただけませんか？

情報提供者：明らかに、20％よりは80％に近いと思うのですが。ただ、本当に私は知らないのです。

政策立案者：*〈興味深いデータであり、積極的に取りにいく価値があると判断する〉*その数字、見つけられませんか？

情報提供者：簡単ではないと思います。そういう形式でまとめられたものはありませんし、見つけるのは非常に難しいと思います。

政策立案者：*〈非常に難しいとは思えないので、ファイルを発見するために自分の労働力を提供することとする。必要に応じて、ハッタリをかけることとする〉*ゲットー地区の商店主と保険契約を結ぶことに関して、ベッドロック社は他の会社よりも消極的だという印象を持たれていると思います。事実関係はどうなのか私にはわかりませんけれども。ただ、ブラック商店組合関係の弁護士が、法律上の問題点を洗い出しているところだと思うのですが……。

情報提供者：ベッドロック社は、他の会社と比べて、消極的でも積極的でもないはずですよ。事実関係を確認してほしいと思います。

政策立案者：状況がもう少しわかったら、お伝えしたいと思います。それはそれとして、ベッドロック社のこの分野での記録に関して情報をまとめるのであれば、どういう形でも、喜んでご協力します。

結末を見る前に、このあたりで中断しておこう。どのような結果になるにしても、政策立案者は、できる限りのことを行ったと言える。ベッドロック火災の社長は、政策立案者が求めている情報を提供するかもしれないし、提供しないかもしれない。インタビューの戦略や戦術が優れていたとしても、必ず成功をもたらすというものではない。特に、政策立案者にとって、もともと形勢が不利だったときは、なおさらである[52]。

身構えている情報提供者がよく採る策略の1つは、無関係な統計の数字や事実関係を大量に並べ立てて、そうした意図に気づかずにデータを崇拝する、経験の浅い政策立案者を易々と混乱に陥れてしまうというものである。それ以外にも、あまり関係のない話題を長々と話し、あらかじめ設定されているヒアリング終了時刻近くまで時間をつぶす、という策略が取られることもある。こうした質問逃れの戦術に対抗するためには、そうした相手の戦術をよく認識することが最も重要である。

もし、自分自身による働きかけがうまくいかない一方で、入手しづらい情報が自分にとって重要であるならば、他の人から働きかけてもらうこともできる。例えば、大学院生の政策立案者では、頑ななまでに身構えている官僚に働きかけを行うことは難しい。しかし、議員や議員の秘書であれば、より効果的な働きかけができるだろう。したがって、最後の手段として、理解を示してくれそうな議員を説得し、支援してもらうということもできる。時には、新聞記者や、有力な団体に属する人からの支援も役に立つかもしれない。例えば、地域の医師会であれば、大学の研究者や郡議会の議員ですら得られ

52　この場面で政策立案者はハッタリをかけるという戦術に出ているが、これについては倫理的観点から議論があろう。こうした戦術は多くの場面において倫理的ではないと考えられるが、正当化される場面もある。このケースは、正当化されるべきケースの1つだ。このケースで、ベッドロック社の社長は情報を開示をしないでおこうと考えていた。ベッドロック社にそうした権利があるだろうか？　通常は、会社側にもそうした権利がある。しかし、ゲットー地区の商店主は、(政府や慈善団体の支援を得た上でのことかもしれないが) 合理的な保険料を支払う意思があったにもかかわらず、商売上のほぼ必須要件とも言えるものを奪われたのである。ベッドロック社の権利は、こうした不当な行いと天秤にかけられなければならない。政策立案者は、こうした不当な行いと戦う権利がある。ただ、そうした権利があるとして、政策立案者は人をだます権利まであるのだろうか？　政策立案者の側では明示的にだましているかもしれないが、ベッドロック社側も黙示的に (隠れて) だましている。両者の行為は相殺されるべきと言えるだろう。

ないような医療政策に関する情報を、郡の病院管理者から入手することができるかもしれない。

働きかけを行う上で支障になるのは、圧力をかけようとしている組織や個人との間で誠意ある関係を続けたいという気持ちである。働きかけを行った場合、対象者と疎遠になるというリスクが明らかに存在するからだ。目の前の調査を乗り切るだけであれば、強引な戦術を取ることをなるべく後ろ倒しする、ということで問題を小さくすることができる。強引に働きかければ反感を抱くであろう人たちがどう出ようとも作業が影響を受けないような状況になってから、働きかけを実施すればよい。より難しいのは、現在取り組んでいる政策立案に関する作業が終わったあとも、現在調査している個人や組織との間で、長期的な関係を維持したいと考える場合である。将来に向けた関係を維持しようとするのであれば、いくつかの情報の入手は、断念せざるをえないかもしれない。

特徴や程度を表す言葉を使う

インタビューにおいては、会話の文脈の中に埋め込まれた話し言葉が、基本的な情報伝達媒体となる。そうした情報伝達媒体が、何かを表すための装置として使われる場合、（心理統計学で言うところの）信頼性や妥当性といった問題が生じることになる。

! 本質的な理解のためのヒント

最もわかりやすい問題は、特徴を示す言葉に関することである。ただし、これは解決しやすい問題というわけでは必ずしもない。もし、情報提供者が「これはストレスが溜まる仕事です」と言ったならば、「**ストレスが溜まる**」という言葉について、大きな枠組みや一定の物差しに照らして結果を測定することが可能となるよう、言葉の性質と強度について解釈することが必要となる。

これは、そうした測定が可能になるように質問の流れを設計することで、初めて可能になる。1つの近道は、特徴を示すような言葉を自分から言ってみて、情報提供者がどのように反応するか見てみることである。例えば、「もし自分がこの仕事を引き受けたなら、すごくストレスが溜まる仕事だと思うでしょう」と自分から言ってみるとしよう。これによって、「すごくストレスが溜まる」という、自分と情報提供者が参照できる一種の物差しを作ることができる。もちろん、あなたと情報提供者が、この表現を同じ意味で使うかどうかはわからない。「ストレスが溜まる」ことの線引きは、人によって異なるからだ。それでも、出発点としては悪くないと言える。

この例に改良を加えるとすれば、2つの物差しを作ってみることである。つまり、ある方向性から別の方向性までさまざまな程度が考えられるときに、ある方向性の程度の一端と、それとは別の方向性の程度の一端を示すような表現を提示し、さらにその中間となる程度を示すような表現を提示する、というものである。例えば、「提案Xを聞いたときに、どう思いましたか？　先ほど別の提案についておっしゃっていたような、非常に懐疑的な印象を持ったのか、あるいは、比較的肯定的な印象を持ったのか、あるいは、もう少し様子を見てみようと思ったのか、どれに近かったですか？」と質問するような方法である。

この方法のさらなる利点として、情報提供者がどの立場を取っているとしてもその回答を尊重するという姿勢を示すことができるし、情報提供者が過去に用いた表現を使って本人の考え方を探ろうとする姿勢を示すこともできる。あるいは、質問に組み入れる表現として、「他の人たち」が言っている言葉を用いるということでもよい。

もちろん、こうした特徴を示す言葉の例を示すことで、情報提供者にそうした言葉を認識させ、時には実際にそうした言葉を引き出してしまうことにもなる。もし、「非常に懐疑的」という言葉を用いて質問しなければ、情報提供者はその提案を決してそのようには思わなかったかもしれない。したがって、そういった質問をすることで、ほとんど何もないところからそういう考えを引き出してしまうというリスクを冒してしまうことになる。しかし、そうしたリスクは、言葉を情報伝達媒体として使うことに由来するものであり、避けられないものである。

調査研究の調査員やテレビのレポーターが使うような、表面上中立的で客観的な言葉を使うときであっても、言葉を使って質問する以上、対象者の思考や発言の中にその言葉が埋め込まれることになる。刺激的な特徴を示す言葉も、程度を測るための物差しとして使われる限り、調査研究やプロのジャーナリストが用いるような、より中立的な言葉と同等な役割を果たすものである。

信用を守る

社会科学研究と同様、政策立案も最終的には、知的な観点からの批判を受ける対象となる。他方で、社会科学研究と異なり、政策立案は政治的な観点からの批判、とりわけ、課題設定自体に対しての攻撃を受けやすい。社会科学研究においては、研究課題自体が成果物の批判の対象になることは稀である。一方、政策立案においては、そうした批判は不可避である。したがって、政策立案者は、政治的に動機付けられた攻撃や、純粋に知的な観点からの攻撃に対し、自分の仕事への究極的な意味での政治的信用を守るため、必要な手段を講じていく必要がある。

政治的な思惑からの批判を防ぐ

政策立案は知的な気づきを伴うものであるが、社会科学研究とは異なり、政策立案の主たる目的は、（自分や自分の同僚に対して）知的な気づきを与えることにあるのではない。政策立案の目的は、そうではなく、政策課題に対する自分の理解を深めた上で、その課題に対処するための手段についての自分の理解を深め、最終的には責任ある今後の対応策について提案できるようにすることである。したがって、政策立案が狙いとするものは、広く複雑な現象であり、通常、「真実」については非常に大づかみの概要を示すことで足りる。これは、通常、狭い範囲の課題に対してより精緻な解釈を追求する社会科学研究とは、大きく異なる点である。大づかみの概要に基づいて議論するということは、そのぶん、政治的な思惑からの批判を受けやすいということでもある。政策立案者は、こうした批判から、どのようにして身を守ればよいのだろうか？

まず、自分たちが無視されているという主張を提起することによって報告書への攻撃を行ってくることが予想されるグループ（あるいは組織化されている利害関係者）とは、あらかじめ連絡を取るように努めるべきである。実際、そのグループの主張については考慮したという証拠を残すために、そうしたグループの主張を報告書で引用し、批判を防ぐのは良い方法である。

例えば、ある地区の教育長の選考方法を変更することを提案しようとしているのであれば、学校管理者の代表や、全米教育協会や全米教員連盟の支部代表といった人たちにインタビューを行うことが望ましい。こうした団体の広報担当者は、政策立案プロジェクトに役立つような興味深い意見を持っているかもしれない。また、そうした意見を持っていなかったとしても、あらかじめ相談を行っておくことで、そうした団体が報告書の政策提言に反対することになった場合に、批判に応えるための材料を得ることができる。こうした利害関係者に、初期段階の報告書案を送っておき、内容を確認してもらうという方法すら考えられる。

次に、自分にとって特に確信が持てない点については、「専門家」や、政治的あるいは学問的な権威を探し、そうした人物の見解、意見、予測といったものに根拠を有したものにするべきである。そうした根拠を示すための方法として、公表されている資料から引用を行うことや、実施したインタビューから引用を行うことが考えられる。加えて、あなたの報告書が公表されたときに支持する発言を行ってくれるような専門家を集めておくべきである。この話題に見解を有しているとして報告書で引用されている情報源は、自然と報道機関や政治的意思決定者から見解を求められやすい。また、こうした情報源は、質問を受けた場合に、報告書で引用された自分たちの見解を守ろうとするインセンティブを持っている。

第3に、政治的に対立している相手に特別の注意を払い、どのような政策提案に対して攻撃をしてくる可能性が高いか、調べておくべきである。狙われる可能性がある点については、専門家の意見を引用したり、反論が存在することを丁寧に言及したりして、あらかじめ補強しておくべきだ。その際、分量を割きすぎたり、目立たせすぎたりしないようにすることも重要だ。後日になって異論を提起してくる可能性が高い相手に対しては、意見や存在が無視されたとの主張をさせないために、意見を引用しておくべきである（そうすることによって、バランスが取れて偏りのない議論をしているとのイメージを与えられ、読み手に対して、説得的な方法で情報をすり込むことができるという利点もある）。

統計も、信用を支える上では有用である。統計がこうした目的のために使われるときは、参考情報を伝えるためというよりも、過去の記録を説得的に示すために用いられる。強い印象を与える情報源によって確かさが十分に裏付けられていたとしても、対立しているグループから異議を唱えられる可能性がある。

未完成の状況での発表に備える

政治家と政策立案者は、それぞれ異なったスケジュールで動いている。政治家は、政策立案者の調査がまったく終わっていないときに「結果」を求めることもしばしばである。誰も求めていなかったとしても、予想しなかった機会が生まれ、自分の調査が終わりに近づくよりも前に、自分の調査結果を発表するための素晴らしい機会を得てしまう場合もある。

考えられる戦略の1つは、政治上の理由から説明依頼を受けることになりそうな可能性があるスケジュールを（できるだけ多く）書き出しておき、それに対して部分的にせよ自分の調査スケジュールが一致するような形で段取りを組むということである。もう1つの戦略は、自分に訊かれそうなおおまかな質問に対する自分としての回答をなるべく早く準備することである。政治家が知りたがったり望んだりしそうな答えには一定の傾向があるため、調査の初期の段階で、どういった答えがあり得るか考えておくとよいだろう。最後に、自分を支持してくれる専門家を早い段階で確保することや、潜在的に対立しそうな人たちとの連絡を早めにとることも重要である。前にも触れたとおり、こうした人たちへの接触は最終的には必要となる。こうした接触は先延ばしにするよりも、早い段階で行っておいた方がよい。

政策立案の戦略についてのジレンマ

このPARTのまとめと結論として、次の質問を考えてみよう。どの情報提供者にいつ接触すべきか？　この質問に答えることで、これまで議論したほとんどの論点をおさらいすることになるだろう。

時期については、調査プロジェクトの過程における「比較的早い段階」と「比較的遅い段階」に分けることができるだろう。次のような情報提供者は、比較的早い段階で接触すべきだ。

- 内容が豊富な情報源を探すことを容易にしてくれそうな人物
- 力を持っていて、直接手伝ってくれたり、あるいはその人とつながりを持っていることが知られたりすることで、情報源が入手しやすくなる人物
- 豊富な知見を持っていて、調査が終わっていない段階で政治的な動きに巻き込まれてしまうリスクに備える方法を教えてくれたり、身構えているインタビューの相手から情報を引き出す能力を高める方法を教えてく

れたりする人物
- 調査が終わっていない段階で政治的な動きに巻き込まれてしまったときに、自分の政治的信用を維持することに役立ちそうな親切な専門家
- 調査が終わっていない段階で政治的な動きに巻き込まれてしまうことに備えて、連絡をとっておくべき潜在的な反対者

一方で、次のような情報提供者には、比較的遅い段階で接触すべきである。
- 情報を引き出すための材料を事前に豊富に入手しておくことが望ましいような、敵対的な情報提供者や身構えている情報提供者
- 多忙な情報提供者で、一度会ってしまうと二度と会えなかったり、早く会ってしまったりすると十分な知識を持ってインタビューに臨めないような場合
- 潜在的に反対者になり得る人物で、あなたが他の情報提供者に近づくことを先回りして阻止し、調査を妨害してしまうような強い力を持っている場合
- 難しい問題がどこにあるかを知っているものの、自分の利害に関係がなければ、自ら進んで指摘しようとはしない行政官

2つのリストには、明らかに1つ矛盾がある。潜在的な反対者に近づくことが、早い段階で行うリストと遅い段階で行うリストの両方に入っている。他の矛盾点は、それほど明白ではない。多忙で身構えている情報提供者は、一方で、情報源を探すことを容易にしてくれたり、それらの情報源を入手しやすくしてくれたり、本人自らが役に立つ情報を提供してくれたりすることもある。例えば、行政機関の長官は、現在調査を行っている政策課題について、さまざまな経験を有しているかもしれないし、情報源が入手しやすくなるようにしてくれるかもしれない。一方で、現状維持か現状に非常に近い状態を維持することに既得権益を持っているかもしれないし、外部から自分たちの活動を詳しく調査することを親切に手助けしてくれるようなことは決してし

ないかもしれない。

他の似たような例も、すぐに思いつくことができるだろう。誰に早めに会うべきで誰に遅めに会うべきかという点について、矛盾するアドバイスに整合性を持たせる方法は原則として存在しない。自分が直面している個々の状況をすべて詳細に検討し、ある選択を行った場合に生じるリスクと、得られる対価のバランスをとっていくしかない。そういったトレードオフを避ける方法はないため、そうした決定を行う際は、深く考えずに行うのではなく、意識して行うことが必要だ。

Column

日本における政策立案との関係

日米の政策プロセスの違い

本書は米国の政策プロセスを前提に説明が行われており、本書でしばしば登場する「依頼者」は、アドボカシー・グループであったり、議会の議員であったり、あるいは組織内の上司であることが想定されています。本書の「依頼者」は、自らが利害関係を有する公的課題や政治的目的の実現のために、政策立案者に政策立案を依頼します。依頼者は政策立案者が立案した政策（及びその補強理由やデータ）を用いて、その政策を実現するべく運動を展開し、最終的には議会内の多数派の同意や、組織内の政治任用職の同意を得て政策を実現することが想定されています。

また、本書のPART Ⅰでは連邦議会予算局（CBO）や政策シンクタンクの政策立案のサンプルが紹介されています。CBOや政策シンクタンクは、政策議論に役立たせるために、政策立案レポートを発表します。

こうした政策プロセスは、多元的民主主義とされる米国の政治のあり方に深く根ざしたものです。本書の日本語版（第1版）への序文で、バーダック教授が「この『アメリカ産』の植物は日本の土壌で花開くだろうか」と議論していたのは、こうした点に関係があります。

バーダック教授が触れたように、日本と米国はともに民主主義国として、多くの点を共有しています。国、地方自治体それぞれに議会があり、アドボカシー・グループや政策シンクタンクも存在します。「政治に出番があるのであれば、『政策立案』の出番がある」とバーダック教授は述べています。日本においても、本書が想定しているような、政策立案者が外部の依頼者からの依頼を受けて政策を立案する場面はあると思います。この場合、本書が論じている政策立案手法の有効性について、日米で大きな違いはないのではないかと考えます。

他方で、日本では、中央政府や地方政府の行政組織内で立案した政策が、議会や社会の中で議論の対象となるケースが多いと考えられます。米国において政府側提案の政策が存在しないという趣旨ではなく、政府以外が行う政策立案活動が米国ほどに活発に行われていないからです。

では、日本の行政組織が行う政策立案活動において、本書の政策立案手法を参考にすることは有効でしょうか？　以下、考え方の糸口を提供したいと思います。

問題を取り上げるプロセス

行政組織内で政策立案を行う場合であっても、何らかのきっかけがなければ政策立案プロセスは開始されません。本格的に政策立案を行うためには職員が業務に従事する時間などリソースが必要となるため、政策立案に従事する職員の上司や、場合によっては職員本人がその必要性の判断を行うことになります。

職員は自らの経験などを踏まえて能動的に政策立案を思いつくこともあるでしょうし、陳情、報道、議員からの指摘などを受けて、受動的に政策立案を開始することもあります。能動的、受動的な政策立案はどちらも重要だと考えます。前者は、従来あまり光が当てられてこなかった問題を取り上げることができますが、その後の過程で、実現に向けた十分な支持が得られないというリスクを伴います。後者は、少なくとも一定の政策立案のニーズが見込まれ、その後の過程で誰からも支持を得られないという可能性は少なくなりますが、創造性を働かせる余地は小さくなります。能動的、受動的という線引き自体、曖昧かもしれません。意識的、無意識的かを問わず普段から多くのインプットに接していれば、能動的に政策立案を行いやすくなるとも言えます。

さきほど触れたように、本書は依頼者から政策立案者が政策立案の依頼を受けることを想定しているため、政策立案業務を開始するまでのプロセスはほとんど触れられていません。いったん、政策立案プロセスが開始されれば、問題の定義から始まり、本書の8ステップを活用する流れに即して検討作業を進めることができると考えます。

政策を実現するプロセス

行政組織においては、立案した政策を同じ組織で執行することになるのが通常です。ただし、立案担当者の権限の範囲内で執行にまで移すことが可能な政策は、多くないはずです。財源を伴う政策であれば、担当課ですでに獲得している財源から支出できるということでもない限り、予算要求が必要となります。法令の改正を伴う政策の場合、中央省庁であれば案件に応じて省内の法令審査部局の審査や、内閣法制局の審査が必要となります。省内の他部署、他省庁が所管している政策との調整が発生することもあります。自治体であれば国や他自治体との調整が発生することもあります。こうした調整には、時間と労力がかかりますし、政策の必要性を説明する必要があります。中央省庁の場合、多くの政策は、審議会での議論を経ることになります。また、政策によっては事前の政策評価手続きが求められる場合もあります。

政策立案プロセスが終わっても、政策によっては国会あるいは地方議会で議論されるものがあります。また、政策が決定された際には、報道機関への説明や、ホームページでの発表など政策の広報活動も重要になります。

政策が決定された後は、政策執行の準備へと移ります。補助金であれば要綱の整備、情報システムを伴うものであればシステム構築契約の発注など、さまざまな作業が必要となります。さらには、政策の事後評価に備えた情報収集も検討していくことになります。

政策の実現には、多くの人が関わることになり、調整の労力も大きなものになります。担当者がテキパキと正確に案件を処理できなければプロセスの遅延はおろか、政策の実現さえも危ぶまれます。政策の実現には、多かれ少なかれ、それぞれの部署においてリーダーシップを発揮する人物が必要となります。

こうしたプロセスは、米国では政策立案者が行う仕事というよりも多元的民主主義の議論や政策決定過程の中で行われていくものであり、本書の8ステップではあまり焦点が当たっていないプロセスです。ただし、こうした過程でも政策の妥当性を説明する必要はあり、米国では政策立案の結果が参照されることが想定されていますし、日本においても、すぐ後で触れるように、予算要求資料の作成などでは、本書のステップを活用することは可能だと考えます。

8つのステップの活用

本書の8つのステップは、「問題を取り上げるプロセス」と、「政策を実現するプロセス」の間にある、「政策立案のプロセス」に関するものです。中央省庁においては、このプロセスは、実務的には省内幹部や関係部署の同意を取り付けるための内部説明資料の作成や審議会の事務局説明資料の作成といった形を取ることが多いと考えられます。

では、日本において、こうした「政策立案のプロセス」は、どのような思考フレームワークを用いて検討が進められているのでしょうか？

私見では、8つのステップのかなりの部分は、日本の行政組織内（特に霞が関）でも少なくとも部分的には踏襲されていると考えます。なぜなら、本書の政策立案のフレームワークは、公的問題の解決にあたっての極めて一般的な枠組みだからです（特に本章は、政策立案において欠かすことができないものである、情報収集について取り上げています）。「8つのステップ」という言葉は使われていなくても、霞が関の内部において、「問題の本質は何か」「そのオプションを採ったら何が起きるのか」「もっとわかりやすい説明の仕方はないか」といった口頭での議論は日常的に行われています。本書で書かれているような体系的、網羅的な方法ではなかったとしても、大きな考え方の枠組みとしては、霞が関での政策立案プロセスで採られている手法と、本書で取り上げている内容には類似性があると考えます（自治体の政策立案プロセスにおいても同様の状況だと考えます）。

一方で、日本の政策立案プロセスにおいて、8つのステップのような手法が、採られていないように見えるときもあります。例えば、各省庁の審議会の事務局説明資料などで、複数の政策オプションが比較検討されていないことはよく見られます。

この背景として、いくつか理由が考えられます。まず、社会の変化に対応して新たな政策を提示することが求められるときには、PART Ⅲで取り扱われているような「設計課題」に対応するためのアプローチが必要となります。PART Ⅰの8つのステップはこうした「設計課題」にも適用できるものですが、PART Ⅰで論じられている政策立案とは異なった形での適用が必要となります（PART Ⅲ参照）。

次に、行政組織の内部ではリソース配分（予算や政策の優先順位など）や制度の詳細設計などを巡ってさまざまな議論が行われたとしても、組織外との関係ではそうした議論をきちんとした資料の形で示すことまでは求められていないという事情もあります。冒頭でも触れたとおり、本書の8つのステップは、典型的には米国の多元的民主主義に根ざした政策プロセスの議論の材料を提供することを意図しています。政策決定にあたってどのような分析や情報が必要とされるかは、個々の政策が置かれた政治環境や政策プロセスも影響します。

なお、本書（原著）においても、初版から版を重ねるにつれ、政策立案のフォーマットにはさまざまな形態があり得ることを前提とした記述が増えてきています。文章によるレポート執筆を前提としたものから、スライドで簡潔に分析結果を示すケースも意識したものになってきています。政策立案の内容を示すフォーマット自体は大きな問題ではありません。

政策立案という仕事

本書で繰り返し触れられているとおり、政策立案は複雑な作業です。全員から歓迎されるような政策はほとんどなく、時には厳しい批判を受ける対象となります。行政組織が立案する政策は、往々にしてそうした観点からの追加的な慎重さも求められると思います。さらに、時間的制約から、行政組織にあっても、政策立案という仕事に割ける時間がほとんどない場合も多いと思います。

本書は、政策立案に用いられる手法を体系的・網羅的に記載し、政策立案に関わる困難を少しでも小さくしようとする趣旨で書かれています。行政組織内外を問わず、すでに政策立案に従事している人にとっても、新たに取り組もうとしている人にとっても、本書はそうした観点からの気づきや手がかりを与えるものになると思います。

PART Ⅲ

制度設計問題への対応法

成果を生み出す制度

8つのステップから「動く制度」への橋渡し

問題を定義する→主要な成果に集中する

政策オプションをつくる→制度に関係する
組織の構造や執行プロセスを立案する

評価基準を選ぶ→達成すべき目的を特定する

成果を予測する→機能する制度かどうか確認する

トレードオフに立ち向かう→複数の観点から
制度を精査する

移行戦略を考える

本書は全編を通じて、いくつかの選択肢の中からどの政策を選ぶべきかという課題に政策立案者が取り組んでいることを想定して書かれている。力点が置かれているのは、問題を理解した上で、解決策となり得るさまざまな政策オプションについて分析することである。政策立案者が検討を行う範囲は、最初から比較的限定されている。なぜなら、すでに機能している制度が存在していて、それに対してどのような介入を行うことが最善かを調べようとしているからである。

一方で、政策立案者は、制度がほとんど機能していない、あるいはまったく存在していないような特殊なケースにおいて、政策を選択しなければならないこともある。その場合、政策立案者は、既存の政策オプションのリストについて分析するだけではなく、新たな政策オプションをリストに追加するという課題に向き合うことになる。政策立案者は、政策の設計者としての能力を試されることになる。

設計（Design）の課題は、至るところに存在する。「どうすればチャンスを最大化できるか」という点に関する課題の多くは、問題の解決策を探す場合と異なり、比較的目新しいか、今までになかったような制度の設計を伴う。例えば、自分が働いている大学は学生の教育や研究活動において素晴らしい実績を上げているが、教員の専門性やボランティア意識を向上させ、地域コミュニティによる地域環境改善のためのアクションプラン策定を支援するといったことは行っていないとしよう。

政策立案者としては、この政策課題に関わってきた人たちが議論してきたような政策オプションのリストには満足できないかもしれない。あるいは、間違った目標が追求されていると感じるかもしれない。刑事司法制度は刑罰よりも、人々が罪を犯すことを防ぐことにまずもって注力すべきではないか。現在の交流活動から得られる効果を改善するよりも、人々の交流の性格そのものを変えるべきではないか。深刻な労働災害が発生したあととはいえ、労働組合と地域の製造工場の関係が親密ではなく敵対的になっていて、信頼関係を構築できず、労働災害の現状についての情報を収集することや、労働災害防止に向けた新たな対策を議論することすら不可能になっているのではないか。

制度設計が難しくなる場面の1つは、さまざまな資源やプロセスの投入、あるいはその追加や見直しなしには、政治的実現性や政策執行の現実性、社会の受容性といった重要な政策評価軸をすべて満たす政策オプションが見当たらないような状況である。例えば、社会的に不利な境遇の子どもたちの学習成果を向上させるという課題に取り組んでいるとしよう。

1つの政策オプションは、学年に応じた適切な学力向上が見られなかった子どもに対して、追加の宿題を与えるというものである。しかし、この政策は、追加の宿題を与えられた子どもたちが自宅で宿題に取り組まなければ効果がないし、そのためには親たちの積極的な支援が必要となる。一方で、そうした親たちの多くはいくつもの仕事を抱えており、子どもの宿題を見守って支援するための十分な能力もなければ時間も有していない。

これに対して第2のオプションとして、低所得家庭の子どもの教育成果と、その教師の報酬を連動させるという方法が考えられる。しかし、社会政策を大きく変えることなくそうした政策を採った場合、教員は自らコントロールできない問題のために罰を受けることになる。この結果、最も優秀な教員たちが、裕福な生徒が通う学校を選択することにもつながりかねない。

社会的に不利な境遇に置かれている子どもたちの学習成果を大幅かつ持続的に変え得るような、単純な介入策を特定することは、ほとんど不可能に近い。変革が必要なのは教室の中だけではない。生徒の親との調整方法や相互への期待、社会福祉の機関、学校システムについても変革が必要である。こうして、制度設計者は、より複合的な介入策を考えるようになる。その結果、ほぼ確実に、それに伴うさまざまな制約に直面していくことになる。

成果を生み出す制度

政策立案者が、ある制度の設計に取り組んでいると考えてほしい。その制度は、最終的に安定的な状態になったときに、一連の望ましい成果（アウトカム）を生み出すものになる。ここで言う望ましい成果とは、例えば、灯油のクーポン券を貧困家庭に届けること、年々増加する電気自動車を家庭でも充電できるようにコンセントを設置すること、犯罪歴のある10代の少年を犯罪とは無縁な人生を送ることができるように更生させること、といったことである。

こうした成果を生み出すための制度には、技術的な要素と人的な要素がある。先ほどの例に関して言えば、教員、子ども、電気、駐車スペース、灯油タンク、自動車といったものである。また、行政的な要素や政治的な要素も関係してくる。予算、政策の周知活動、ガイドライン、支給要件、申請案件の審査能力、再審査や例外を求める規程など、さまざまなものが考えられる。これらの要素は、組み合わされ、執行可能な制度にまで落とし込まれ、適切に執行管理される必要がある。また、政策資源の浪費、虚偽申請、権限の濫用、さまざまな政治的な脅しといった、ありとあらゆる問題を上手に回避しなければならない。政策の設計は、大変な仕事なのである。

実際のところ、政策の設計者には、2つの仕事がある。1つの仕事は、制度の考案そのもの、つまり、制度が安定的な状態になったときに、想定された成果が実際に生み出されるような制度を作り出す仕事である。もう1つの仕事は、そうした制度への移行を実現するための政治的・組織的な変化をもたらす戦略を立案する仕事である。この章では、前者に多くの議論を割いた上で、後者については最後に簡潔に触れることにしたい。

8つのステップから「動く制度」への橋渡し

制度設計は、多くの試行錯誤の積み重ねである。そうした試行錯誤を避けることはできないし、試行錯誤よりもさらに悪いことがある。例えば、自分の頭を何時間、何日間も空回りさせ、「最善」の着手点を探すようなやり方である。間違ったとしても、そこから何かを学ぶことはできる。自分の頭の中で、今まで見えていなかったポイントがどこにあるかに気づけば、次からはそのポイントにすぐに気がつくであろう。

試行錯誤には、建設的な試行錯誤と、不毛な試行錯誤の2つの形がある。後者は、個人というより集団で問題解決に取り組んでいるときに、大きな問題となる。8つのステップは、こうした不毛な試行錯誤が少なくなるようにするものであり、伝統的な政策立案課題だけでなく、設計課題においても役立つものである。ただし、そのための「橋渡し」となるものや、さらなる手助けとなるものについて説明が必要であろう。

問題を定義する→主要な成果に集中する

複雑さは政策立案の大きな敵であり、問題を単純化することから始めよう。単純化のための方法として、成果に着目する方法と制約条件に着目する方法がある。

どのような制度においても、おそらく、複数の異なる成果を生み出すことが求められる。それらの成果の中から1つを取り上げ、定量化し、それを「主要」成果として位置づけた上で、それに焦点を当てて分析を進めていくとよい。それを実現するための最善の方策を考え出し、その方策の限界とそれによってもたらされるものを書き出し、そのあとで、他の成果がどのようになっていくかといったことを考えていく。もし、最初に考えた方策がうまく行かないことが後で分かった場合には、肩をすくめて、最初からやり直せばよい。

もう1つの単純化の方法は、制約条件に着目する方法で、特に、非常に厳しそうな制約条件に着目するという方法である。制約条件は、違反できない既存の重要な契約が存在するといったことかもしれないし、政策立案者の問題解決能力が不足しているといったことかもしれない。現実の世界では、予算や政治といった制約条件は常に悩ましいものである。一方で、政策立案にとって良い面があるとすれば、制約条件は、分析しなければならない政策オプションの範囲を狭めてくれるということだ。複数の難しい制約条件に直面したときのストレスは、あまりにも複雑な意思決定や設計課題を単純化し、自分自身の創造性を解き放つ必要があるときに感じるものかもしれない。「必要は発明の母」なのである。制約条件は実際のところ有用なものであり、分析の最初の段階ではそうした制約条件が存在することを前提に分析を進め、分析の後半になって制約条件を緩和し現実的な分析を行うことが望ましい。以下に、いくつか例を示す。

- 「知事はわれわれのチームに対して、問題Xに対する戦略を立案するように依頼した。われわれは問題Xに関し、3年間で500万ドルを投じることができるとしよう。その場合、われわれは何に予算を投じるべきだろうか」
- 「予算が500万ドルではなくて、1,500万ドルだったとしよう。最初の500万ドルの用途についてのわれわれの結論は横に置くとして、追加の1,000万ドルはどう使うべきだろうか」
- 「一部の関係者から強い怒りを招くことなしに、問題Yに対処することは不可能である。どのような政策選択についても、次の選挙で反対に回る確率が50%以上になるような支持者を1,000人以下に抑えるということが、政治的に許容される範囲と想定することにしよう」
- 「あるいは、政治資金の減少が10万ドル以下になることを許容範囲として想定することにしよう」

問題の定義において定量化を心がけるべきことと同様に、主要な成果の定義においても定量化を行うべきである。定量化によって、考えが整理され、分析の対象が特定される。定量的で望ましい成果は、例えば、電気自動車の新たな補助金プログラムの場合、「州内の5つの郡で年間平均5,000台の導入」といったものであれば100点満点をつけてよい。最初の制度設計案では3,000台の導入しか目処がつけられなかったとしても、それはそれでよい。途中の検討過程に戻って、どうすれば規模が拡大できるか検討すればよい。すでに3,000台の導入には目処が立っているのだから、2,000台増加させる方法を考えればよいのだ。申請を呼びかけるキャンペーンを行う地域を増やす、補助金額を増加させる、申請条件を緩和する、郡の自治体と連携して乗り合いタクシーを電動化する、といった方策があり得るかもしれない。

政策オプションをつくる→制度に関係する組織の構造や執行プロセスを立案する

ここでは、最初のステップが重要となる。なぜなら、政策設計のプロセスは、幾分、経路依存的なものだからだ。最初にとったステップが、第2のステップで採り得る選択肢に影響し、それが第3、第4のステップにつながっていくといった具合だ。

最初のステップの選択に当たり、論理的で分析的なアドバイスがあった方が望ましいであろうが、ここでは経験と勘の方がおそらく重要である。次のような可能性を考えてほしい。

- **柔軟性がもっとも低い要素から始める**：もし、鉄道などの大量輸送システムを発展させたいと思っており、一方で予算制約が厳しい場合は、車両の追加購入といった方策がとれないため、この場合、人々の行動変容に着目したほうがよい。
- **制度設計の最も「強力」な要素から始める**：ここで言う「強力」の意味は、

その要素がいったん選択され、それがもたらす価値が認められたならば、次に最も重要な要素として考慮されるべきものが強く示唆されるということである。これらの2つの要素が選択されれば、残りの要素は多かれ少なかれ「自然に」決まることになる。そうするためには、さまざまな要素の間に存在する因果関係についての現実的な理論を把握しておく必要がある。完璧な理論はおそらく存在しないので、粗い推測に基づくもので通常は十分である。大量輸送システムの例で言えば、一人しか乗っていない自家用車について、通行料金を課したり混雑料金を課したりしてディスインセンティブを与えるという方策が、議論の出発点としておそらく最もふさわしいであろう。この案は、大量輸送システムの利用は、自家用車での移動が相対的に魅力のないものになったときに促進されるという理論を背景にしている。この理論からは、例えば運賃を下げるなどして、大量輸送システムをより魅力的なものにするという方策も一案として考えられる。しかし、直感的には、大量輸送システムの魅力をわずかに高めることよりも、自動車の利用にディスインセンティブを与えることの方がより強力な方法であるだろうし、そこから検討を開始すべきであるように思える。もちろん、検討を深めるにつれて、特定の経路の移動のコストを高めたとしても自動車全体の利用は大きく変わらない、といったことがわかってくるかもしれない。

- **最も手堅い要素から始める**：完全で理想的な制度を生み出すことができない可能性は常にある。政治や予算には、流動性や不確実性がある。それ自身に社会的価値があるようなものを導入するのは良い考えだ。例えば、大きな交通需要が発生する事業所の従業員が割引価格でバスの定期券を購入できるような仕組みを、全体の制度の一部（サブシステムと言っても良い）として、組み込んでおくことなどが考えられる。
- **最も暫定的で、コストが少ない要素から始める**：例えば、連邦政府や州が急遽創設した補助金プログラムを市や郡などの自治体が活用することなどが考えられる。プログラムの設計上、あるいは予想外の理由により、こうしたプログラムは1年か2年で消滅する可能性がある。

前提を随時確認する

この試行錯誤のプロセスにおいては、第1に創造性を働かせることが必要であり、第2に創造性による産物をしっかりと評価することが必要となる。評価の手続きにおいては、いわゆる**ロジックモデル**（論理の模式図）を活用することが一般的に行われる。ロジックモデルでは、図示化の力も借りながら、検討されている制度がどのように機能するかを一定程度細かく書き出していく。現時点では、W.K.ケロッグ財団のLogic Model Development Guideが、最も有力な発想の手がかりを与えてくれる。

ケロッグ財団の手法では、プログラムや**制度**を5つの部分、すなわち（1）資源／インプット（投入物）、（2）アクティビティ（活動）、（3）アウトプット（産出物）、（4）アウトカム（成果）、（5）インパクト（影響）に分解する。ロジックモデルの作成者は、それぞれの要素ごとに詳細を記入し、相互の関係を明らかにすることとされている。一般的には、この手法は、制度が何かを生み出すことを前提にしている。例えば、政府や非営利組織によって、何らかのサービスが市民に提供されるような制度である。しかし、規制制度のように、検討されている制度が何か具体的なサービスを生み出すものではなかったとしても、創造性を働かせてアクティビティ（活動）の要素を書き込むことができれば、ロジックモデルは常にということではないものの大抵の場合、制度の要素間の複雑な関係を捉える包括的な仕組みとして、活用可能であろう。

それ以外の非常に似た手法で、サービスを提供する制度に特化した手法として、**サービスブループリント**（業務基本設計図）がある。サービスブループリントでは、ロジックモデルを超えて、作成者が（サービスを提供される側の動きだけでなく）サービスを提供する側の「舞台裏」や後方支援機能についても記述することが求められる[53]。

個別案件処理の仕組みを設計する

設計課題は、大きく2つに分けられる。1つは、個別案件の管理に関するものであり、個人その他の制度対象（企業、コミュニティ、自治体等）が、何らかの「措置」を受けることに関わる課題である。ここで言う措置には、補助金の交付、規制による義務、人間形成に関する枠組み（子どもの教育、違反者の再犯防止）といったことが含まれる。2つ目の課題は、個別案件の処理というよりも集合的な問題に対処するものであり、例えば、交通の流量改善、警察部門での腐敗防止、生息域の保全、地域の美化運動の立ち上げといったものである。

2つ目の課題は非常に多様で、ここで論じることは難しい。1つ目の個別案件の管理に係る課題については、一定の型が利用可能である。つまり、一般化した手続きを示したり、検討すべき論点を列挙したりすることができる。ここでは意識的に、定型的な行動を組み合わせたものを**プログラム**と呼ぶことにする。

例えば、補助金を交付するためのプログラムは、受給要件を決定すること、交付金額を計算すること、不正や濫用を発見し抑制することなど、反復的に行われる一連の流れを有している。規制プログラムについても、規則の遵守を図るための一定の手順があり、違反摘発の手続きや、懲罰を適用する上でのルールがある。さらには、規則の制定、規制対象主体への技術協力、協力を引き出すための規制適用の猶予といった手順を整備しているかもしれない。人間形成に関するプログラムについても、人間性の変化が報われ、促進され、誘発され、要求されるような環境や、かつ、そうした変化をもたらすための一連の手段を専門職の人々が用いることができるような環境に対象者を誘導するための手順が用意されることが通常である。例えば、児童、教室、教師、あるいは患者、病院、医師、さらには社会福祉の受給者、教育訓練プログラム、支援員、教育訓練士といったものを考えてみるとよい。

53　このアプローチの好例にBitner, Ostrom, and Morgan（2008）がある。

ロジックモデルやサービスブループリントは、こうした種類のプログラムについて役立つ。しかし、どちらの手法についても、3つの設計段階、すなわち、個人、集団、管理システムを考慮すべきことが強調されるべきである。おそらく、この3つの段階は、それぞれ別個に分析が行われることが必要である。端的に言えば、(1) 代表的なケースを想定し、設計されたプログラムにおいてそのケースがどのように取り扱われるか、いささかも単純化することなく理解すること、(2) 分析を拡張し、一定程度の規模で一定程度多様な集団に対して検討中のプログラムを適用したときに、どのようなことが起きるか理解すること、(3) 大規模な集団に対して、どのようにすれば検討中のプログラムが効果的かつ効率的に運用されるか理解すること、が必要となる。

例えば建築物改修プログラムについて言えば、個人レベルでは、制度の利用適格、どのような改修手法が特定の種類の住居に対して用いられるべきか、利用者に対して支援機関が求める自己負担（存在する場合）の割合、改修後の性能に対する保証（存在する場合）の内容といったものが設計上の論点となる。集団レベルになると、新たな設計上の論点が生じることになり、どのような利用対象者を念頭に置くか、改修相談員の時間をそれぞれの対象グループごとにどのように割り振るか、改修相談員を地域ごとに配置するか、改修手法別に配置するか、利用対象者からの苦情にどのように対応するか、といったことが課題となる。管理システムのレベルでは、どのように情報を受け渡ししていくか、相談員をどのように育成するか、予算をどのように説明して獲得していくか、といったことが課題となる。

周りを見る

では、どのようにして、良い制度設計のアイデアを見つければよいだろうか？　自分より前に、同じような制度設計に取り組んだ人たちが行った努力を上手に利用するとよい。自分が取り組もうとしている課題は、もしかすると、極めて新規性があったり特殊性があったりして、自分が初めてそうした課題に取り組むものであったり、あるいは、自分以外にそうした課題に取り組む人はいなかったりする性格のものかもしれない。しかし、そういうことは稀であり、大抵の場合、他の人がすでに同じような問題に取り組んでいるか、少なくとも問題の一部については取り組みを行っているものである。過去に取り組んだ人がどのようなことを行ったのかを調べ、その取り組みが成功しているか失敗しているかを調べることは、行ってみる価値がある。成功した方法は、普通、最も参考になる。しかし、明らかに失敗している例からも、時には多くのことを学ぶことができるものだ。

参考となる例をどのように探すべきか？　近隣の行政区や、類似の組織を観察するのも役に立つだろう。州レベルの問題に取り組んでいるなら、他の州の例を調べればよい。市レベルの問題に取り組んでいるなら、他の市の例を調べればよい。地域の問題に取り組んでいるなら、他の地域の例を調べればよい。行政機関の職員（例えば教育長、検事正、保健福祉部長）とつながりがある専門職団体は、先進的な取り組みを行っている地域の「ベストプラクティス」をまとめた文書を発行していることが多い。そうしたものを発行していなかったとしても、そうした団体の事務局に電話をすると、有益な糸口が見つかるかもしれない。

他方で、そうした例を探す場合に、自分の政策立案の「対象」となっている行政区と、そうした「参考例」となっている行政区との間で、性格や規模といった意味で類似性があるかどうかを検討する必要がある。手厚い住宅プログラムや慈善的な働きかけでホームレスの問題をほぼ解決した市（例：フィラデルフィア）は、ホームレスの数が人口当たり4倍も5倍もいて、温暖な気候でホームレスにとっても過ごしやすい市（例：サンフランシスコ）にとって、参考となる事例となるかどうかはわからない。また、見つかった例が素晴らしいものであったとしても、自分が取り組んでいる行政区の問題にあてはめるためには、さまざまな工夫を行う必要があるであろう（この「あてはめ問題」については、PART IV「『スマートプラクティス』の研究」を参照してほしい）。

友人、あるいは敵からのささやかな助け

思索にふける偉大な建築家のように、時には政策立案者も、ほとんど1人で設計課題に取り組むこともあるだろう。しかし、より一般的には、政策に関する他の専門職の人たちと緩やかな、あるいは緊密な連携を取りながら仕事を行うことの方が多いだろう。そうした人たちは、さまざまな分野（法律、工学、金融など）の専門知識を検討の場にもたらし、異なった視点や価値観を与えてくれる。いずれにしても、設計された制度は、遅かれ早かれ、多くの人たちの目に触れることになる。その問題にもともと関心を有していた利害関係者に加えて、そうした制度設計が密かに進んでいるとは気づいていなかった、より多くの人たちも、政策立案者がどのような提案を行おうとしているか知ることになる。その結果、彼らはそれぞれ反応を示すことになる。

政策立案者としては、そうした反応を、2つの観点から利用したいと考えるだろう。1つは、自分が行っている政策設計を改善し、政治的実現性の基準も含め、自分や政策立案の依頼者、自分の政策の受け取り手が重要と考える基準に沿うものとするという観点。もう1つは、プロセスが遅かれ早かれ開始されたときに、必要な政治的な支持を増やす（かつ反対を減らす）という観点である。

さまざまな集団に対してどうすれば効果的にメッセージを伝えることができるか、それをどの順番で行うことが妥当かといった戦略論や戦術論にはここでは立ち入らない。どの程度粗い、あるいは磨き上げた段階で、制度を幅広い人々の目にさらすべきか、あるいは固まっていない段階で提示するべきかといった点に、議論の範囲を絞りたいと思う。

驚くべきことではないが、バランスを取った方法が最善の方法である。過度に粗く、また、固まっていない段階での制度設計は、制度設計における重要なポイントを省略してしまいがちである。この結果、外部の利害関係者が駆け込んできて、自分たちの都合の良い方向に制度を作り込もうとするおそれがある。そういった事態が生じると、利害関係者が提案を行うよりも機先を制して案を示さなければならなくなるなど、政策立案者は防戦に追われる

ことになりがちである。また、非常に粗い制度設計を示した場合、検討はまだ初期の段階にあると受け取られ、関係者がそれに対して何らかの反応をする価値を見出さないかもしれない（あるいは、早く反応を示すことのリスクを感じるかもしれない）。

他方で、過度に精緻で、すでに決まっているかのように聞こえる制度設計案を説明された場合、政策立案者は制度のあり方について関係者ときちんと相談するつもりがないと受け取られるかもしれない。その結果、制度設計に賛成し、条件闘争に持ち込まざるをえないという結論に至らない限り、当該制度設計案については、どれぐらい強く反対するかということしか検討の余地がない、と説明を受ける側は感じるかもしれない。

より分析的に考えると、どのような制度設計も、制度の目的、利用可能な資源、制約条件という一定の想定条件に基づいて設計されるので、そうした想定条件を、「さらなる議論を行うためのたたき台」として、合理的なものにしていく必要がある。そうした想定条件を置くことについては、政策立案者としても不安を感じるかもしれない。そうした想定条件は、仮定や推測に基づくものであり、「十分な根拠を欠いている」と批判者から疑問を呈せられるかもしれないからだ。しかしながら、政策立案は、事実を正確に紙に落とすことのトレーニングとして行っているものではない。政策立案は、本質的に不確実性を伴う、政策がもたらす将来像についての理性的な議論を促すためのもので、実用的で責任を伴う行為である。

制度設計を巡るさまざまな課題は、既存の組織や組織横断的なネットワークにおいて、その成績を改善させるために、時には大きな、時には小さな調整を施しながら、展開していく。多数の論点を論じる紙幅はないが、付録Bの「公的組織・非営利組織を理解する」においては、組織の業績について調査を行っている政策立案者が多くのケースにおいて検討すべき、質問事項のリストを提示している。

評価基準を選ぶ→達成すべき目的を特定する

以前も触れたように、評価基準については、最大化することが重要な評価基準、一定の水準を満たすことが重要な評価基準、多ければ多いほど（あるいは、少なければ少ないほど）良いという評価基準、という3つに分けて考える必要がある。アウトカム（成果）や目的についても、同様に3つのタイプに分けられる。さらに、政策設計に関しては、主たる目的として達成すべき目標レベルを設定する、という4つ目のタイプもある。これは、5,000台の電気自動車を今後5年かけて市中で販売するといった例である。

従来型の政策分析においては、主たる評価基準は、政策課題を解決する上で想定される成果が主たる評価基準に照らして許容される程度になり得るか、という点に焦点が当てられてきた。政策が達成すべき目的は、評価基準に絡めて説明されることもあれば、そうした評価基準に触れずに説明されることもあった。しかし、設計課題においては、具体的に示された目標を達成できるかが、政策立案のすべてとなる。何度も出発点に立ち返り、自分や関係者がプログラムの主要な目的を確認することが重要となる。

これまで活用されてこなかった機会をどのように活用するか？　どのような既存の制度をどのような目的を達成するために再設計していくか？　そうした問題を検討していくうちに、しばしば見落とされがちでありながら重要な政策設計上の論点である、技術的な問題が浮かび上がる。管理者自身がプログラムの進捗状況を把握するために、プログラム実施の過程でどのようなエビデンスを体系的に集めればよいかという問題である。すなわち、どのような進捗管理と評価のルーチンが設計され、プログラムに組み込まれていくかという問題である。

成果を予測する→機能する制度かどうか確認する

制度が作られ実際に運用が開始された際に、許容可能なコストで、合理的な期間のうちに、目に余る無駄、不正、濫用を伴わず、制度の所期の目的が達成可能かどうか、事前に確たることはおよそわからないものだ。心の中で確認する作業が必要となるが、これには自分だけでなく、友人や仲間にも手伝ってもらった方がよい。

この確認作業は、銀行規制でよく使われる「ストレステスト」に似ている。検討されている制度の裏をかいたり悪用したりする方法を一所懸命に考えてくれるような人、つまり、「腹黒い」ことを考える悪人役を敢えて引き受けてくれるような人が必要だ。

トレードオフに立ち向かう→複数の観点から制度を精査する

政策設計の案が1つか2つ出来上がると、自らが検討中の複数案の相互比較や、他の人によって検討されている案がある場合にはそうした案との比較が、次なる課題となってくる。

政策設計上の避けがたいトレードオフに立ち向かうためには、定型的な行動を複数の視点から考察することが役に立つ。さまざまな立場の人になったつもりで、その人たちのそれぞれの視点から制度がうまく機能するであろうか考えてみるとよい。例えば、社会サービスを提供するプログラムを制度設計している場合、関係行政機関における個別案件担当者の視点と、制度を利用している市民の視点の両方について考えるべきだ。しばしば、設計された仕組みは、プログラムの提供スタッフの負担を軽くするのみで、市民の負担を重くするものになりがちである（「そのご質問には、すぐに答えられません。申請書類に書いておいてもらえれば、あとで対応します」など）。

トレードオフは、差分の中に現れることを思い出してほしい。この例においては、プログラム担当スタッフによる問い合わせへの回答時間を週当たりY時間増加させるために、プログラムのスタッフにXドルを追加的に使うことができたならば、プログラム提供機関の満足度がZユニット減少し、その際、市民のプログラム提供機関への満足度はZユニットを越えて向上するだろうか、といった点を把握しておきたいと考えることだろう。

移行戦略を考える

紙の上であれ、心の中であれ、あるいは友人、政治的な仲間の中であれ、最終的に安定的な状態になった場合にはかなりの確率で機能するであろうと確信できる制度を設計できたならば、次に、移行問題について考えていく必要がある。どうすれば、現在の状態から新しい状態に移行できるのか。残された紙幅で詳細を議論するには、あまりにも大きな課題である。1つだけ処方箋を残しておこう。今後数年間においてこの制度の勝ち組となるために、誰が最も意欲や政治的影響力を行使しそうか、予測することだ。そして、そうした人にその役回りを確実に担ってもらうため、また、それを実現してもらうために必要となる資源を確保するため、自分にできる限りのことを行うことだ。

制度の勝ち組となるのは、個人であることもあれば、政治的な勢力であるかもしれないし、組織、行政組織の長となる政治家、あるいは特定の職業団体かもしれない。残念ながら、政策立案者がこれまで美しい政策制度設計に非常に熱心に取り組んできたからといって、いったんこのプロセスを動かし始めた場合、美しさだけでは制度を実現することも制度をうまく機能させることもできないことを、よく認識しておくべきだ。

PART Ⅳ

「スマートプラクティス」の研究——他所の良さそうなアイデアを理解し活用する

現実的な想定に立つ

「スマートプラクティス」の分析

先例を深く観察する

一般的な脆弱性を描き出す

しかし自分たちもうまくいくのだろうか？

8つのステップに戻って

自分の担当領域・組織・地域の外でどのような解決策が試されてきたかを見ることは実に賢明なことだ。その場合、うまくいった解決策を探し、どのように、なぜそれらがうまくいったのか、そして自分が向き合っている問題に使えるかを見極めたいと思うだろう[54]。多くの分野でこのプロセスは「ベストプラクティス」の研究として知られる。ただし、シンプルかつ常識的な響きゆえに落とし穴がある。最も重要なことは、これらが伝聞や非常に限られた検証に依存しているということだ。ある程度は賢明に理論づけられたものもあると思いたいところだが、決して十分なものではなく、現実には経験主義的というよりむしろ、理論づけがまったくないか軽率に行われている。PART Ⅳでは、こうした落とし穴を回避し、どのようにしてベストプラクティスの研究から最大の成果を得るかについてのヒントを提供しよう。

現実的な想定に立つ

! 本質的な理解のためのヒント

まず、いわゆるベストプラクティスの研究の「ベスト」という言葉に惑わされてはいけない。一見役に立ちそうな先例が、同じような問題や場面にとってもベストである確証はそうあるものではない。「ベスト」であることを断言するに足る広範かつ注意深い研究が行われたことは滅多になく、大抵はより控え目に「グッドプラクティス」（良い先例）と呼ばれそうなものを探していることになるだろう。

ただし、その表現ですら言い過ぎかもしれない。表向きは問題に対処していたように見えても、本当にその解決・改善に寄与したかどうかわからないこともよくある。優良な先例と思われていたものが、よくよく調べてみれば問題解決にまったく寄与していない可能性もある。効果測定が不十分であっ

54　本PARTの多くの論点について、より社会科学的な解説に関心のある読者はBardach (2004) を参照されたい。

たり、誰かが楽観的な評価をしたために、問題を解決していたように見えているだけかもしれない。また、確かによい効果が出ていたとしても、優良な先例と思われているものが何の役にも立っていないこともある。これらは専門的には**内的妥当性の問題**として知られる。本PARTでは、この手の問題が完璧ではないにせよ十分解決されたとして、優良な先例が実際にうまくいった状況をわずかながら重要な点で異なった状況に当てはめてしまうことで、想定外の、さもなければ有害な結果を招いてしまう**外的妥当性の問題**に議論を集中させたい。

「スマートプラクティス」の分析

「先例」は形があり、目に見える行動だ。事業責任者に対して今やっている仕事のどこが問題の解決に役立つのかを聞けたとしたら、その事業責任者は実際にやっていることを説明することでそれに答えることができる。一般に、「先例」とはそこで取られた行動がどのように問題を解決したり目標を達成したりしたかというメカニズムを具体的に表現したものだ。こうしたメカニズムは非常に優れたものがあり、それらがどのようなものかをさらに解説することにしたい。こうしたメカニズムが埋め込まれた事例を「スマートプラクティス」（洗練された先例）と呼ぼう。

「フリーランチ」を見つける

優れたアイデアの条件の1つは、何かをタダで得ることだ。タダより高いものはないということわざに反して、想像力豊かな政策立案者はまさに「フリーランチ」を探すのに大いに汗をかく。そして、それはうまくいくことがよくある。なぜそのようなことができるのかを理解するために、自然科学や工学によって生み出された「フリーランチ」の宝庫を考えてほしい。コップ1杯のガソリンの中にある化学結合に蓄えられたエネルギーは、それにアクセスして転換する方法さえ理解していれば、車をある程度走らせることができる。滑車とレバーは力学の恩恵をもたらしてくれる。バクテリアは都市下水にある有機的な汚物をほとんどタダで食べてくれる。こうした物質、装置、状況のおかげで「何か」をタダ、または比較的少ない対価で得ることができる。これらすべての恵みの源は自然の力だけだ。

社会において何かをタダで得ることの源も自然の恵みだが、それらはよりわかりづらく間接的なものだ。ただ、それでも確かに存在する。市場における「神の見えざる手」は、すべての個人が自らの利益を追求するのであれば社会に価値を生み出す。また、少なくとも比喩的なレベルでは、そこに特段のコストがかかることもない。また、アルファベットの順番が決まっているおかげで、これがなければかかっていたよりもはるかに少ない時間で情報を探し出すことができる。あるいは、バス待ちの行列はわかりやすく公平で人々の生活をより良いものにする。

公共政策や公共経営の世界では、上述の市場メカニズムや情報記録方法やバス停の話ほどのうまみがある訳でもないし、そうした機会自体が少ないことは疑いようがない。しかし、そうした話は存在するのである。BoxI-1（p.38を参照）で示されているすべての「機会」は、社会にとって価値のあるものを比較的安く生み出す可能性を秘めている。生み出される（高い）価値と、それらを生み出すための（低い）コストやリスクとの差が「フリーランチ」と言ってもよいだろう[55]。

しかし、ひと仕事しなければこうした「機会」はその秘めた価値を表に出さない。こうした「仕事」はその潜在的な力を利用した先例において行われているものであるし、同時に、それを実現するには何かを犠牲にしたり脆弱性にさらしたりしている。しかし、そうした先例が洗練されたものであるほど、より多くの価値を少ないコストとリスクのもと引き出すことができる。

55　リスクにはさまざまな形がある。本章の「一般的な脆弱性を描き出す」の記述を参考にしてほしい。

以下のリストで「スマートプラクティス」の候補を列挙した。なお、「候補」と呼んだのは、筆者の知る限りこれらがあらゆる場面において「スマートプラクティス」としての地位を確立するほど広範な実証研究が行われていないためである。

- **生活保護受給者の就業支援における「高い期待」**（カリフォルニア州リバーサイド郡）：1990年代初頭に実施され、筆者がカリフォルニア州リバーサイド郡で研究した「自立のための王道プログラム」（GAIN：Greater Avenues for Independence）は1996年の連邦福祉改革法の原型となった。他の多くのwelfare to work（福祉から就労へ）政策と異なり、リバーサイド郡はGAINの受給者に2つの意味で高い期待をかけた。まず、プログラム担当者が受給者の就職の成功と生活保護からの自立を確信している（大いに期待している）ことをさまざまな方法でシグナルとして受給者に送る。これは、プログラム参加者の多くが自尊心がないこと、その結果として労働力として職に復帰するための努力が足りないことの解決策となることを狙ったものだ。プログラム担当者は、この他にも受給者がきちんと自立して自分で生計を立てることを「社会が期待している」というシグナルを、熱心な職探しを早期に求めるプログラムのルールやさまざまな公式・非公式のプレッシャーという形で伝えていく。本プログラムでは、こうした「大きな期待をかける」という理念を貫徹できるように、職員の採用・訓練・業績評価その他の運営上の仕組みが設計されている（Bardach 1997）。つまり、このモデルは受給者に潜在的に備わっている「自然の力」を彼ら自身の問題解決に利用していると言える。
- **一対一の読み聞かせ**：英語の読解学習に大きな後れを取った小学校低学年児童向けの個人指導プログラムが、テキサス大学アーリントン校の教官のジョージ・ファーカスによって考案された。まずはダラス地区で実施され、その後ヒューストンや他の数都市に広められていった。このプログラムは、体系的な音素認識（話されている言葉がどのような音で構成されているかを知覚する能力）の指導、よく訓練された指導者による個別指導及び非常に体系的なフィードバックと監督で構成されている。あらゆる音素系トレーニングと同様、英語のつづり字法は体系的・理論的に音を表すものでなく、学習者がある程度実際に使われているルールの「暗号解読」のマスターが必要であるという前提に立っている。このプログラムは、一対一の個別指導の関係性に由来する心理的な結びつきや、成功体験を通じて生徒が得るモチベーションの向上の力を利用するものである。教材・指導法及び運営上の管理方法が簡潔で体系的であることで、このプログラムは他の地域に横展開しやすく、また費用も比較的低く抑えることができるものになっている（Farkas 1998）。

- **公園維持管理業務の分担**：地元自治体の公園管理部局と近隣住民は、公園の維持管理を共同で担っている。非営利団体は、行政が提供しないような非典型的な公共サービスを提供することがある。この基本的な発想を拡張すれば、行政から足りないものを補うというだけでなく、行政と住民が相互補完的に資源を出し合うという関係性を築くことができる。多くの場合、地元自治体は公園用地を、近隣住民は公園をより利用しやすい状態にするために必要な労働力の全部または一部を提供している。この事例は2つの潜在的な力を利用している点で興味深い。つまり、2つの主体の取引から良好な結果を得るとともに、金銭のやり取りを行うのに運営上または政治的な支障があるような状況で事実上の「物々交換」を成立させている。
- **歳出管理予算**（カリフォルニア州フェアフィールド市）：この政策は、カリフォルニア州フェアフィールド市で最初に採用され、デビッド・オズボーンとテッド・ゲーブラーが有名な『Reinventing Government』〔訳注：邦訳は『行政革命』高地高司訳、日本能率協会マネジメントセンター、1995年〕という著書において発表しているものである。まず、予算編成方針で各部局に対して前年度と同じ基本的ミッションと（インフレ調整済みの）同じ予算を与え、支出項目の明細書を廃止した。削減分の予算をミッションに関連する他の活動に充てることを認めたのである。このアプローチは、財政部局の官僚よりも各施策の担当者の技術面や運営面の優れた知見を利用したものだ。

- **受託事業者への目的達成払い**（オクラホマ州）：1992年にオクラホマ州の更生部局は、非営利の受託事業者に更生目標の達成に応じた報酬の支払いを始めた。ここでは、メンタルヘルスに問題を抱える求職者がより就業能力を高める上で到達すべき目標が成果ベースで定められている[56]。サービス利用者は目標が達成されているかどうかの評価を受け、サービス受託事業者は目標の設定やプログラム上のその他の支援を行う。この支払いシステムは、それまでの制度よりも早い費用の請求を認めた。これによって、事業者の利益追求の力を利用してより良いパフォーマンスを引き出している。また、（成果ではなく）業務に対して手数料を払う従来方式では、行政は事業者によって提供されるサービスの質に無関心であったが、この方式によって大幅に透明性が向上した。
- **リハビリ施策とリサイクル施策の協働**（ミネソタ州）：ミネソタ州のヘネピン郡では、知的障がい者向けの職業訓練プログラムの利用者を、廃棄自動車のバッテリーを仕分けしてリサイクルする業務に従事させた。この作業は郡の環境管理局の懸案でもあった[57]。こうして2つの施策は活用可能な物理的「資産」と人的な「資産」の間にある生産の補完性を利用したのだ。

❗ 本質的な理解のためのヒント

筆者がスマートプラクティスと思われる事例を説明する際、それぞれの施策が何かを「利用した」と言っているのに着目してほしい。これは、その先

---

56 この政策は、フォード財団及びケネディ行政大学院（訳注：ハーバード大学ケネディスクール）の「米国政府における革新」コンテストで1997年の最終選考に残ったものである。

57 この政策は「米国政府における革新」コンテストのセミファイナリストであった。Borins（1998, p.200）を参照されたい。

例がどのように機能するのかを分析する際、その事例が経済的な価値を創出する潜在的な機会をどのようにして見つけ出し、利用しているのかに焦点を合わせるための言葉の仕掛けなのだ。

慣例や思い込みを打破する

優れたアイデアを生むためのもう1つの方法は「フリーランチを見つける」という技術的なものより、むしろ観念的かつ精神的なものである。それは「伝統的な境界線を尊重しない」というものだ。公共政策と公共経営の世界において、こうした先例は時に特定の価値観によって固定された思い込みの打破を含んでいる。例えば、1980年代後半以降政策立案者たちは、社会のためになったり税収で賄われるものであるという理由だけで、政府の職員によって推進・提供されなければならないという先入観に疑問を持ち始めた。実際に、初等教育や更生施設の建設・運営や生活保護受給者の就業施策のように、伝統的に政府の機能とされてきたものが今では非営利団体、さらには営利団体にすら外注されようとしている[58]。

ここでわれわれは、社会の価値の実現は必ず政府によって行われなければならないという先入観と戦っているのである。税財源で賄う必要はあるかもしれないが、政府によって提供されなければいけないわけではない。

その他の方法としては、プログラムの根底にある提供価値をわかりやすく明確化してそれを効果的にすることである。例えば、リバーサイド郡の就業支援施策は、案件管理のアプローチの根底にある価値の前提を明確に示すこととしていたプログラムとしては、1990年代半ば以前では比較的数少ないものの1つであった。

58 「スマートプラクティス」であるか否かを問わず、政府の業務の外部委託は大いに議論の余地のある問題であることは付言しておきたい。

先例を深く観察する

「フリーランチ」活用型では、スマートプラクティスは少ない費用で価値を生み出すために潜在的な機会を活かし、または使いこなすためのあらゆる営みを含んだものということができる[59]。ここで、この「あらゆる営み」について説明を試みたい。

先例の特徴を明確にする

スマートプラクティスの基本的なメカニズムは、有益な仕事を効率的に回り道をすることなく成し遂げる方法にある。スマートプラクティスは、(1) 価値を生み出す潜在的な可能性（例えば、BoxI−1）と、(2) その可能性を引き出し、フォーカスしていくメカニズムからなる。先に示した6つの例で、筆者はそれぞれの実例が何を「利用する」のかを示すことによってその基本的なメカニズムを示した。例えば、公園の維持管理を分担することは、取引を行うことがもたらす効用と、現金払いの代わりに物々交換をする機会を利用していることになる。

しかしこの基本的なメカニズムではとらえきれない面がある（Bardach 2004)。スマートプラクティスは以下のような要素によっても特徴づけられる。

- **実行に関する特徴**：基本的なメカニズムを直接具体化するものが該当する。先に挙げたオクラホマの目標達成のケースでは、支払いスケジュール、支払額、支払条件がこれに当てはまる。ヘネピン郡のリサイクル更生プログラムではリサイクル可能な廃棄物のストック、精神疾患のある患者とそれらをつなげる行政部門間の理解が当てはまる。

59 同じ分析は、慣習からの脱却が特長的な先例にもほぼ適用できる。

- **補助的な特徴**：一義的には、予算や組織のように、上述の「実行上の特徴」を具現化するのに投入されるリソースが該当する。その他、組織の文化や政治環境など、直接的に有効な役割を果たすわけではないがそれでも重要なものも含まれる。
- **任意の特徴**：観察されたところではたまたま関係者の関心を引いていたが、他の場所では必ずしも評価されるとは限らない特徴をいう。例えば、オクラホマのケースでは、受託事業者を政策立案に参加させていたことは、筆者から見れば必ずしも必要なことではなかったが、よいことだったと思う。

先例が持つ機能と特徴を区別する

! 本質的な理解のためのヒント

「スマートプラクティス」と思われるものを「もともとの状況」から「自分が現在取り組んでいる問題」に適用するにあたって、手段は柔軟に変えても、基本的なメカニズム（「どのように機能したか」）のロジックは厳密に複製しなければならない。

そのためには、スマートプラクティスのメカニズムを働かせるための**機能**と、その機能の効果を生み出す個別の**特徴**を区別することが必要だ。例えば、上述の目標達成報奨金プログラムでは、目標を設定することと達成度合いを検証することが「機能」と言える。これらの活動はスマートプラクティスのロジックを決定づける要素であり、プログラムの本質を変えることなくそれを除外することはできない。例えば、生活保護受給者の就業支援において、2つの本質的な機能は、責任を支持する道徳的な風潮を作り出すことと、このような責任に見合う自信を浸透させることである。こうした機能を実行し支えるために具体的にどのような特徴を備えるべきかについてはさまざまな選択肢があり得る。

本質的な理解のためのヒント

機能と特徴を切り分けて考えるためのヒントがある。機能は「〜すること」という形で表される。上の例では、「**設定すること**」「**検証すること**」「**作り出すこと**」及び「**浸透させること**」だ。一方で、こうした機能を発揮させるための特徴は純粋な名詞で示される。

この原則は、機能を発揮するために特定の方法を選ばなければならないときには当てはまらない。例えば、目標達成報奨金プログラムの場合は、関係者の期待を明確化するために「契約」という手法を、目標が達成されたことを証明するために「書類」という手法を意図的に言及してもよい。

多様性と複雑性を受け入れる

スマートプラクティスは複雑で、文脈によって性格が大きく変わるし、さまざまな主体がさまざまな目的で用いるため、どのように語るかによってその効果が影響を受ける。

一般的で柔軟な描写にとどめ、規範的であったり正確にしすぎたりしてはいけない

前述のカリフォルニア州の歳出管理予算を考えてみてほしい。それは剰余金の**すべて**を返納することを求めているだろうか。では、例えば50%ではどうか。もし賢く予算を使うことを奨励するためのものであれば、50%を返納させれば十分だろう。したがって、定義は「スタッフが剰余金を生み出そうという気になるのに**十分な**額の剰余金を手元に残すことを認める」という程度にとどめておくのがいい[60]。「十分な」というのがどの程度なのかを状況ごとに判断するのは歳出管理予算を実行する者次第ということになる。

60　この解釈は、研究者・観察者によって主張されているものであり、必ずしも実際に行われてきたものでもなければ、担当者によって承認されたものでもない。

それぞれの状況で機能するように、細部については実施担当者が考える余地を残しておくべきだろう。本質的でない部分で現場に裁量を与えることは、常識にかなうだけでなく、ある意味他所から持って来られた、言葉は悪いが押しつけられているやり方に現場が乗り気になるように促すことができる。

スマートプラクティスの基本的なメカニズムの描写は必ずしもシンプルでなく、複雑になることもある

上述のスマートプラクティスの候補リストには、混乱を招かないように比較的単純なものを集めている。しかしながら、スマートプラクティスの中には多面的でいくつかの文または数段落では簡単に要約できないようなものもある。マイケル・バーゼレーは、ミネソタ州の諸経費と監督部門を管理するため、「ポスト官僚的パラダイム」と彼が呼ぶものを分析している。彼はポスト官僚的パラダイム（非常に広大なものであるがスマートプラクティスと呼んでいい）のさまざまな側面を、サービス、顧客重視、品質、インセンティブ、価値創造や裁量の拡大といった「核心的な概念」に落とし込もうとした。しかしながら、彼は、主要な概念は何か1つのアイデアがトップにあるように階層的に整理できるものではなく、まとまりのある概念が集まって構成されるものになると結論づけた。

関連する管理改善の枠組みは、ニューパブリックマネジメント（NPM）と呼ばれるもので、1980年代後半にニュージーランドで類似概念として登場したものだ。ある観察者（Borins 1998）は単一のスローガンやいくつかのセンテンスでは要約できないことを断りながら、その主要なアイデアを以下のとおり述べている。

- 政府は市民が評価する質の高いサービスを提供すべきである。
- 公共機関の管理職は、特に本部からの監督下から、より自立させるべきである。
- 組織と個人は、求められる業績指標をいかに達成したかによって評価され、報いられるべきである。

- 管理職が役割を果たすのに必要な人的・技術的資源が確保されなければならない。
- 管理職は競争の価値を重んじ、公共部門よりは民間部門に属するサービスに対してオープンな姿勢を持ち続けなければならない。

現実の世界におけるスマートプラクティスの実例はそれぞれ異なっていて、注意深い解釈が求められる

以下のような場合に、スマートプラクティスが適用できるとか、有効であるという感触を得るためには、それらの実例を複数探し出さなければならない。

(1) 異なる条件のもとで実行されているケース
(2) 重要でないところで異なる特徴が含まれるケース
(3) 求められる機能を果たすのに、同等に見えつつもある程度異なる手段を取るケース

理想的な場合には、これらの事項についてデータと理論的解釈を提供してくれる社会科学の研究が見つかるかもしれない。しかし多くの場合、そのような研究は存在しないだろう。良くても、ごく限られた場面で実行者が収めた成功について、何をしたのか、どのような困難があったのかを表面的に描いた文書やスピーチを見つけられるくらいだろう。関心のあるスマートプラクティスをどのように概念化（定義）し、最も重要と思われる条件をどのように評価するのかをしっかり考えて注意深く論証しなければならない。これは、自分が念頭に置いている特定の状況でスマートプラクティスが機能するかを考え始める前であってもやらなければならない（後述の「しかし自分たちもうまくいくのだろうか？」における議論を見てほしい）。

一般的な脆弱性を描き出す

スマートプラクティスについて説明する時には、どのような場合に、なぜそれがうまくいくのかについてのみならず、どのような場合に、またなぜそれが失敗し、崩れ、裏目に出て、導入したことを後悔することになるのかを説明することが専門家の責任だ。つまり、スマートプラクティスの持つ**一般的な脆弱性**の本質を伝えるべきだ。一般的な脆弱性とは、基本的な因果構造に何らかの形で関わる潜在的な弱点だ。例としては、スマートプラクティスの実践時に生じる小さな失敗への高い感応度（小さな問題に大きな影響を受けること）や、実践される環境（例えば、耐えがたいストレスのかかる環境）などが考えられる。

もちろん、あらゆる現場環境である程度の負荷はつきものだ。このため、予見可能で潜在的な負荷に対しては、スマートプラクティスの定義の中に防御策を含めるのがよい。この防御策がなければ、スマートプラクティスは「愚かな先例」になってしまう。例えば、地方自治体の行政機能の民営化は、担い手になる民間企業が競争的な市場で行われている場合にはスマートプラクティスとなるが、以下のような場合には、「愚かな先例」となるだろう。

(1) 単一の供給者によって独占されている状況下で行われる場合
(2) 入札が汚職の温床になりやすく、腐敗した利害関係者がそれに気づく場合
(3) 契約に不適切な業績指標が定められていた場合
(4) 地方自治体の契約管理手続きが過度に硬直的であったり過度に緩かったりする場合

別の例を考えてみよう。既出のリバーサイド郡の生活保護受給者への就業支援は地元の労働市場の状況に対して効果があるかよくわからない。つまり、もし失業率が高くて求人が少ない場合には、高い期待をかけることは参加者

に負け癖を作ってしまうし、社会が彼らに求める「責任」に対する不信感を招いてしまう。公園の維持管理の分担は、一般的な意味において、政策立案者が他の部署に予算を付け替える間にできるだけ多くの負担を地元住民に課してしまおうとする誘惑の前では弱い。

一般的な脆弱性は、問題が生じる**可能性**を指摘しているにすぎないことに注意してほしい。問題が実際に起きるかどうかは、スマートプラクティスが適用される現場環境や、実行する際の脆弱性を認識した対応策を設計し、実施できるかにかかっている。例えば、コストはかかるが腐敗を最小化するような契約プロセスを設計することは可能であるし、公園の維持管理で市と協定を結ぼうとする近隣住民は、協定の文書化や、十分に公開された記者会見による協定の公表を強く主張することができる。こうした書類は法的な根拠がなかったとしても、後に近隣住民の代表者に政治的影響力を与えることができる。

ここで2種類の脆弱性が注目に値する。まず1つは、一般的なマネジメント能力の欠如に属するもの。例えばスマートプラクティスの実践を容易にする一般的な意味でのリーダーシップや、「よき政府」の精神の欠如だ。もう1つは、それぞれの先例に固有に備わっている弱点だ。例えば、サービス提供の施策において、どの地域や集団を優先するかの争いに影響を受けやすいこと、あるいは、安全のための規制において、事故の被害を許容するか、コストをかけてでも厳格にするかを決めかねること、などだ。

しかし自分たちもうまくいくのだろうか？

一般的なスマートプラクティスのエッセンスを、脆弱性を含めてよく理解し、成功の確率を高めるさまざまな特徴を明らかにできたとしても、最後に「このやり方は確かにうまくいった場面があったかもしれないが、われわれはそれを試すことが許されるほどうまく機能するような状況にあるのだろうか？」と問わなければならない。この問題に賢明に答えるには、うまくいった状況と、それを適用しようとする状況の両方を見ることが必要だ。

自分たちが向き合っている場面を評価する

スマートプラクティスを適用しようとする場面の現状を注意深く分析することはもちろん重要だ。しかし、この分析にもとづく静的な回答では十分ではない。対象とする状況でスマートプラクティスを当てはめた場合に、合理的なコストやリスクのもとで成功可能性を高めるために何ができるかを考える必要がある。この戦略は以下の2つのカテゴリーに分けることができる。

保護戦略

スマートプラクティスの一般的な脆弱性を考えてみてほしい。最も危険な脆弱性は、自分が取り組んでいる状況に受け入れがたい問題を引き起こしそうではないか？　例えば、非営利の団体と提携する場合における契約管理プロセスの過度な硬直性が一般的な脆弱性だとしたら、自分たちの契約担当者が異常なほど硬直的であることで知られていないだろうか？　もしそうなら、この問題を解決する方法があるだろうか。例えば、契約担当部署で担当者を代えられないだろうか？　それができないのなら、特定の手続きの遵守でなく結果責任を負うように契約条項を規定する方法を見つけることができるだろうか？

増強戦略

先ほどスマートプラクティスがより良く機能するための「補助的な特徴」と呼んだものについて考えてみてほしい。どのような「補助的な特徴」がスマートプラクティス成功の可能性を高めるだろうか？　それらはどの程度機能しそうか。それらをより良く機能させるために何かできるか？　例えば施策を管理し事業を遂行する最高の担当者を引きつけることができるか？　単年度の予算配分よりも安定的な資金を得ることができるか？　自分がやっていることについてポジティブな報道をプレスに打たせることができるか？　主要な関係者の支援と関連する有権者の支持または少なくとも低調な反対行動をあてにできるか？

先例のもとの状況を評価する

自分が向き合っている状況に適用可能なスマートプラクティスはそう見つかるものではない。見つかったとしてもそれらの事例は、政策立案者や行政官が普通よりも目新しさや革新を好むような地域や組織から引用されていることが多いだろう。つまり、運営能力は平均以上で、自分の地域・組織よりも優れていると考えられる。

もし、引用元の状況が主として先導的であったり実証的なものであったりする場合は特に注意が必要だ。なぜなら、

(1) 試行的な政策の実行者は平均以上に熱意を持ち、仕事に耐えうる才能があり、
(2) また、試行の場における政治的・財政的状況は平均以上に優れており(もしくは劣っていることが少ない)、さらに、
(3) 官僚主義的な抵抗も、試行的政策に対して、既存の価値観、地位、雇用の安定や仕事のルーチンを脅かすことになる恒久的な変革よりも激しくないことが多い。

試行的または実験的な状況において観察された成功事例を用いるにあたってどのような注意が必要か。この疑問に答えるのに体系的な研究は存在しない。しかしながら、ランド研究所の少年犯罪予防プログラムについての分析は、罰則の強化をより広範に適用した場合の効果を試行的政策の15～40%低く見積もっている（Greenwood et al., 1995)。ランド研究所の分析は罰則に着目したことについて何ら明確な説明を行っていないが、その選択には合理性がありそうだ。

もしスマートプラクティスを特定の地域の状況ではなく広範に適用することの可能性を分析するなら、試行的施策の結果は通常よりもはるかに優れているという上述の事実の他にも気にしなければならないことがある。まず、**平均を下回る**場所の存在にも気をつけなければならない。連邦政府から地方政府への施策と権限の委譲が今日ほど一般的でなかった時代にあっては、連邦政府の政策担当者、とりわけ政治的にリベラルの場合は、「ミシシッピ問題」を心配した。かつてミシシッピは貧困・後進の比喩的なシンボルであり、そして与えられた権限ではどれほど冴えた方法も破壊し踏み外してしまう人種主義的な地域だった。

8つのステップに戻って

スマートプラクティスを評価するにあたって典型的な弱点があるとすれば、それは保証なき楽観主義である。確かに、ベストプラクティス探しに対する共通した批判は、良さそうなアイデアに十分に吟味する前からのめり込んでしまうということだ[61]。

では、どれだけ吟味したら「十分」と言えるのだろうか？　その答えは、たとえそれが現在行われている取り組み（前に「現在の趨勢を継続させる」と表現した）であっても、もしかしたらもっとすぐれていたかもしれないのに捨て去ってしまうコストという観点からある程度定義されるべきものである。ただし、現在の方法が非効率であったり有害なものであったりすることに合理的な確信があるのであれば、新しくてまだ試されていない方法を支持し、現在のやり方を間違って捨て去ってしまうことのコストは結局のところそれほど高くないかもしれない。したがって、新しくてまだ試されていない方法

61　残念ながら、最終的に失敗する実験に過剰に熱中することは、適切な実験への熱意の評価さえ落としてしまうものだ。

を評価する負担は負わなければならないが、それは過度なものであるべきではない。スマートプラクティスと思しき方法を採用するリスクや不確実性を、検討中の他のすべての政策オプションに伴う不確実性の比較対象にするのが正しいアプローチである。

もちろん、変化のコスト、つまり交渉・不安定・厳しい反発などは新しく優良と思われる方法を導入することに対しても不利に働く。しかし、そのようなコストはあらゆる変化で生じるものであるし、組織や人々が行き詰まっている場合には、変化は単なるコストではなく利益となり得る[62]。

Column

スマートプラクティスの活用による施策展開の例

「前例主義」はお役所仕事の悪弊の代表格のように言われますが、PART Ⅳでは「スマートプラクティス」を戦略的に政策立案に反映させることを学びました。ここで紹介されているアプローチのエッセンスは、我が国の政策立案の現場においても用いられているというのが訳者の理解です。そこで、国土交通省の住宅政策において「先例」をどのように活用しているのかを本章の枠組みに沿って解説してみましょう[1)]。

1. 新築住宅の欠陥から住民を守る保険制度の導入

2005年（平成17年）11月に発覚したいわゆる耐震強度偽装問題では、構造計算書の偽装により必要な耐震性を備えていないマンションが分譲され、建て替えや大規模な補修のために多額の費用を住民に強いる事態となりました。

62 あるいは、多くの公立大学システムに見られるように、組織や人々が永続的に改革され、再発明され、作り変えられるのであれば、安定性・一貫性、集中力には利点があるかもしれない。

これを重く見た国土交通省は、事業者が保証責任[2)]を果たすための資力をあらかじめ確保するための方策（資力確保措置）を事業者に求める政策を検討します。その中で、①すでに保証責任をカバーする任意加入の保険商品が中小の住宅生産者を中心に住宅の新築の約1割で活用されていること、②諸外国においても住宅の欠陥に対して保険を活用しているケースが見られること、の2点から、保険を政策に取り入れることを軸に検討を進めることにしました。つまり、欠陥住宅対策における保険をスマートプラクティスとして活用することを決めたことになります。

すでに一部の新築住宅で活用されていた任意加入の保険制度（住宅性能保証制度）の「基本メカニズム」は以下のようにとらえられるでしょう。

- 住宅の欠陥による財産被害を保険によってカバーする
- 保険のリスク管理のために、保険の引き受けに際して現場検査を行う
- 建築現場における検査等の専門性確保のため、住宅専門の保険法人が保険を引き受ける

そして、その中にはこのPARTでも触れられている「フリーランチ」を確認することができます。BoxI-1（p.38）の項目に即して以下のように整理できるでしょう。

- 「個人の志を活用する」：民間企業である保険法人は、自らのビジネスとして新築住宅の欠陥のリスクを引き受け、それを最小化するよう管理する。
- 「複数の機能」：保険法人は、保険の引き受けに際して建築士の資格を有する検査員に現場検査を行わせる。これにより、保険のリスク管理のみならず、欠陥工事による消費者被害を未然に防ぐとともに、我が国の住宅新築工事水準の引き上げも期待することができる。

さらに国土交通省は、消費者保護を万全なものとするため、新築住宅を

供給するすべての事業者に対し、欠陥が生じた場合の責任を全うするための資力を確保しておくことを義務付けるべきと考えていました。その資力確保措置の1つとして保険を活用することについては、義務付けによる加入件数の増加や引き受けリスクの増大の可能性を踏まえ、慎重に検討することとされました。

これは、上述の保険制度を「義務付け」という非常に強い政策手段のもと導入することを意味します。そして、非常に強い政策手段に伴う「脆弱性」とそれに対する「保護戦略」をきめ細かく制度に組み込んだ形跡がうかがえます。

脆弱性		保護戦略
○加入件数の増加 現場検査の遅れから住宅着工にブレーキがかかるかもしれない（景気への悪影響）。	→	• 十分な検査員の確保等検査体制の整備を保険法人の認可要件とした • 法施行前にストレステストを実施
○損害リスクの増加 既存制度で加入実績がない大規模共同住宅の加入が増えれば巨大損害が発生するかもしれない。	→	• 損害保険会社による再保険 • 損害保険会社が合同で超過損害プールを設立（独占禁止法の適用除外） • 故意・重過失損害や巨大損害集積時に保険法人へ無利子貸付を行う住宅保証基金の造成
○事業者倒産のおそれ 事業者が巨大な損害の発生で倒産すれば誰も保証責任を負わなくなってしまう。	→	• 事業者が倒産したときも保険法人が保険金支払いを行うことを法令上明記

こうして、新築住宅の供給を行う事業者に住宅瑕疵担保責任保険への加入（または保証金の供託）を義務付ける住宅瑕疵担保履行法案が国会に提出され、全会一致で可決・成立しました（2009年［平成21年］10月1日から施行）。

2. カーボンニュートラル実現に向けた「義務化」の拡大

昨今、カーボンニュートラルが各国の国家戦略に位置付けられ、我が国でも政府のみならず民間企業にとっても最重要課題の１つに位置付けられるようになっています。

その中で、エネルギー消費の約３割を占める建築物分野での省エネ対策も喫緊の課題となっています。元来建築行政においては、建築基準法が国民の生命、健康及び財産の保護を一義的な保護法益として建築基準への適合を事実上義務付けてきましたが、2017年4月から大規模建築物で、2025年からは戸建て住宅を含むすべての建築物で省エネ基準への適合が義務付けられます（建築物省エネ法）。これも、我が国の建築物の耐震化等で成果を上げてきた建築基準の義務付けというスキームを、カーボンニュートラルの実現に向けて「スマートプラクティス」として活用したものと見ることもできるでしょう。

カーボンニュートラル対策を一層進めるため、住宅・建築物において「省エネ」にとどまらない太陽光発電などの「創エネ」を義務付けで実現しようとする制度は、すでに海外で事例が見られるほか我が国でも一部の地方公共団体で導入されつつあります。「規制の導入」という強力な政策手段は、カーボンニュートラルの実現に向けて今後もさまざまな場面での活用が検討されてもおかしくないでしょう。

このように、活用されようとしている「先例」が明確な場合、本章の議論は非常に示唆深いものになると考えます。義務付けに伴って生じる「脆弱性」は何か、それに対してどのような「保護戦略」を考えられるのかを、政策担当者だけではなくそこに関わる民間企業・個人も考えてみるべきです。カーボンニュートラルが必要だから規制をしてでも推進すべきだとか、脆弱性があるから規制の導入には反対だ、という論争から抜け出し、「霞が関が気づいていない脆弱性はないか」「それにはこのような保護戦略が考えられるのではないか」といった建設的な議論ができないでしょうか。

また、保護戦略のアイデアが規制導入後の市場における競争優位性にもなると考えれば、民間企業にとっても規制導入前から我が事として考えてみる価値があると考えます。

このPARTの先例活用のアプローチは、政策立案が霞が関に閉じたものではなく、広く社会で共有されるための手がかりにもなるのではないでしょうか。

訳者注

1）本稿は訳者の見解に基づくものであり国土交通省の公式見解ではない。

2）この事件の5年前から、住宅品質確保法において新築住宅の売主等は住宅の主要構造部分の瑕疵について10年間の瑕疵担保責任を負うこととされていた（民法の原則の特例）。しかし、本件ではマンションを分譲した事業者が倒産したためその責任を果たせず、購入者が著しく不利な立場に置かれることとなった。

付録 A

政府が行うこと

以下の「政府が行うこと」のリストは、創造性を刺激し、アイデアを提供することを目的としたものである。このリストの使い方として、まず、取り組もうとしている政策問題について考えた上で、リストを最後まで読み、「このアプローチをこの問題に適用できるだろうか？」と自問してほしい。

「提案できること」のリストに続いて「提案する理由」を論じたが、あえて簡潔なものとした。あくまで示唆を得るためのものだからである。

1．税

提案できること

1. 新しく税を賦課する
2. 既存の税を廃止する
3. 税率を変更する
4. 課税ベースを変更する
5. 徴税機構を改善する
6. 外部性に課税する

提案する理由

税が問題の解決策となる場合の状況として最もよくあるものは、所定の目的のための政府収入が不足している状況や、より重要なものとして、市場価格が経済学でいう真の機会費用を反映していない状況だ。市場価格がおかしい場合、寡占力や政府の過度な規制など、より深い構造的理由があることが多く、そうした問題は他の手段によって是正することもできるだろう。

当然ながら、行きすぎた課税が有益な社会経済活動の妨げとなる場合には問題にもなる。

2. 規制

提案できること

1. 新たな規制制度を導入する、または既存の規制を廃止する
2. 新たな基準を策定する、または既存の基準を廃止する
3. 既存の基準を強化あるいは緩和する
4. 何かを全面的に禁止する
5. 基準策定のために、科学的・技術的基盤を強化する
6. 抜け穴をふさぐ、または広げる
7. 執行担当官を増員、訓練、監督強化する
8. 違反者を捕捉するための取り締まりを行う際のターゲットを改善する、抑止力を向上させる、あるいは資源利用の効率性を高める
9. 制裁を強化あるいは緩和する
10. 争訟手続を厳格化あるいは簡素化する
11. 報告・監査手続きを変更する
12. 従業員や市民の苦情処理システムを追加、除去、または改善する

提案する理由

3つの異なるタイプの規制を区別しよう。1つ目は、自然独占における価格

や産出物に関する規制だ。一例として、公益事業委員会が行う地域の電話サービス会社に対する歴史的な規制がある。この事例が示すように、技術変化（例：携帯電話やブロードバンド）は自然独占の前提を崩し、この種の規制の必要性を変化させる。

2つ目は、消費者や労働者に害を与えることを防ぐためのもので、ときに「社会的規制」と呼ばれるものである。健康や安全に関係する規制によく見られる。この種の規制は、市場における情報が不足していることや、民事法（不法行為法や契約法など）による解決に委ねた場合には過度な軋轢を招くといった、市場の不完全性を是正するものである。連邦食品医薬品局が行う医薬安全規制がその例である。銀行に対する自己資本比率規制もこの種の規制に当てはまる。2つの問題が、この種の規制に共通して存在する。規制が少なすぎるか、あるいは多すぎるかだ。科学的な不確実性や測定の技術的な難しさ、そして政治的圧力が、さまざまな状況においてそれらの問題を引き起こす。

3つ目は、寡占と考えられる産業（例：公共交通）における、参入、退出、生産、価格、サービス水準に関する規制である。この種の規制を行うにあたっては、情報の収集と、多数の企業による産出量の調整に大きな問題が生じる。政治的にも、反競争的な「捕捉」がしばしば生じるという問題が生じる。1978年頃から政治的な勢いを得た規制緩和の流れは、政府が市場に委ねる場合に、こうした産業においていかに有益な競争があるかについて、新たな評価を生み出した。

多くの大気・水質規制は、社会的規制とみなされている。しかし、これらの規制は、実務上（ときに政治的に）、3つ目のタイプの規制に近い。なぜなら、こうした規制の根拠法は、行政庁が多岐にわたる企業の産出量を事実上調整することを求めているからである。

3. 補助金・交付金

提案できること

1. 新しいメニューを追加する
2. 既存のメニューを廃止する
3. 補助額を変更する
4. 補助率を変更する
5. 算定式を導入、廃止、または変更する
6. 受給資格要件を変更する
7. 執行を緩める
8. 執行を厳格化する

提案する理由

インセンティブ効果　補助金や交付金は、市場によっても、非営利活動や自発的活動によっても、質的・量的に十分な活動が生み出されないときに、活動を刺激するために用いられる。補助金や交付金は、政府が異なるレベルの政府に対して一定の行動を促すといった場合において、国と自治体、あるいは自治体間の関係において重要な役割を果たす。また、政府と非営利組織との関係においても同様に重要な役割を果たす。

資産効果　補助金や交付金は、個人や組織、あるいはさまざまなレベルの行政主体に対して資源を移転し、受給者を豊かにする。

設計上の問題　補助や助成を用いるとき、資産効果を生じさせることなくインセンティブ効果だけを創出したいということがよくあるし、その反対のケースもある。例えば、貧しい人々を補助金や交付金によって今より豊かにしたいが、勤労意欲を損ねたくはない場合、あるいは、ある特定の分野の研

究開発を企業や大学が行うことを促進したいが、不当に彼らを豊かにしたり、非効率に補助を使わせたりしたくはないといったケースが考えられる。

補助金や交付金は、通常、さまざまな指示や条件を付与した上で交付される。長期的に補助金や交付金を付与しているときに、指示や条件に従わない場合には受給を取り消すことがあり得ると警告することは、懲罰を伴う規制と同様の機能を果たす。つまり、一定の補助金や助成金について、部分的に規制の意味合いを持たせることができる。

4. サービスの提供

提案できること

1. 新しいサービスを追加する
2. 既存のサービスを拡充する
3. 現在サービスを活用していない人々・組織へ対象を広げる
4. 既存のサービスを、特定の対象者向けにカスタマイズする
5. サービスを利用するためのバウチャーを支給し、利用者がサービス提供者を選べるようにする
6. 複数の既存のサービス提供システムをつなげ、サービスの相乗効果を活用したり、利用者の利便性を高めたりする
7. 以下の方法によってサービスの利用にあたっての負担を軽減する
   a. オンライン化する
   b. 利用枠・利用資格の適合判断を電子化する
   c. 書式を簡素化する
   d. サービス提供場所を集約する
   e. 電話での予約を受け付ける
   f. 問い合わせや苦情相談をしやすくする
   g. 支払方法を改善する

提案する理由

サービスには2つの基本的特色がある。**望まれるサービス**は、人々が望むもので、公園や良い学校のようなものである。**本人を保護するためのサービス**は、本人が欲しているかどうかはわからないが、周囲の人々が望むサービスで、周囲の人々にとって潜在的に良い影響があるサービスである（例：精神病患者へのリハビリテーションサービス、ホームレスへの宿泊所提供、生活保護受給者への職業斡旋）。前者を提供する仕組みを設計する方が、後者を提供する仕組みを設計するよりもはるかに簡単である。

5. 組織の予算

提案できること

1. 予算を大幅に増やす
2. 予算を小幅に増やす
3. 予算を昨年のレベルに維持する
4. 予算を小幅に減らす
5. 組織廃止の端緒となるまで予算を大幅に減らす
6. ある予算への配分額を他の予算に移し替える

提案する理由

あなたは、組織の予算を組織の仕事への評価に応じて調整したいと思うかもしれない。さらに、どのように組織の予算を操作するかが、組織の活動に対する満足度・不満足度を示す政治的なシグナルとなり、それによって組織に対して資産効果をもたらすのみならず、インセンティブ効果をもたらすこともできると考えることもできる。しかしながら、組織の予算の増減をインセンティブ効果を創出する手段として用いることは容易ではない。

6. 情報

提案できること

1. 情報開示を求める
2. 政府による格付けや認証を行う
3. 表示や書式を標準化する
4. 情報を簡素化する
5. 情報提供に補助金を支給する
6. 情報の普及に補助金を支給する

提案する理由

情報の提供、拡散及び妥当性の確認は、そうした行為に伴う平均費用（時には限界費用）が逓減するという性質から、市場に任せていた場合には社会的に最適なレベルまで行われないことがある。情報の利用も、隠れた利用コスト（情報を読み、聞き、解釈し、取捨選択し、確認するのに要する時間など）が存在するために、市場に任せていると社会的に最適なレベルまで行われないかもしれない。

7. 個人の権利構造

提案できること

1. 契約上の権利・義務
2. 所有権
3. 賠償責任
4. 家族法
5. 憲法上の権利

6. 労働法
7. 会社法
8. 刑法
9. 訴訟と裁判以外の紛争解決制度

提案する理由

近年、法制度に関心のある政策立案者や経済学者は、経済学的に効率的な事故発生リスク（かつ、そのリスクは社会的に最も安い費用で対応できる者が負うことが望ましい）と、裁定システムの適用のためのコストという2つの大きな課題について注目してきた。私法の権利義務はリスクの分配に大きな役割を果たすため（例：もし製品が消費者にリスクをもたらし、負傷させてしまった場合、消費者が製品を他の用途に使ったり誤用したり、あるいは使用に伴うリスクを負うことに合意していたりした場合でなければ、製造者は負傷への責任を負う場合がある）、法令を調整することは、ときに強力な政策介入メカニズムとなる。また、管理や裁定のコストを下げるためのさまざまな創造的な提案が行われてきた。

これらの経済学的な問題に加え、危害への補償についても懸念点がある。法令は、異なる利益集団や社会階層の間で、発生可能性あるいは発生リスクという意味で、あるいは現時点の現実の利害という意味で、富を移転させるように改正することもできる。

法令の改正に伴う富の移転、リスクの移転は共に望ましい方向に働くかもしれないし、逆に、目的に反する方向に働くこともあり得る。さらに、管理や裁定システム上の費用を低減させようとする試みについても、共に望ましい方向に働くかもしれないし、逆に、目的に反する方向に働くこともあり得る。

8. 経済活動の枠組み

提案できること

1. 競争を促進する
2. 集中を促進する
3. 価格と賃金（そして利益）をコントロールする
4. 価格と賃金（そして利益）のコントロールを解除する
5. 産出レベルをコントロールする
6. 産出レベルのコントロールを解除する
7. 政策減税を増やす、または減らす
8. 公的雇用を提供する
9. 公的雇用を削減する

提案する理由

政府の介入強化を支持する理由　供給側では、独占や寡占の問題が存在する。需要側では、消費者は移動できず、搾取されやすい。これらは労働者についても同様である。

政府の介入緩和を支持する理由　政治的な力が政府の執行機関を支配して政策の趣旨をねじ曲げているかもしれない。あるいは、政府が政策を適切に執行するための情報コストが高すぎるかもしれない。技術が変化し、既存の政府介入の手法が、適切性、有効性、効率性の観点から不適当なものになっているかもしれない。

9. 教育と相談

提案できること

1. 有害性や危険性を警告する
2. 奨励したり鼓舞したりすることで認知度を高める
3. 技術支援を行う
4. 技能や能力を向上させる
5. 価値観を変える
6. 訓練、認証付与、免許付与によるサービス提供者の専門化

提案する理由

人々は問題や好機に気づいていないことがある。その背景には不注意や無感覚があるかもしれない。大きな責任を伴う業務に、それに見合うだけの十分な訓練を受けていない人や技能を有していない人が就いているかもしれない。

10. 資金供給と行政契約

提案できること

1. 新しい（官製）市場を作る
2. 既存の（官製）市場を廃止する
3. 払い戻し率を変える
4. 払い戻しの基準を変える（例：原価加算式、単位価格式、重量変動制、能力給またはペナルティ）
5. 政府保有資産を貸し出す
6. 使用料の体系を変える

7. 入札システムを変更する
8. 契約履行方法を変える
9. ローンを提供する
10. ローンを保証する
11. ローンに補助する
12. 公的企業を立ち上げる
13. 公的企業を解体する
14. 既存の公的企業を民営化する
15. 保険の条件を修正する
16. 調達方法を変える

提案する理由

資本市場や保険市場が効率的に機能していないかもしれない。政府の契約や調達方法はよく機能していないかもしれない。硬直的であったり、腐敗していたり、高価格すぎたり、時間を要しすぎたりすることがある。

11. 官僚制改革・政治改革

提案できること

可能性のある方法はここに記述しきれないほど数多い。組織改編、幹部人事の変更、情報システムの改善、賃金や俸給の引き上げなど多岐にわたる。

提案する理由

その理由もここに記述しきれないほど多い。しかし、多くの政策的文脈で、官僚制改革や政治改革を行う上での政治的・象徴的事情が存在することに留意すべきである。政治的な事情としては、ある社会的利益や観点を、その他を犠牲にすることによって強化しようとしているときに用いられるケースが多い。象徴的な事情としては、社会的に非常に困難または解決不可能な問題についての批判を避けるため、政府がコントロールできると考えられている領域（行政自身の運営方法など）で、目につきやすいことを何か行うために用いられるケースが多い。

付録 B

公的組織・非営利組織を理解する——正しく理解するための質問

政策立案は、正しく行おうとすれば、政府の活動の技術的な側面だけでなく、その組織的な側面、すなわち、政策を執行する組織についても考えなければならない。政策の執行がうまくいくか失敗するかは、実際に執行する組織が、その政策を推進しようとするか、妨害しようとするかによって決まるところがある。しかし、動機がすべてではない。執行する能力は少なくとも同じくらい重要だ。執行能力に影響を与える組織の構造やプロセスについて注意を払ってほしいと筆者は考えているが、ここでは詳細な説明ではなく、政策立案者が問うべき（41問の）質問の形で示すことにしたい。

使命

1. この組織の使命は何か？
    - 正式な文書等において記述されているか？
    - 組織の管理職や職員に理解され、実行されているか？

環境

2. 組織を取り巻く「承認環境」（関係主体の法的あるいは事実上の態度の

総体が当該組織の政治的正当性を決定するような環境）において、この組織の使命や組織の存在について、どのような支援または反対を受けているか？
- 予算配分からの根拠はあるか？
- その他の根拠はあるか？

3. 業務を実施する環境は平穏か、予測できる程度の変化にさらされているか、あるいは予測できないほどの変化にさらされているか？　以下がそれらの状況の例である。
   - **平穏**：1975年の電話会社
   - **予測できる程度の変化**：1970年代の病院。管理型医療制度が導入される以前であるが、新しい技術が導入され始め、過剰設備が顕在化し始めた頃
   - **予測不可能な変化**：現在の通信会社、保険市場・技術・政府の政策の変化に直面している現在の病院

予見可能性が低いほど、そして変化の速度が速いほど、現場の担当者から素早く情報を得る必要性が高まる。少なくとも一部の意思決定は現場で行うことを認める必要がある。また、中央での戦略決定を現場に委譲する必要がある。

4. 資源及び（または）権限について、この組織の主要な競合相手は誰か？
5. この組織は競合相手に対して比較優位、あるいは比較劣位にあるか？
6. この組織には、単に競合するだけでなく組織の使命や哲学について完全に敵対視するようなライバルが存在するか？

実績の測定

7. 組織の活動がどれだけ効果的で効率的であったかについて、どのような計量的手法を用いることができるか？
   - 実績（アウトプット）と成果（アウトカム）を生み出しているか。

     実績（アウトプット）は、組織の生産活動における結果として運用上把握が可能なものである。例えば、卒業生の数、間伐を行った森の面積、1日当たりの乗客数などがある。**成果**（アウトカム）は、実績の結果として生じる、それそのものに価値があるものである。例えば、卒業した学生の就職率の向上、間伐を行った森林の耐火性の強化、通勤時間や汚染の削減、通勤への満足度の向上などである。

     成果を測定することは実績を測定するよりも（はるかに）難しいのが常である。

     成果は、組織の実績の結果だけで生じるものではない。このため、成果の質にもとづいて、組織を信用したり非難したりすることがよいとは限らない。
8. 組織の質はどのベンチマークや基準と比較すればよいか？
   - 他の類似組織か？
   - 同一組織の過去の業績か？
   - 絶対基準か？
9. 理想的にはどのような追加的な測定法を求めるべきか？
10. 組織の「顧客」は、もしいるとすると誰になるか？　彼らへのサービスは十分か？　彼らはどのように考えているか？
    - 公園の利用者を公園局の顧客と見ることは簡単だ。
    - しかし、国税庁の顧客は納税者だろうか？
    - 学生は学校の顧客だろうか？　それとも学生の家族だろうか？

技術

技術という言葉は、やや曖昧な言葉であり、抽象的に説明するよりも、事例によって説明することでわかりやすく定義することができる。

11. どの程度、組織はサービス提供のための技術を用いているか？　規制に関する技術は？　人間を変える技術は？　プロジェクトに関する技術は？
    - **サービス提供の技術**：交通部局による車両その他の設備の顧客への提供、社会保障給付小切手の発行と送付、自動車の登録プレートやステッカーの発行。
    - **規制に関する技術**：環境基準に関する立入検査や執行などの規制、労働安全衛生局（OSHA）の規制、飲食店の衛生立入検査など。
    - **人間を変える技術**：教育、保護観察、児童保護サービスなど。
    - **プロジェクトに関する技術**：土地利用計画の発行、会議場の建設、今年度型のインフルエンザに対する子どもへの予防接種など。
12. 強い技術か、弱い技術か？
    - **強い技術**：社会保障給付小切手の発行は、同じようなものを複製可能であり、かつ、どのような状況でも機能する。
    - **弱い技術**：保護観察中の犯罪者へのカウンセリングは、容易には複製できず、社会的な文脈や個人レベルの能力に依存する。

    組織を運営するために用いる仕組みや手続きは、技術的・政治的な理由から、使用しようとする技術の種類で一定程度決まってくる。サービスを顧客に提供するにあたって監督的な態度を取ると問題が生じるし、その逆も然りであるからである。
13. 組織の権限体系は、組織の使命、技術、人的資源に対して適切か？
14. 組織内部の分業は、組織の使命、技術、人的資源に対して適切か？

15. 組織は、部局の垣根を越えて業務を円滑に進める関係を作るための公式、あるいは非公式の効果的な手段を有しているか？

生産・供給システム

16. 組織が実績（アウトプット）を生み出すために活用する、主要な生産システムはどのようなものか？

この質問は、組織の活動と、当該活動に関係する人的・物的資源、これらの資源を活動に変換する方法を結びつけるプロセスに関わるものであり、複雑な質問になり得る。

- 環境規制などの統制型規制においては、基準策定、遵守状況の立入検査、違反に対する警告と実際の制裁といった手順があり、複雑な抑止形態となっている。
- 生活保護プログラムには、受給適格の判断と給付額の算定というプロセスがある。

現場の担当者と共同生産者

17. 現場の担当者はよい仕事をしているか？　高い能力が備わっているか？　強い意欲を持っているか？　組織から十分な支援を受けているか？
18. どのような動機付け、指導、支援の体制が導入され、彼らの意欲を高め、支援し、責任感を持たせているか。職員採用のやり方は、適切な能力を持った者を採用するのに適切なものになっているか？
19. 組織は現場の担当者の才能と情報を最大限活用しているか？
20. 組織はどの程度「共同生産者」、すなわちその組織に雇用されてはいないが生産プロセスを共有する個人や組織に依存しているか？

- 生活保護の受給者は、受給者の職探しの努力に関して福祉部局を支え、同時に福祉部局から支えられているという点において、福祉部局にとって共同生産者であると言える。
- 両親は、教師とともに子どもたちの教育を共同生産していると言える。
- 規制遵守義務を課されている企業は、環境規制部局にとって環境改善のための共同生産者と言える。

21. 組織は、共同生産者をうまく管理しているか？　組織は適切な仕組みを提供しているか？　情報は？　動機は？

協力者とその他の部外者

22. 組織の使命のため、組織は公的・非営利の協力者にどの程度依存しているか？　組織はその関係を効果的に管理できているか？[63]
23. 営利企業に大きく依存しているか？　彼らとの関係を効果的に管理できているか？
24. 予算、人事、調達、会計検査等の、政府の中の「監督」部局（あるいは「管理」「庶務」部局）との関係を効果的に維持できているか？

集権・分権

25. 組織が（学校の学区のように）複数の拠点でサービスを提供している場合、集権化と分散化の効果的なバランスがとれているか？
26. 業績改善やコスト削減のためのインセンティブが組織内部の予算管理

63　さらなる議論について、Bardach (1998) を参照。

手続きに組み込まれているか？

文化とコミュニケーション

27. その組織は、比較的「強い」文化を持っているか、それとも「弱い」文化を持っているか？
  - **強い文化**：米海軍、地元消防署、米森林局、カリフォルニア州議会分析官事務所
  - **弱い文化**：現代の多くの公衆衛生部署、多くの都市部の公立学校
28. その文化は比較的階層的か、それとも平等主義的か？　規則重視か成果重視か、あるいはその両方か？　効率とコストの最小化は、その文化のどこに当てはまるか？
29. 組織内のコミュニケーションは、階層や部署の境界による制約を比較的受けないと言えるか。また、人々は自分の考えを話すことを比較的恐れていないと言えるか、あるいは慎重で用心深いか？　起業家精神は奨励されているか、それとも抑制されているか？
30. 上級管理職は「文化を通じて組織をリードする」ことを試みているか？　どのようにしているか？
31. 組織内では、創造性と革新性が重視されているか？　創造性と革新性を刺激するための組織的な取り組みを行っているか？

政治

32. 組織内に派閥はあるか？　あるとすれば、それは専門性、イデオロギー、あるいは官僚的な縦割りによるものか？　その他の要因によるものか？

33. 派閥の競争や対立は、組織のパフォーマンスを低下させているか、あるいは努力と健全な競争を刺激することによって、パフォーマンスを向上させているか？
34. 上級管理職は派閥の存在にどのように対処しているか？

リーダーシップ

35. 「リーダー」がこの組織にいるとしたら、誰だろうか？
36. そのような人物は、どのように正当性を得て、維持しているのだろうか？
37. リーダー（たち）はどの程度有能だろうか？
38. 組織において、彼らはどのような役割を果たしているか？
39. リーダーシップ機能を果たすため、彼らはどのような戦略をとっているだろうか？

改革

40. この組織には、**継続的改善**（元々は総合的品質管理（TQM）運動の用語である）の文化はあるか？　また、失敗から学ぶという文化はあるか？
41. 組織は好機や危険の兆候を環境から察知する能力や意欲を持っているか？　もしそのような兆候が現れた場合に、組織は効果的に適応できるだろうか？

付録 C

政治的支援を勝ち取るための戦略的アドバイス

本書は、公共の利害に関わる政策立案の知的な側面に主な焦点を当てている。こうした高尚な焦点の当て方によって、政策の採択プロセスに関する重要な事実が見えにくくなることがあってはならない。つまり、政策の採択プロセスは、知性とはほとんど関係なく、多様な利害関係者の駆け引きによって決まるものであり、そうした利害関係者の多くは、権力を保持し、選挙に勝ち、「公共の利益」を推進するというよりも「自分たちの利益」を擁護することに強い関心を持つ人たちからなるという事実である。

すべての政策は政治的な側面を持つ。密室で、あるいは議会、組織、コミュニティでと、政治はさまざまな場面で行われる。あなたは支援を獲得し、反対を封じなければならない。その実現のために、対人関係においては、議論をし、「事実」を組み立てたり組み立て直したりし、電話で協力を求め、暗に脅しをかけなければならない。対組織関係においては、協力者を動員し、議論が行われる場所やその日程、手続きを操り、譲歩を提示し（あるいは引き出し）、見返り材料の交渉をしなければならない。

こうした問題に関し、その時々で、どのような態度をとり、影響力を行使していくかを考えていく上では、かなりの計算と推量が必要となる。どの組織の予算が拡大し、あるいは減少するのか？　誰の権限が拡大し、あるいは縮小するのか？　主要な意思決定者に対して、擁護派、反対派は、どのような重み、あるいは影響力を持っているのか？　これらの問いについてここでは触れることはしないでおくが、実際に仕事をする際には、こうした問いを発し、その答えを出すために必要な情報を集めなければならない。

簡単に答えようとすれば、ほとんど自明のものになるが、より丁寧に回答をしようとすると長文になってしまう（例えば、「役所は自らの予算と権限を拡大する政策を支援するか？」という問いに対する簡単な回答は、「そのとおり」であるが、より丁寧に回答しようとすると、「通常は、そのとおり。ただし、予算と権限の拡大が内部の力関係を大幅に変えてしまったり、組織に対する失敗や批判の可能性を高めたりする場合には、おそらく、その限りではない」となる。さらに洗練された回答については……（ここから先は読者諸君の想像力と経験にお任せしよう））。

態度や影響力行使に関わるこうした問題を、**静的な**分析が当てはまる事例として捉える見方もある。各主体の能力が決まっていて、提案に対する対立の結果は、それぞれの側が、いつ（あるいはどのような順序で）動いたとしても、変わらないという分析である。ジャーナリストや政治学者による政策プロセスの解説は、そのような事例にあふれている。静的な分析は、現在検討中の政策オプションの政治的実現可能性について分析を行う際には、合理的な出発点となる。しかし、そこで止まるべきではない。政策プロセスの**動的な**分析、すなわち順序（成功の可能性を高めるために、他のことよりも何を先に行い、あるいは何を後に行うか）とタイミング（「十分な」支持を取り付けるための、数カ月の（時には数年にまたがりうる）キャンペーンの中で、何を「早期に」または「後期に」行うか）についても検討すべきである[64]。

ここでの議論が仮定していることは、提案された政策を実現していく上でどのような方法が存在し、また、そうした運動を行っていく中で、どのような脅威や機会が到来することが一般的であり、そして、成功の確率を高めるという目的に照らして、そうした一連の流れにおいて行うべきことのリストとしてどのようなものがあるか、という点についての一般的な知識を踏まえた

64　動的な分析についての一般的でより詳細な議論は、Bardach (2006)、ごく早期の著作についてBardach (1972) を参照のこと。部局を越えた協力関係を動的に構築することについて記述した著作としてBardach (2008) を参照のこと。

上で、各自が包括的な「するべきこと」リストを作ることができる、というものである。より正確に言えば、こうしたリストを作成するにあたっては、現在行っているキャンペーンに勝つことだけでなく、政治的資源などをその他のキャンペーンのために温存しておくという点も考慮する必要があるだろう。

基本的な例として、政治的な「起業家」のケースを考えてみよう。単に、既存の利害関心に反応するだけでなく、真新しい政策を利害関係者に対して売り込もうとしている主体で、議会で法案を可決させようとしているとしよう。このプロセスや「起業家」的な戦略の概要は、組織改革に取り組むために幹部から了承を得るときなど、広い意味での類似の状況においても使えるはずだ。

まず、**提案**[65]を議会で可決させるために必要な**十分な支持**を得るため、多様な**利害関係者**（個人や団体、組織を含み、幅広く解される）から**支持**を積み上げる必要がある、という状況から始めてみよう。具体性を持たせるために、薬物使用者と末端の薬物の売人の最低刑期を定める現行の州法の規定は撤廃しつつ、元締め的な薬物の売人の最低刑期は維持するという内容の法案を可決させる状況を考えてみよう。（この発想の下敷きになったのは、ランド研究所による優れた政策レポート「薬物犯罪における最低刑期について：捨てるべきは鍵か納税者の税金か」）である（www.rand.org/pubs/monograph_reports/MR827.html)。

ここで、ぼんやりと認識され、ある程度ずらすこともできるような、数カ月後あるいは数年後の**期限**があるとしよう。この期限は、**協力者**[66]に紐付いて設定されるものであり、協力者から成功の見込みがなくなったと結論づけられたり、ほかの薬物政策の課題に注意と**資源**を振り向けた方が良いと結論

65　ここから、モデル化に用いることができ、そのため正確に定義する意義のある用語を太字で示すことにする。そのような言葉は比較的少なく、無駄なく強力なモデルを作り出せると考えている。ただし、この目的に照らしたとき、各用語が用いられている文脈と日常的な意味によって、それぞれの概念は十分に明確化されていると考える。

66　協力者とは、新たな支持者を求めることや、現に存在する反対派や潜在的な反対派を封じ込めることに積極的な支持者を言う。

づけられたりするまでに、どの程度の協力期間があるかということに関して設定されるものである。基本ルールは、その期限が到来した瞬間において提案が十分な支援を集めることができれば勝ちであり、それができなければ負けというものだ。あなたは順序とタイミングの問題に関して、どのような戦略と戦術を採るべきだろうか？

順序

まず、順序の問題を考えよう。特に、ある利害関係者を議論に巻き込むことによって、他の利害関係者に接触することが政治的に容易になるかを考える。最初に接触すべき利害関係者として、どのような個人や団体が考えられるだろうか？

- 最低刑期を設定するべきは元締めとなる薬物の売人のみであるとの、あなたの結論を支持している薬物政策の専門家、あるいは、その健全性や判断力、党派制の低さなどで評価を得ている個人や団体は、提案の実効性や有効性について懸念を持っているような利害関係者に接近することを可能にするかもしれない。
- 州政府の薬物担当部署や政治団体のような上下関係の強い組織における利害関係者については、階層の下部の専門家や影響力を持つ人物からの支援を得るために、階層の上部にいる者からの承認を得ることが必要になるかもしれない。
- 下院の司法委員長のような、特に**力がある**個人に接近しようとした場合、紹介やコネを幾重にもたどる必要があるかもしれない。力が強いかどうかは、当人が公的な権限を有しているかどうかだけで決まるものではなく、政治的な評判や立ち位置によっても決まる（例えば、この事例において、過去に類似の方策について反対していたり、厳格な薬物政策を支持してきたことで知られる組織や政党に所属していたりした場合には、そのような個人からの支持は、当該政策の有効性に関する周囲からの認識を改めることにつながる可能性もあるため、特に「力がある」個人となる）。

タイミング

タイミングの1つの側面としては、バンドワゴン効果（相乗効果）を刺激しようとする狙いがある。影響力のある利害関係者を早期に巻き込むことで、成功は避けがたいという印象を与え、(1) 勝ち馬に乗ることに腐心するような利害関係者を引き込み、(2) 活発な反対派に回りうる利益団体を少なくとも当面の間は**中立化**することができる。

タイミングのその他の側面は、より巧妙なものだ。仮に、キャンペーンの中で比較的早く、あるいは比較的遅く現れそうな脅威や**チャンス**に関して、粗いながらも信頼できる時間軸を持っているとしよう。これにより、チャンスを活かし、脅威を中立化するための行動を起こすタイミングを図ることができる。また、早期に到来するがその後永遠に消えてなくなってしまうようなチャンスを活かすために特定の資源を早いうちに使ったり、プロセスの中期や後期に到来すると予想される脅威への対処のために特定の**（限りある）資源**をとったりしておく、というような計画をあらかじめ立てておくこともできる[67]。そして、運がよければ、それらの資源をまったく使わずに済むかもしれない。

例えば、キャンペーンの初期において、熱烈な支持者になって活発に支持者を呼び込んでくれるような利害関係者、つまり真の協力者を味方につけなければならない。彼らは、資金集めに協力してくれたり、事務所や有能なス

67　論理的には、初期に現れる脅威を中立化し、後期に現れる反対者を抑えることもできるかもしれない。だが、現実的には、ここで論じるほど重要な問題ではないと考えている。

タッフや戦略アドバイザーやコミュニケーションの専門家といった、目に見える資源の確保に協力してくれたりすることだろう。

残念ながら、法定最低刑期の廃止の提案は、多くの資源を有する協力者となり得る中立的な有権者を引きつけるものではない。それでも薬物政策や刑事司法政策の専門家や、草の根の人種擁護団体（同じ人種の同胞が現行法において不当に留置されていると見ている）をいくらか見つけることはできるかもしれない。あるいは、州立大学（希少な州の予算が、高等教育ではなく、増加する一方の囚人のための刑務所の建設費に回されていると考えている）や、より一般的に予算や税金について懸念する納税者団体もその中に含まれるかもしれない。しかし、金銭的支援には限界があっても、キャンペーンに必要な**マーケティング面での資源**を持つ協力者は存在するものだ。実は、マーケティング面での資源は、金を使い、政治的な**借り**を返させ、政治的な**お願い**をする（すなわち、自分に借りを作る）ことが求められるキャンペーンの初期には特に必要になる。

これらの初期段階は、希少な資源を活用できる大きなチャンスだ。これには重要な理由がある。それは、**反対派**がまだ動き始めていないことだ（反対派には、「法と秩序」を煽ることが選挙の有効な道具であると考えている政治家や、刑務所の建設ラッシュによって利益を得る建設業者や下請け業者、刑務所が重要な雇用者である地域や刑務官労働組合などが含まれる）。協力者とともにこの段階を自らコントロールし、政策の売り文句を作り、すなわち「自分のストーリーを語り」、連携の相乗効果を大きく宣伝することができる。

なぜ反対派はこの段階で静かにしているのだろうか？　メンバーを組織化するには時間がかかるし、一時的により切迫した問題にかかりきりでそれどころではないメンバーがいるのかもしれない。ただし、最も重要なのは、反対派は、このように大幅に政策を変更しようとする試みのほとんどは自然消滅してしまうものだから、あえて自分たちで阻止する必要がないだろうと考えるということだ。無関心、懐疑心、現状維持の快適さ、拒否権が発動できる政治制度（例えばチェックアンドバランス）は、変化に対する大きな障壁となる。ただしこうした反対派の中の疑い深い人たちは「正しい」のだが、彼らはほんのわずかな時間しか与えてくれない。一定のリスクを冒すことになるとしても、あなたはそのわずかな時間を賢く使うことだ。

しかし、提案への支援が目に見えて増えるにつれて、反対派は反対運動を組織することになる（すべての提案はトレードオフとなる。社会的に有益なアイデアであっても、反対者にとっては、懸念材料を見つけ出し反対を募ることは、大抵の場合において難しいことではない）。これにより、まだ立場を明らかにしていない利害関係者を説得しようとする努力は阻止され、さらには、すでに引き入れたと思っていた団体を中立化することすらある。

今こそ、これまで大切に守ってきた限りある資源[68]を使い、少しだけ借りを作るときだ。ここで言う資源には以下のようなものがある。

- 1つ目は恩義だ。自分（や協働する協力者）が過去に関係者に対して図った便宜や親切であり、その見返りを求めることができる。
- 2つ目は政策上の**妥協**、つまり、提案の修正だ。このケースでは、一定の構成要件を満たす行為を行った者に少なくとも一定期間以上の懲役刑を求める「法定最低刑期」を適用しようとする「序列の高い（薬物の）売人」の定義について、当初の提案を超えて拡大してもいい。
- 3つ目は、協力者に対して暗に求めることができる標準的な期待である。例えば、「われわれは全員参加でことに当たっている。だからおたくの誰かがX議員に電話してもらえると大変助かるのだが」。
- 最後に、今お願いして作ることのできる借りである（もちろん、限度がある。限りある資源と呼ばれる理由である）。

ここで次のことに十分気をつけてほしい。これらの資源はすべて高くつくが、妥協は二重に高くつくかもしれないということだ。なぜなら、政策上の

68　限りある資源とは、使えばなくなってしまうものを言う。資金や恩義だ。何か頼みごとをすることは将来の負債になる。それをすることができる余地も、ある意味限りがある。事業ローンがより大きな利益を生み大きな成功を生み出すのと同じように、全体の余地が増えるような頼み方をする例外的なケースもある。

妥協は、目標や目的を過去のものとし、提案の中で、あなたがあきらめようとするまさにその要素を実現することを望んで署名した協力者に対し、忠義を台無しにすることになり得るからである（初期に署名をした人種擁護団体は、あなたが法定最低刑期の対象を広げることによって、激しく疎外されたと感じるかもしれない）。このため、このような巻き返し期にあっては、協力者の心からの望みが危機に瀕しているという恐怖をふくらませてしまう可能性が高くなる。

このような連携の亀裂を予想することができる以上、予防策をいくつか講じることもできる。まず、あなたや協力者にとって比較的価値の低いことを、将来的に取り得る政策的な妥協（下りしろ）として提案に組み込んでおくことである。例えば、巻き返し期に妥協が可能なように、法定最低刑期の対象となる「序列の高い売人」の定義を極めて厳しくしておく。次に、巻き返し期における怒りや失望による将来的な離脱を見込んで、協力者や支持者を余裕を持って増やしておくことである。最後に、誠実だという評価を高めておいて、不注意や不誠実という疑念に持ちこたえることだ。

どこかの時点で、提案は法案に盛り込まれ、法案に関する論争は議会手続き、すなわち、委員会とその規則や日程に委ねられる。**興味を持つ層**も広がる。以前は政策に関心のある利害関係者と薬物や刑事司法に関する資源がほとんどであったが、今や、政党間、組織間、個人間の争いにおいてどのようにその提案を使いうるかを気にする議会（及びスタッフ）も含まれる。マーケティング資源は、巧みな議会対応や**資金提供**を通じた支援の拡大または反対の中立化に影響を与えるといった政治的な資源に比べて使い道がなくなってくる。中立化は特に有効だ。刑務官労働組合に対して、次回の賃金引上げ交渉への支援を約束することはその一例である。

また、戦いの期限が見え始め、勝敗の差がきわどいことがわかってくると、協力者と反対者の双方が、より不均一かつ移り気になっていく民衆に対し、多少効果が読みにくくてよりリスクの大きな行動をとっていく。大きなリスクと不確実性を伴う**終盤**では、活用することができる貸しや**善意**（これらも限りある資源だ）など、**何かを引き出せる資源**がかなり必要だ。したがって、こうした資源を初期の段階でもある程度使うとしても、慎重を期してこの時点までにより多くとっておくべきだ。警句的に言うなら、仮に下院議長に貸しを持っているなら、それはトランプにおけるエースであり、絶対に必要なときまで使ってはいけない、ということだ。

戦いが進むにつれて、政治的支援を勝ち取るプロセスは、展開される脅しやチャンスに敏感となる。展開されるものは、広い意味では予測可能なものだが、具体的なことは予見できない。驚きの連続となる。この展開プロセスの性格について、読者が予測し驚きに慣れることができるよう、言葉によって伝えようとしてきた。しかし、よりシステマチックで定量的な方法で、この展開プロセスを示す方がさらに役立つだろう。

計算モデルがそのような方法を可能にする。我々はマサチューセッツ工科大学のJay Forrester（ジェイ・フォレスター）が1960年代初期に開発したシステム・ダイナミックス・ツールのようなプラットフォームを用いて、ノルウェーのベルゲン大学のDavid Wheat（デイビッド・ウィート）教授とともに、そうしたモデルを開発しようとしている。

こうした取り組みに関心のある読者は、下記ウェブサイトを参照してほしい。

（www.wheatresources.com/models/Policy Dynamics.zip）

付録 D

依頼者と働くためのコツ

理想的な依頼者は、

- きちんと定義された問題を与えてくれる。
- 考えられる解決策について、広く受け入れようとする姿勢を保ってくれる。
- 問題の重要性や、考えられる将来の道筋について理解しようとしてくれる。
- なぜ問題が存在するのか、考えようとしてくれる。
- 問題に対処するためのさまざまな政策オプションの効果を示すようなエビデンスを歓迎してくれる。
- さまざまな政策オプションから特定の政策オプションを選ぶ際に生じるトレードオフにも、勇敢に立ち向かってくれる。
- 統計情報、データベース、個人へのインタビューなど、必要なデータや情報源に接する機会をすぐに与えてくれる。
- 中間成果物に対してのコメントをすぐに返してくれて、次に行うべきことについて、有益な助言をしてくれる。
- 業務上あるいはプライベートな理由からの時間的制約を尊重してくれる。
- 思いつきで情報を要求したり、小さな調べ物を要求したりするなど、最終的な成果につながらなそうなことを差し控えてくれる。
- 自分の同僚や聞き手に対して、自分の作業（及びその熱心さ）について適切に賛辞を送ってくれる。

- 愚かで政治的な理由から自分の仕事が理不尽に批判されるときには、たじろがずに自分の味方になってくれる。

そうした理想的な依頼者は存在する。しかし、おそらく、あなたはそうした依頼者と一緒に働いているわけではないだろう。そうだとした場合に、依頼者との関係で生じる問題に、どのように対処すべきだろうか。

答えの多くは、一般的な人間関係や職場関係の中にあるだろうが、それには触れないでおく。ここでは、依頼者と政策立案者の関係に特有の問題に焦点を合わせることにしたい。よくある5つの問題について、ヒントとなるようなコツを提示していくが、いずれも状況に応じて対応を工夫していくことが必要だ。

1点、注意喚起しておきたい。慎重に進めること。結果的にあなたの方が間違っていたという話はよくある。あなたが知らなかったことを依頼者の側ではよく理解していた、ということも非常によくある話だ。依頼者に対して謙虚であれ、とまでは言わないが、敬意を払うのは当然のことだ。

1. **問題**：依頼者の組織は、問題解決に貢献するというよりも、むしろ問題を引き起こしていることがわかった。
   a. **コツ**：本件に注目が集まることを避けるため、最善の政策オプションをあきらめ、次善の策を採用する必要があるかもしれない。そうした方法を採ることができない場合や、望ましくない場合には、依頼者の組織の幹部になったつもりで、(1) 最善の政策オプションを組織が公に受け入れた場合に生じるダメージを少しでも小さくする方法、(2) 組織への社会的信頼を守るための政治戦略や広報戦略、また、こうした好ましくないニュースを組織内に伝える立場にある、直接の依頼者を窮地に立たせないようにする方策を検討すべきだ。
2. **問題**：依頼者の組織や、直接の依頼者が、政策課題への解決策として、「ペットアイテム」のような特定の対策に固執しており、考えれば考えるほど、その対策が良くないもののように思えてしまう。

a. **コツ**：組織や依頼者に対して、あなた自身から悪い知らせを告げなくてもよい方法を考えよう。あなた以外に、そうしたことを言ってくれる人はいないだろうか？　そうしたことが無理ならば、当該対策が良くないものであることに依頼者の組織自ら気づくことができるようにやりとりができないか、考えよう。

3. **問題**：依頼者の組織から提示された問題定義が本質から外れたものであり、もっと適切な問題定義に変えた方がよいことに、あなた自身が気づいてしまった。

a. **コツ**：ほとんどの作業については、あなたが考えた問題定義を代替的に使ってよい。しかし、依頼者と話すときは、その問題定義は代替的に使っているのではなく、追加的に使っていることにした方がよい。また、依頼者が提示した、もとの問題定義についても、依頼者のニーズや要望を満たすことができるよう、合理的な範囲で可能な限り努力すべきだ。もとの枠組みに固執するより、あなたが考えた新しい枠組みに沿って作業することの方が理にかなっていると、依頼者の組織自身が気づくことができるように、時間をかけてやりとりを行っていくべきだ。

4. **問題**：依頼者の組織において窓口となっていた人物が組織を離れてしまい、後任として着任した人は、組織が依頼中の政策立案に理解がなく、無関心である。

a. **コツ**：新たに着任した人物と話し合いの機会を持ち、アドバイスを求めよう。もし、後任の人物が、担当者交代に起因する問題について深く考えていなかったり、あなたを手伝ってくれなさそうだったりするときは、どんな問題が今後生じると懸念しているか、率直に伝えた方がよい。組織の窓口となる人物が、自分も含めて他の誰よりも、この状況について知見を持っているはずだと指摘するとよい。

b. **コツ**：組織内の他の人物とも良好な関係を築いておくこと。そうすれば、窓口の人がいなくなっても、路頭に迷うようなことはなくなる。これは、そうした事態に対する備えとしてだけでなく、あなたが立案中の政策を最終的に組織に提示する際にも役に立つ。

5. **問題**：窓口となる人物は、より重要で緊急性が高い他の案件に忙しく、あなたが手がけている政策立案に関する話は、後回しにしがちである。

a. **コツ**：冷静になって大きな視点で考えれば、あなたの依頼者の優先順位の付け方は正しく、あなた自身が自分本位にしか物事を考えられないのかもしれない。一方で、もし、依頼者の優先順位の付け方が、あなたから見て適切ではないと結論づけることができる場合には、依頼者にとっての真の優先順位がどこにあるのかを考え、依頼者の優先順位にうまくはまっているように見えるように、自分の作業に一定の「ひねり」を加えるべきである。

付録 E

ビッグデータや強固な科学的エビデンスを政策立案に取り込むための提案

政策立案の分野において現在最も注目を集めている2つの流れとして、以下が挙げられる。

(1) ランダム化比較試験（Randomized Controlled Trials：RCT）や、操作変数法（Instrumental Variable: IV）、回帰不連続（Regression Discontinuity：RD）、差分の差分法（Difference-in-difference）といった疑似実験手法が、政策介入による因果関係を示すための科学的エビデンスとして活用されるようになってきていること。

(2) 行政機関が保有する大規模なデジタルデータ（ビッグデータの一種）が活用されるようになってきていること。

こうした流れは、The Lab@DC、Abdul Latif Jameel Poverty Action Lab (J-PAL)、California Policy Labといった「政策研究所」の創設に後押しされ、政府と密接に活動しながら、政策プログラムの評価や将来的な意思決定の方向付けなどに活用されるようになってきている。

ビッグデータの活用や実験的手法を完全に理解するためには、「機械学習」、因果推論手法、プライバシー保護といった領域に入り込む必要があり、本書が取り上げる範疇を超えている。

ここでは、コンピューター科学者や博士号を持つようなデータサイエンティストなどの専門家ではなく、「エビデンスに基づく政策立案」を取り入れたいと考えている人たちへのいくつかのヒントを提供していきたい。

どこから始めるか

1. 8週間以上の時間があり、問題解決のための有力な政策オプションについて試験を行ってみたいのであれば、政策研究所が試験的な介入措置を設計し評価することができないか検討できるかもしれない。ランダム化比較試験（RCT）のようなものは実施できないかもしれないが、政策研究所は驚くほど短期間で実験的手法を実施することができる。
2. 自分自身の時間に制限があったとしても、過去に類似の政策でランダム化比較試験や強固な研究が行われた例はないか、「エビデンスを積み上げる」ことの一環として確認することができる。この点、J-PALのデータベース（www.povertyactionlab.org/evaluations）は参考になる。
3. 他のプログラムでインパクト（影響）評価が行われている場合、どのような文脈で実施されたのか確認する必要がある。自分が提案しようとしている政策が実施される文脈と相違点があるかどうか、また、そうした相違点の内容を調べる必要がある。
4. 強固なインパクト（影響）研究によって、あるプログラムが望ましい成果をもたらす見込みが示されたときに、それが自分が取り組んでいる問題とは別の文脈の問題で行われた研究であったとしても、自分が取り組んでいる問題において十分に試す価値があると判断できる場合がある。PART IVの「しかし自分たちもうまくいくのだろうか？」の議論を参照してほしい。
5. 強固なエビデンスを入手するための機会費用を忘れてはならない。追加的なエビデンスを入手することの価値は、そうしたエビデンスとともに政策決定を行う場合に得られる効果から、そうしたエビデンスなしで政策決定を行った場合に得られる効果を差し引いたものに相当する。

自分のデータを知る

1. 政策立案者にとって、自分が扱っているデータを理解することは常に重要なことだ。行政機関が保有するデータセットで、何十万、何百万といった対象についてのデータを取り扱っているときには、さらに重要なことになる。よくある間違いは、データが大量にあるほどデータの質が高いと勘違いすることだ。
2. データのクリーニングは、行政機関が保有するデータセットを利用する上で重要な作業だ。（自分自身がデータ整理を行わなかったとしても、）欠落したり、破損したり、不正確な記録を特定し、修正する方法を知っておくべきだ。
3. 「良い」行政データセットには、関係する住民に関する包括的な公的データなど、しばしば機密性が高く、入手が困難なものが含まれる。「悪い」行政データセットは、一部のものだけが抜き出されていて（母集団に関するデータも欠いており）、抽出データに関する背景情報が少なすぎ、過剰に複雑なリンケージが存在し、プライバシー問題を生じさせるようなデータである[69]。
4. 過去のデータセットを利用することも、徐々に簡単になりつつある。過去に収集された行政データ（例えば、現在検討中のプログラムと類似の補修教育プログラムが生徒の成績に与えた影響など）が、現在取り組んでいる課題に有用なものかどうか検討すべきである。
5. 記述データの価値を軽視しないこと。大規模なデータを統計的に処理することは、多くの政策立案業務にとって有用である。社会プログラムに登録した利用者の背景データや、固定資産税を支払っていない家屋所有者の収入などが、事前の想定と大きく異なることに気づくことがある。

69　Henry E. Bradyによる講演“The Challenge of Big Data and Data Science” www.youtube.com/watch?v=OMrrJ6IkTeAを参照されたい。

6. 行政データを定性分析の代わりとして用いないこと。データを活用する政策研究者のうちで優れた業績を上げている人たちは、ほとんどの知見は、組織やプログラムについての詳細な知識と行政データを組み合わせたときに得られると報告している[70]。

行政データや実験的手法を問題の定義のために使う

1. 大規模な行政データは、エビデンスを収集する際の有用な情報源となるが、8つのステップのうち、他のステップに役立つこともある。
2. 「ビッグデータ」を活用することにより、政策立案者は現実に何が生じているか素早く理解することができ、問題の定義に役立てることができる。過去10年間において、州内のどの高校が退学率を最も増加させたのか？ 州の低所得者向け健康保険に登録されている子どものうち、失業中か過去1年間に失業していた親を持つ子どもの割合はどの程度か？ これらの子どものうち、無料給食プログラムに登録している子どもの割合はどうなっているか？ 州内の各病院の救急病棟にそれぞれ何人が入院し、年齢、健康状態、保険の有無やその他の要素が救急病棟の使用率にどのような影響を与えているか？ 大規模データについて、簡単なクロス集計を行うだけでも、新たな気づきが得られる場合がある。
3. 実験的手法は、特定の状況が好ましくない影響をもたらす場合の因果関係の評価に役立つ。所得の低下が健康状態の悪化につながるのか、健康状態の悪化が所得の低下につながるのか、あるいは、対象集団において、所得と健康状態の因果関係が双方向になっているのか、実験によって明らかにすることができる。

70 Bates and Glennerster (2017) 参照。

政策オプションを拡張し、制約条件を学びの機会と見なす

1. 機械学習などの手法を活用することによって、政策によって導こうとしている成果に関連している要素を特定することができる。これにより、（よりきちんとした分析で確認されるべきであるが）小さなコストで大きな成果を生むような、比較的容易に取り組むことができる「潜在的な」政策オプションを特定し、政策オプションのメニューを増やすことが可能になる。
2. プログラム上の制約は、学びの機会と考えるようにしよう。例えば、予算制約の存在により、申請適格を有する対象者の全員がプログラムに登録できなかったとしよう。この場合、プログラムの影響をしっかりと評価できるよう、プログラムの利用を無作為抽出するような形で（ランダムに）認めることを検討すべきである（申請者リストから無作為抽出で利用者を決めることは、「先着優先」方式よりも、ある意味で公平な資源配分メカニズムであるという利点もある）。

データを視覚化してストーリーを語る

1. 「ビッグデータ」や実験的手法を、単に分析や評価のための手段としてのみ考えるべきではない。それらは「ストーリーを語る」ときにも役に立つ。
2. データを視覚化することで、依頼者や聞き手に対して、理解可能な形で主要な分析結果を伝えることができる。
3. 大規模データセットから得られた情報を可能な限り多く詰め込むのではなく、視覚化手法については、鍵となる関係や動きを示すために用い、ストーリーを鮮やかに描き出すために用いるべきだ。

参考文献

Adler, Matthew, and Eric Posner, eds. *Cost-Benefit Analysis: Legal, Philosophical, and Economic Perspectives*. Chicago: University of Chicago Press, 2001.

Allison, Graham. *Essence of Decision: Explaining the Cuban Missile Crisis*. Boston: Little, Brown, 1971.

Bardach, Eugene. *The Skill Factor in Politics: Repealing the Mental Commitment Laws in California*. Berkeley: University of California Press, 1972.

Bardach, Eugene. *The Implementation Game: What Happens after a Bill Becomes a Law*. Cambridge, MA: MIT Press, 1977.

Bardach, Eugene. "Implementing a Paternalist Welfare-to-Work Program." In *The New Paternalism: Supervisory Approaches to Poverty*, edited by Lawrence Mead, 248–278. Washington, DC: Brookings Institution, 1997.

Bardach, Eugene. *Getting Agencies to Work Together: The Practice and Theory of Managerial Craftsmanship*. Washington, DC: Brookings Institution, 1998.

Bardach, Eugene. "The Extrapolation Problem: How Can We Learn from the Experience of Others?" *Journal of Policy Analysis and Management* 23 (Spring 2004): 205–220.

Bardach, Eugene. "Policy Dynamics." In *The Oxford Handbook of Public Policy*, edited by Michael Moran, Martin Rein, and Robert E. Goodin, 336–366. Oxford, UK: Oxford University Press, 2006.

Bardach, Eugene. "Developmental Processes: A Conceptual Exploration." In *Innovations in Government: Research, Recognition, and Replication*, edited by Sandford Borins, 113–137. Washington, DC: Brookings Institution Press, 2008.

Barzelay, Michael. *Breaking through Bureaucracy: A New Vision for Managing in Government*. Berkeley: University of California Press, 1992.

Bates, Mary Ann, and Rachel Glennerster. "The Generalizability Puzzle." *Stanford Social Innovation Review* 15, no. 3 (2017). https://ssir.org/articles/entry/the_generalizability_puzzle

Behn, Robert D., and James W. Vaupel. *Quick Analysis for Busy Decision-Makers*. New York: Basic Books, 1982.

Bitner, Mary Jo, Amy L. Ostrom, and Felicia N. Morgan. "Service Blueprinting: A Practical Technique for Service Innovation." *California Management Review* 50, no. 3 (2008): 66.

Boardman, Anthony E., David H. Greenberg, Aidan R. Vining, and David L. Weimer. *Cost-Benefit Analysis: Concepts and Practice.* Upper Saddle River, NJ: Prentice Hall, 2011.

Borins, Sandford. *Innovating with Integrity: How Local Heroes Are Transforming American Government.* Washington, DC: Georgetown University Press, 1998.

Browner, Warren S. *Publishing and Presenting Clinical Research.* 3rd ed. Philadelphia: Lippincott Williams and Wilkins, 2012.

Campbell, Andrea Louise. *How Policies Make Citizens: Senior Political Activism and the American Welfare State.* Princeton, NJ: Princeton University Press, 2003.

Campbell, Andrea Louise. "Policy Makes Mass Politics." *Annual Review of Political Science* 15 (June 2012): 333–351.

Caulkins, Jonathan Paul, C. Peter Rydell, William L. Schwabe, and James Chiesa. *Mandatory Minimum Drug Sentences: Throwing away the Key or the Taxpayers' Money?* Santa Monica, CA: RAND Corporation, 1997.

Congressional Budget Office. *Alternative Approaches to Funding Highways.* Washington, DC: Government Printing Office, 2011.

Congressional Budget Office. *The Army's Ground Combat Vehicle and Alternatives* (report). Washington, DC: Government Printing Office, 2013.

Congressional Budget Office. *Options to Manage FHA's Exposure to Risk from Guaranteeing Single-Family Mortgages.* Washington, DC: Government Printing Office, 2017.

Cryan, Phillip, Nina Horne, Jessica Shipley, and Benjamin Thornley. *Building a Path to a Greener Future: City Climate Change Policies for 2050.* Berkeley: Goldman School of Public Policy, University of California, 2008.

Dery, David. *Problem Definition in Policy Analysis.* Lawrence: University Press of Kansas, 1984.

Doleac, Jennifer L. *Increasing Employment for Individuals with Criminal Records* (Policy Memo 2016–02). Washington, DC: The Hamilton Project, 2016. http://www.hamiltonproject.org/papers/increasing_employment_for_individuals_with_criminal_records

Doleac, Jennifer L., and Benjamin Hansen. "Does 'Ban the Box' Help or Hurt Low-Skilled Workers? Statistical Discrimination and Employment Outcomes When Criminal Histories Are Hidden." *Research Briefs in Economic Policy* 62 (October 26, 2016).

Farkas, George. "Reading One-to-One: An Intensive Program Serving a Great Many Students While Still Achieving Large Effects." In *Social Programs That Work*, edited by Jonathan Crane, 75–109. New York: Russell Sage Foundation, 1998.

Friedberg, Mark W., et al., *Evaluation of Policy Options for Increasing the Availability of Primary Care Services in Rural Washington State.* Santa Monica, CA: RAND Corporation, 2016.

Friedman, Lee S. *Microeconomic Policy Analysis.* Princeton, NJ: Princeton University Press, 2002.

Glazer, Amihai, and Lawrence S. Rothenberg. *Why Government Succeeds and Why It Fails.* Cambridge, MA: Harvard University Press, 2001.

Goldstein, Noah J., Steve J. Martin, and Robert B. Cialdini. *Yes! 50 Scientifically Proven Ways to Be Persuasive.* New York: Simon and Schuster, 2008.

Gordon, Deborah, Adam Brandt, Joule Bergerson, and Jonathan Koomey. *Know Your Oil: Creating a Global Oil-Climate Index.* Washington, DC: Carnegie Endowment for International Peace, 2015.

Greenwood, Peter H., Karyn E. Model, C. Peter Rydell, and James Chiesa. *Diverting Children from a Life of Crime: Measuring Costs and Benefits.* Santa Monica, CA: RAND Corporation, 1995.

Haskins, Ron, and Greg Margolis. *Show Me the Evidence: Obama's Fight for Rigor and Results in Social Policy.* Washington, DC: Brookings Institution Press, 2014.

Karoly, Lynn A., and James H. Bigelow. *The Economics of Investing in Universal Preschool Education in California.* Santa Monica, CA: RAND Corporation, 2005. https://www.rand.org/content/dam/rand/pubs/monographs/2005/RAND_MG349.pdf

Krupnick, Alan J., Ian W. H. Parry, Margaret Walls, Tony Knowles, and Kristin Hayes. *Toward a New National Energy Policy: Assessing the Options.* Washington, DC: Resources for the Future, November 2010. http://www.rff.org/Documents/RFF-Rpt-NEPI%20Tech%20Manual_Final.pdf

Lave, Charles A., and James G. March. *An Introduction to Models in the Social Sciences.*

New York: Harper and Row, 1975.

Legislative Analyst's Office. *Analysis of the 2004–05 Budget Bill,* February 2004. https://lao.ca.gov/analysis_2004/health_ss/hss_12_4280_anl04.htm#_Toc64277937

Lempert, Robert J., Steven W. Popper, and Steven C. Bankes. *Shaping the Next One Hundred Years: New Methods for Quantitative, Long-Term Policy Analysis.* Santa Monica, CA: RAND Pardee Center, 2003.

MacRae, Duncan, Jr., and Dale Whittington. *Expert Advice for Policy Choice: Analysis and Discourse.* Washington, DC: Georgetown University Press, 1997.

McConnell, Sheena, Irma Perez-Johnson, and Jillian Berk, J. "Proposal 9: Providing Disadvantaged Workers with Skills to Succeed in the Labor Market." In *Policies to Address Poverty in America,* edited by Melissa S. Kearney and Benjamin H. Harris, 97–109. Washington, DC: The Hamilton Project, 2014.

Moore, Mark H. *Creating Public Value: Strategic Management in Government.* Cambridge, MA: Harvard University Press, 1996.

Morgan, M. Granger, and Max Henrion. *Uncertainty: A Guide to Dealing with Uncertainty in Quantitative Risk and Policy Analysis.* Cambridge: Cambridge University Press, 1990.

Nalebuff, Barry, and Ian Ayres. *Why Not? How to Use Ordinary Ingenuity to Solve Problems Big and Small.* Boston: Harvard Business School Press, 2003.

Nyhan, Brendan, Jason Reifler, Sean Richey, and Gary L. Freed. "Effective Messages in Vaccine Promotion: A Randomized Trial." *Pediatrics* 133, no. 4 (April 2014): e835–e842.

Osborne, David, and Ted Gaebler. *Reinventing Government: How the Entrepreneurial Spirit Is Transforming the Public Sector.* Reading, MA: Addison-Wesley, 1992.

Oster, Emily. "It Couldn't Change Minds, So It Changed the Law." *The New York Times,* January 17, 2018, A8.

Patashnik, Eric M. *Reforms at Risk: What Happens after Major Policy Changes Are Enacted.* Princeton, NJ: Princeton University Press, 2008.

RAND Corporation. *Guidelines for Preparing RAND Briefings.* RAND publication no. CP(I)–269. Santa Monica, CA: RAND Corporation, 1994.

Roose, Kevin. "Tugging on the Reins of Facebook's Power." *The New York Times,* April 12, 2018, B1.

Rosenthal, Stephen R. *Managing Government Operations.* Boston: Little, Brown, 1982.

Salamon, Lester, ed. *The Tools of Government: A Guide to the New Governance.* New York: Oxford University Press, 2002.

Scott, Claudia, and Karen Baehler. *Adding Value to Policy Analysis and Advice.* Sydney, Australia: University of New South Wales Press, 2010.

Shepsle, Kenneth A., and M. S. Bonchek. *Analyzing Politics: Rationality, Behavior and Institutions.* New York: Norton, 2010.

Slovic, Paul. "'If I Look at the Mass I Will Never Act': Psychic Numbing and Genocide." *Judgment and Decision Making* 2, no. 2 (2007): 79–95.

Stokey, Edith, and Richard Zeckhauser. *A Primer for Policy Analysis.* New York: Norton, 1978.

Sunstein, Cass R. *Valuing Life: Humanizing the Regulatory State.* Chicago: University of Chicago Press, 2014.

Thaler, Richard H., and Cass R. Sunstein. *Nudge.* New Haven, CT: Yale University Press, 2008.

Victorio, Andres G. *Applied Models in Public Policy.* Manila, Philippines: Ateneo de Manila University, 1995.

Weaver, R. Kent. "Target Compliance: The Final Frontier of Policy Implementation." *Issues in Governance Studies* 27 (September 2009).

Weaver, R. Kent. "But Will It Work? Implementation Analysis to Improve Government Performance." *Issues in Governance Studies* 32 (February 2010).

Weick, Karl E. *The Social Psychology of Organizing.* 2nd ed. Reading, MA: Addison-Wesley, 1979.

Weimer, David L., and Aidan R. Vining. *Policy Analysis: Concepts and Practice.* 5th ed. Boston: Longman, 2011.

Zerbe, Richard O., Jr., and Howard E. McCurdy. "The Failure of Market Failure." *Journal of Policy Analysis and Management* 18, no. 4 (1999): 558–578.

【著者紹介】

ユージン・バーダック（Eugene Bardach）

1973年以来、カリフォルニア大学バークレー校ゴールドマン公共政策大学院において政策立案ワークショップ講座を担当し、500以上の学生プロジェクトを指導してきた、幅広い教育・研究上の関心領域を有する政治学者である。政策の実施や公共部門のマネジメント、最近ではサービス提供（教育訓練、環境規制の実施、火災予防、生態系保全など）における組織間の連携が主たる関心領域である。国防、公衆衛生や安全、消費者保護や機会均等に関係する規制プログラムの設計や実施についても関心を有している。カリフォルニア大学バークレー校において、新しい教授方法や教材の開発を行い、公的機関の幹部教育プログラムを指導してきた。米国連邦内務省の政策分析室で勤務した経験も持つ。政策立案の方法論への創造的な貢献を認められ、1998年にDonald T. Campbell Award of the Policy Study Associationを受賞。また、アメリカ芸術科学アカデミーの会員を務めている。本書は、学生に対して政策立案の原則を指導し、プロジェクトの実施を支援してきた経験に基づいて執筆されている。

エリック・M・パタシュニック（Eric M. Patashnik）

ブラウン大学の政治学教授であり、同大学のワトソン国際関係論・行政学研究所の行政学修士プログラムのプログラム長。また、Julis-Rabinowitz Professor of Public Policyも務める。ブルッキングス研究所の非常勤シニア・フェローであるとともに、National Academy of Public Administrationのフェロー。ブラウン大学に着任する前は、バージニア大学、UCLA、イェール大学で教鞭を執った。バージニア大学では、バッテン公共政策・リーダーシップ大学院において副学部長を務めた。公衆衛生政策、福祉政策及びその改革過程を中心とする、米国の政策立案過程が研究領域であり、7冊の編著書がある。Louis Brownlow Book Award of the National Academy of Public Administrationを二度受賞し、Don K. Price Award of the American Political Science Associationも受賞。カリフォルニア大学バークレー校において公共政策学修士号及び博士号を取得。かつては、連邦下院議員運営委員会選挙小委員会の法律アナリストを務めたこともある。

【訳者紹介】

白石 賢司（しらいし けんじ）

2004年東京大学大学院工学系研究科修了、同年環境省入省。現在はカリフォルニア大学バークレー校とローレンス・バークレー国立研究所で電力システムの長期計画の研究に従事。2010年カリフォルニア大学バークレー校修了（MPP）。

鍋島 学（なべしま まなぶ）

2001年東京大学法学部卒業、同年経済産業省入省。現在は経済産業省電力・ガス取引監視等委員会事務局ネットワーク事業監視課長。2007年カリフォルニア大学バークレー校修了（MPP）。

南津 和広（みなみつ かずひろ）

2000年東京大学法学部卒業、同年建設省（現国土交通省）入省。現在はアーサー・ディ・リトル・ジャパンにて企業の戦略立案・政策連携等を支援。2009年カリフォルニア大学バークレー校修了（MPP）。

政策立案の技法（第2版）

問題解決を「成果」に結び付ける8つのステップ

2023年8月8日発行

著　者――ユージン・バーダック／エリック・M・パタシュニック
訳　者――白石賢司／鍋島学／南津和広
発行者――田北浩章
発行所――東洋経済新報社
〒103-8345　東京都中央区日本橋本石町 1-2-1
電話＝東洋経済コールセンター　03(6386)1040
https://toyokeizai.net/

カバーデザイン……………竹内雄二
本文デザイン・DTP………アイランドコレクション
印刷・製本………………丸井工文社
編集担当…………………藤安美菜子
Printed in Japan　　ISBN 978-4-492-21256-1